Schleiermacher kontrovers

D1672072

Sven Grosse (Hrsg.)

Schleiermacher kontrovers

EVANGELISCHE VERLAGSANSTALT
Leipzig

Bibliographische Information der Deutschen Nationalbibliothek
Die Deutsche Nationalbibliothek verzeichnet diese Publikation in der
Deutschen Nationalbibliographie; detaillierte bibliographische Daten
sind im Internet über http://dnb.dnb.de abrufbar.

© 2019 by Evangelische Verlagsanstalt GmbH · Leipzig
Printed in Germany

Das Buch wurde auf alterungsbeständigem Papier gedruckt.

Cover: Zacharias Bähring, Leipzig
Coverabbildung: Friedrich Daniel Ernst Schleiermacher, Lithografie (o.J.) von Angelo Gentili
[? - 1840] nach einer Zeichnung von Krüger, © bpk
Satz: 3W+P, Rimpar
Druck und Binden: Hubert & Co. Gmbh & Co. KG, Göttingen

ISBN 978-3-374-05890-7
www.eva-leipzig.de

Inhalt

Vorwort

Es gehört zu den Kennzeichen einer im deutschsprachigen Europa derzeit nur noch wenig vorhandenen intellektuellen Kultur, ein offenes, um die Sache engagiertes und dabei mitunter sogar gepflegtes Streitgespräch zu führen. In den politisch und wirtschaftlich so sehr gebeutelten 1920er Jahren war das noch anders, denkt man – im Bereich der evangelischen Theologie – etwa an die Kontroversen zwischen Friedrich Gogarten und Ernst Troeltsch, Erik Peterson und Karl Barth[1].

Die Kontroverse, die im vorliegenden Buch geführt werden soll, betrifft Friedrich Schleiermacher. Zu der Zeit des Reformations-Jubiläums 2017 ist er der Normaltheologe für die deutschsprachige protestantische Universitätstheologie, während er anderen Bereichen des Protestantismus, insbesondere in dem immer wichtiger werdenden angelsächsischen Bereich, immer fremd geblieben ist.

Schleiermachers Ansehen ist aus verschiedenen Gründen bedenkenswert und fragwürdig. Gründe zum Einspruch gegen ihn werden im einzelnen in den drei Contra-Aufsätzen, aber auch schon in dem ersten Pro-Aufsatz zur Sprache kommen. Grundsätzlich fragwürdig ist bereits, dass einer, der als Theologe der »Kirchenvater des 19. Jahrhunderts« genannt wurde und gegen Ende des 20. Jahrhunderts wieder in diese Stellung, noch beherrschender als zuvor, zurückgekehrt ist, als Philosoph nur unter »ferner liefen« gezählt werden muss. Mehr noch, weil seine Theologie vor nun bald 100 Jahren auf energischen Widerspruch innerhalb der deutschsprachigen protestantischen Theologie stieß – man denke an Karl Barth und Emil Brunner – und für einige Jahrzehnte stark zurücktrat.

Die Frage, die generell hier bedacht werden soll, ist diese: Was bedeutet es für die evangelische Kirche und Theologie im Ursprungsland der Reformation, dass

---

[1] FRIEDRICH GOGARTEN, Die Krisis unserer Kultur, in: Anfänge der dialektischen Theologie, hrsg. von Jürgen Moltmann, Bd. 2, München 1963, 101–121 [Erstveröffentlichung 1920], Ernst TROELTSCH, Ein Apfel von Baume Kierkegaards, ebd., 134–140 [Erstveröffentlichung 1921]; ERIK PETERSON, Was ist Theologie?, in: Theologie als Wissenschaft, hrsg. von Gerhard Sauter, München 1971, 132–151 [Erstveröffentlichung 1925], KARL BARTH, Kirche und Theologie, in: ebd., 152–175 [Erstveröffentlichung 1925].

dieser Theologe in ihr eine solche herrschende Stellung gewonnen hat? Ist diese berechtigt? Was geschieht mit Theologie und Kirche, wenn sie sich von Schleiermacher prägen lassen?

Die sechs Aufsätze dieses Bandes umkreisen auf jeweils ihre Weise, in verschiedenem Abstand und mit einer verschiedenen Position – pro oder contra Schleiermacher – diese Fragen. Sie sind alle unabhängig voneinander entstanden; eine Entstehungsweise, die auch nahelegt, in einer weiteren Runde aufeinander einzugehen und auch weitere Gesprächsteilnehmer zu beteiligen. Die Aufsätze verstehen sich alle nicht als spezielle Forschungsbeiträge, sondern sollen der Orientierung zu Schleiermacher dienen. Allen, die hier beigetragen haben, und Frau Annette Weidhas von der Evangelischen Verlagsanstalt Leipzig, die den Anstoß zur Anlage dieses Disputationsbandes gab, sei hier gedankt.

Notger Slenczka nennt in den einleitenden Überlegungen im ersten Aufsatz dieses Bandes und damit dem ersten der *»Pro«-Reihe, Schleiermacher heute – ein Plädoyer*, einige der Einwände, die in jüngerer Zeit, aber auch früher schon, gegen Schleiermacher erhoben worden sind: seine Theologie laufe auf einen Subjektivismus heraus, Gott als Gegenüber ginge verloren, ein philosophischer Gottesbegriff sei für ihn führend, dagegen habe Theologie bibelorientiert entwickelt zu werden. Er vertritt demgegenüber im ersten Teil seines Aufsatzes, »Christozentrische Theologie«, dass alles, was Schleiermacher als Theologe sagt, auch seine Prolegomena, »von einem Begriff des spezifisch Christlichen geleitet« seien (S. 20, vgl. § 11 der Glaubenslehre). – Auf genau diesen Anspruch wird sich dann der Beitrag von *Sven Grosse* beziehen.

Im zweiten Teil, »Gott als Implikat des frommen Bewußtseins?«, sucht Notger Slenczka in einer Analyse der Bestimmung Gottes als des Woher der schlechthinnigen Abhängigkeit eine Rechtfertigung von Schleiermachers Gottesgedanken auch aus der christlichen Tradition: »Gott ist auch nach den Kategorien einer klassischen Theologie kein ›Ding‹ in der Welt, und auch nicht ein Ding neben einer als Inbegriff der ›Dinge‹ gefassten Welt [...]« (S. 35). – Hier sei lediglich eine Frage gestellt, um einen weiteren Gesprächsgang anzustoßen: ob man nicht, wenn man nun doch die Bibel als eine Art Modell oder Anleitung für eine christliche Theologie nehmen will, dann wahrnehmen würde, dass Gott sich unter die Dinge, konkreter: neben und unter anderen Subjekten finden lässt, die alle von dieser Welt sind und die den Menschen anreden und gleichfalls Aufmerksamkeit – ja noch eine größere Aufmerksamkeit als auf Gott selbst – beanspruchen. Und ob diese Vorfindlichkeit nicht auf eine Herablassung Gottes zurückzuführen ist, der in der Tat an sich weit über eine solche für ihn unwürdige Situation erhaben ist – und ob dann auch eine solche Denkbarkeit Gottes, jenseits von allem Nebeneinander oder Gegenüber, wie sie Schleiermacher vorführt, selbst schon auf eine Herablassung Gottes zurückzuführen ist.

Die beiden folgenden Beiträge in der »Pro«-Reihe, von *Heinrich Assel* und von *Vasile Hristea*, sind nun eher als Beispiele für die Einarbeitung Schleiermacherscher Gedanken in das gegenwärtige Kirchentum und die gegenwärtige gesellschaftliche Situation zu sehen. Sie stehen damit für die gegenwärtige Geltung von Schleiermachers Denken in der deutschen evangelischen Theologie und Kirche. Sie führen weniger eine explizite Apologie dieses Denkens durch, als dass sie implizit den Anspruch erheben und als erfüllt erweisen wollen, dass Schleiermacher auch für das gegenwärtige Kirchentum und für die gegenwärtige gesellschaftliche Situation Erhebliches leisten könne.

Heinrich Assel eröffnet seinen Beitrag, *»Genuss ohne allen Schmerz«. Unverständlichkeit in Schleiermachers Darstellungstheorie am Beispiel Abendmahl,* mit einem Angriff, den Hegel, wie Assel erklärt, gegen Schleiermacher vortragen hat: »Wenn den Armen nicht mehr das Evangelium gepredigt wird, [...], dann weiß das Volk, [...] dem Drange seines Inneren nicht mehr zu helfen. Es steht dem unendlichen Schmerz noch am nächsten, aber da die Liebe zu einer Liebe und zu einem Genuß ohne allen Schmerz verkehrt ist, so sieht es sich von seinen Lehrern verlassen [...]« – unter welche Hegel gerade Schleiermacher zählt (Assel, S. 43). Assels folgende Darstellung von Schleiermachers Lehre vom Heiligen Abendmahl versteht sich aber demgegenüber als Rechtfertigung gegenüber diesem Hegelschen Missverständnis; die nicht von Schleiermacher ausgeführte Verbindung seiner Lehre zu den miteinander konkurrierenden reformatorischen Entwürfen, die sich alle innerhalb einer traditionellen Theologie bewegen, kommentiert Assel so: »Schleiermacher wusste von den christologischen Problemen der innerprotestantischen Grundlagenkrise des Abendmahlsstreits zu viel, um sich der Mühe einer *grundlegenden semiotischen, pneumatologischen Bearbeitung* dieser *christologischen* Aporie der reformatorischen Abendmahlskontroversen zu unterziehen.« (Assel, S. 67 f.); er selbst deutet dann noch thetisch eine solche Verbindung an.

Vasile Hristea macht die postmoderne Krise der Bildung und des Begriffs von Bildung in der gegenwärtigen Gesellschaft zum Ausgangspunkt seiner Überlegungen: *Umfassende Bildung. Schleiermachers Bildungstheorie und ihre Gegenwartsrelevanz.* Er beansprucht, dass die in der heutigen Situation nötige Theorie »möglicherweise gewinnbringend sich an der Bildungstheorie Schleiermachers orientieren« könne (Hristea, S. 70). Ein Schlüsselgedanke seiner Überlegungen ist dabei, wie er in Anschluss an Hans-Joachim Birkner sagt: »eine Umwandlung der Welt in der Kraft des Geistes kann sich nicht anders als kulturell auswirken.« (Hristea, S. 68)

Die drei Aufsätze in der *»Contra«-Reihe* wählen verschiedene Denkweisen und Ansätze aus und tragen von dort aus Angriffe auf drei verschiedene Bereiche des Denkens Schleiermachers: bei Sven Grosse innertheologisch, bei Harald Seubert durch eine Analyse der Philosophiegeschichte, welche auf systematische Fragen und die gegenwärtige Lage hin transparent gemacht wird, bei Daniel von Wachter in der Methode der analytischen Religionsphilosophie, welche einzelne Thesen herausarbeitet, analysiert und beurteilt.

Sven Grosse fragt in dem ersten Beitrag: ›*Gehört Schleiermacher in den Kanon christlicher Theologen?*‹ gehört er also in denselben Salon hinein mit Athanasius, Augustinus, Thomas, Luther und so weiter, muss er – mindestens – die gleiche Achtung genießen wie diese, hat er mitzureden – nicht so wie auch Platon oder Nietzsche –, sondern eben wie einer aus demselben Salon mitzureden hat? Er fragt also nach der christlichen Identität der Theologie Schleiermachers, die er und seine Verteidiger für ihn beanspruchen. Hat doch dieser auch in seiner Glaubenslehre (§ 21–22) den Begriff der *Häresie* verwendet, um das wahre Christentum von seinen Fehlformen unterscheiden zu können. Sven Grosse vergleicht Schleiermachers Bestimmungen der Haupthäresien des Christentums mit dem, was historisch tatsächlich unter der jeweiligen Bezeichnung Häresie gewesen ist, und untersucht in einer Reihe von Lehrstücken, wie Schleiermacher mit den biblischen Grundaussagen und ihren Ausformungen in der orthodoxen evangelischen Theologie umgeht. Er kommt zu dem Ergebnis, dass sie einer konsequenten Verzerrung oder Verschiebung unterworfen werden. Die Kontinuität gerade zur reformatorischen Theologie ist abgebrochen, das reformatorische Erbe aufgegeben. Grund dafür sei gerade Schleiermachers Forderung, alle Lehrstücke müssten auf bestimmte Prägungen des Gefühls der schlechthinnigen Abhängigkeit zurückgeführt werden.

Sven Grosse formuliert dann für einen Gegenentwurf, dass (1) das Verhältnis von Philosophie und Theologie, in welcher jene *praeambula fidei* bestimmt, anders gedacht werden muss, nämlich von der Priorität der Theologie her, (2) die von Schleiermacher zusammen mit der sogenannten Aufklärungstheologie radikal kritisierte christliche Tradition, welche den Kanon christlicher Theologie definiert, tiefer durchdacht werden muss, als diese es taten, und (3) Schleiermachers Bestimmung des Verhältnisses zwischen Theologie und den anderen Wissenschaften, vor allem den Naturwissenschaften, überprüft werden muss. Vor allem der erste und der dritte Punkt dieses Programms werden in den beiden folgenden Aufsätzen aufgegriffen.

Die *praeambula fidei* sind vom Glauben her zu bestimmen, sodass sie ein Durchdenken und Aufweisen der Begründungsstrukturen des Geglaubten sind. Dies wird von *Harald Seubert, Das Gefühl schlechthinniger Abhängigkeit und die normative Kraft der Moderne oder: Schleiermacher im Kontext*, in Blick auf die Diskussionen innerhalb des Deutschen Idealismus untersucht. Harald Seubert zeigt, dass nicht ohne Grund Schleiermacher in der Philosophiegeschichte des 19. Jahrhunderts nur unter »ferner liefen« genannt werden kann, dass andererseits Hegel und vor allem Schelling, mit denen er sich in einem Verhältnis intensiver gegenseitiger Wahrnehmung und Beurteilung befand, wesentlich konstruktivere Beiträge zu einer Bestimmung der *praeambula fidei* vom Glauben her beigesteuert haben als er. In einem Ausblick nennt Harald Seubert gegenwärtige Entwürfe christlicher Religionsphilosophie im englischen und französischen Raum, die gleichfalls wesentlich verheißungsvoller sind, weil sie den christlichen Glauben in einer Weise ernst nehmen, wie es Schleiermacher nicht tut.

Harald Seubert weist die Schwächen Schleiermachers in Blick auf die Denkaufgaben der idealistischen Philosophie auf: der Gedanke Gottes als Bestimmungsgrund des Gefühls schlechthinniger Abhängigkeit bleibt unbestimmt und bietet damit ein offenes Feld, das von verschiedensten geistigen Strömungen besetzt werden kann. Diese müssen keineswegs auf dem Reflexionsniveau bleiben, das Schleiermacher erreicht hat, und sind es auch nicht geblieben. Es ist in der Tat aufschlussreich, dass die deutsche protestantische Theologie und Kirche sich gerade einem Theologen verschrieben hat, der so wenig Schutz gegen Zeitgeistströmungen bietet.

Daniel von Wachter untersucht in *Friedrich Schleiermachers Theologie ist nicht rational* zwei Motive, die Schleiermacher für seine Umdeutung des Christentums hatte. Das erste war Schleiermachers ausdrückliches Ziel, Theologie so zu gestalten, dass sie von Einsprüchen von Seiten der Naturwissenschaften nicht getroffen werden kann. Dabei ist besonders an die Frage der Möglichkeit von Wundern zu denken. Daniel von Wachter zeigt hier in der detaillierten Analyse der Begriffe Wunder und Naturgesetz, dass Wunder keinesfalls Naturgesetzen widersprechen. Das andere Motiv war Schleiermachers Auffassung von Religion bereits in den ›Reden‹ als etwas, das weder Lehre (Metaphysik) noch Moral enthält, sondern reines Gefühl ist.

Daniel von Wachters Vorwurf ist nicht, dass Schleiermacher keine Vernunft gebrauche zur Darlegung seiner Theologie oder Religionsphilosophie, sondern dass Schleiermacher nicht in der Lage ist, Gründe dafür anzugeben, warum Gefühle wie Freude, Hoffnung und Trost in einem christlich-frommen Subjekt sein sollen, weil Schleiermacher es gerade ablehnt, Lehre zum Grund für ein frommes Gefühl anzuerkennen. Daniel von Wachter hält entgegen: »Eine Freude ist umso erstrebenswerter, je besser begründet sie ist.« (von Wachter, S. 178) Daraus ergibt sich, dass ein Christentum, das der Schleiermacherschen Theologie entspricht, nur wenig erstrebenswerte und nur schwache Gefühle haben kann, als auch, dass eine das Christentum ablehnende Position oder auch das originale Christentum rationaler sind, d. h. ihr Gefühl stärker begründet entwickeln können als die Schleiermacherische.

* * *

Der geneigte Leser sei nun gebeten, nicht nur die Aufsätze der einen oder der anderen Seite zur Kenntnis zu nehmen, sondern, wenn er die Aufsätze der jeweils anderen Seite auch gelesen hat, nochmals eine Lektüre der vorangegangenen Seite vorzunehmen.

Basel, in den Tagen vor dem 50. Todestage Karl Barths,
Sven Grosse

Pro Schleiermacher

Schleiermacher heute – ein Plädoyer

Notger Slenczka

Auf der einen Seite ist im Jahr des 250. Geburtstags Schleiermachers eine erneute Besinnung auf sein Denken zu konstatieren,[1] die darauf zurückgeht, dass der bei ihm angelegte Religionsbegriff (dazu unten) und seine bis heute nicht eingeholten Reformulierungen fixierter Dogmen[2] sich als Antwort für Problemstellungen der Gegenwart anbieten. Es geht dabei also mitnichten nur um eine Schleiermacher-Philologie. Diese hat ihren Ort in der intensiven Bemühung um die Edition und Präsentation seiner Werke etwa in der Kritischen Gesamtausgabe, die aber von Personen initiiert wurde und getragen ist, die dieses gegenwartsorientierende Potential seiner Theologie und seiner Philosophie erfasst haben – zum Beispiel Hans-Joachim Birkner, Gerhard Ebeling, Hermann Fischer, Andreas Arndt, Ulrich Barth und Jörg Dierken; und die philologische Arbeit hat ihren Ort in den Veröffentlichungen, die den historischen Ort und Rang seines philosophischen und seines theologischen Denkens erarbeiten.[3] Geleitet ist aber

---

[1] Vgl. nur die kontextualisierenden (The Oxford Handbook of German Philosophy in the 19th Century, Oxford 2015) und werkerschließenden (Martin Ohst (Hrsg.), Schleiermacher Handbuch, Tübingen 2017) Sammelbände.

[2] Nur wenige Beispiele für die Aufnahme der kritischen Reformulierung des Sachgehaltes der klassischen Dogmen – gleichgültig, ob die jeweils vom Vf. eingenommene Position zustimmungsfähig ist: Rick Elgendy, Reconsidering Resurrection, Incarnation and Nature in Schleiermacher's Glaubenslehre, in: International Journal of Systematic Theology 15 (2013), 301–323; Nathan D. Hieb, The precarious Status of Resurrection in Schleiermacher's Glaubenslehre, in: ebd. 5 (2003), 187–199; Emilio Brito, La doctrine trinitaire d'apres la ›Glaubenslehre‹ de Schleiermacher, in: RThL 22 (1991), 327–342. Claus Osthoevener, Die Lehre von Gottes Eigenschaften bei Friedrich Schleiermacher und Karl Barth, Berlin u. a. 1996; Martin Weber, Schleiermachers Eschatologie, Gütersloh 2000.

[3] Etwa in den Bänden des Schleiermacher-Archivs. Vgl ferner nur: Christine Axt-Piscalar, Ohnmächtige Freiheit, Tübingen 1996; Miriam Rose, Schleiermachers Staatslehre, Tübingen 2011; Friedrich Hermanni u. a. (Hgg.), Religion und Religionen im

auch dieses Interesse am historischen Kontext seines Denkens durch die weitergehende Frage nach der gegenwärtigen Relevanz dieses Werkes, das sich unter aktuellen Perspektiven als überraschend tragfähige Antwort auf Fragen erweist, die entweder die Zeit Schleiermachers mit der Gegenwart verbinden, oder als Antworten, die sich auch angesichts neuer oder weiterentwickelter bzw. verschärfter Problemstellungen überraschend frisch präsentieren.[4]

Dieser erneuten Besinnung auf das Denken Schleiermachers[5] steht nun aber eine Kritik an seinem Denken gegenüber, die Einwände vorbringt, die nach meinem Eindruck teilweise nicht neu sind, sondern vielfach Kritikpunkte weitertradieren, auf die Schleiermacher bereits in seinen Sendschreiben an Lücke reagiert hat, Einwände ferner, die zuweilen auch in einer Kontinuität zur vielstimmigen Kritik stehen, die seit Beginn des 20. Jahrhunderts durchaus nicht nur in den Reihen der dialektischen Theologie laut wurde und die darauf abzielt, dem 19. Jahrhundert, dem ›Kulturprotestantismus‹ insgesamt den Abschied zu geben und damit eine Theologie zu verabschieden, die angeblich vom Menschen und seinem Fortschritt und nicht oder nur im Nebenthema von Gott handelt.[6] Diese Kritik beispielsweise an einem Schleiermacher unterstellten theologischen ›Subjektivismus‹ und einem Plädoyer für Gott als ›Gegenüber‹ oder für seine ›Personalität‹ präsentiert sich auf sehr unterschiedlichem Niveau.[7] Daneben erbt

---

Deutschen Idealismus: Schleiermacher, Hegel, Schelling, Tübingen 2015; ULRICH BARTH u.a. (Hgg.), 200 Jahre ›Reden über die Religion‹, Berlin u.a. 2000; DERS. u.a. (Hgg.), Aufgeklärte Religion und ihre Probleme, Berlin u.a. 2013.

[4]   Das gilt – nur beispielsweise – für die Einzeichnung von Schleiermachers Religionsbegriff in die neueren Debatten um die ›Wiederkehr der Religion‹, die – nur ein Beispiel – etwa Wilhelm Gräb vornimmt: WILHELM GRÄB, Sinnfragen. Transformationen des Religiösen in der modernen Kultur, Gütersloh 2006, hier 40–44 im Kontext. ULRICH BARTH, Die Religionstheorie der ›Reden‹. Schleiermachers theologisches Modernisierungsprogramm, in: DERS., Aufgeklärter Protestantismus, Tübingen 2004, 259–289.

[5]   Dazu nur die Skizze: NOTGER SLENCZKA, Theologie der Gegenwart, in: Zeitzeichen 8 (2013), 45–48.

[6]   Vgl. zu dieser Kritik etwa nur: EMIL BRUNNER, Die Mystik und das Wort. Der Gegensatz zwischen moderner Religionsauffassung und christlichem Glauben, dargestellt an der Theologie Schleiermachers, Tübingen 1924; KARL BARTH, Die protestantische Theologie im 19. Jahrhundert. Ihre Vorgeschichte und ihre Geschichte, Zürich ⁵1982, 379–424. Dazu schon: WILHELM BARTELHEIMER, Schleiermacher und die gegenwärtige Schleiermacher-Kritik. Eine Untersuchung über den Subjektivismus, Leipzig 1931.

[7]   Es ist bedauerlich, wenn grobe Fehleinschätzungen der Theologie Schleiermachers in Publikumszeitschriften vorgetragen werden – etwa die Vorstellung, Schleiermacher habe mit seiner Definition Gottes als des »Woraufhin« (sic! Schleiermacher schreibt: ›Woher‹) ›der schlechthinnigen Abhängigkeit‹ auf den Begriff ›Gott‹ Verzicht leisten wollen und habe dies später (!) wieder korrigiert: CHRISTOPH MARKSCHIES, ›Letzter Sinn‹, in: chrismon plus, Juli 2017 (https://chrismon.evangelisch.de/das-wort/christoph-mark

sich die Kritik fort, man habe es – ausgerechnet! – bei Schleiermacher mit dem Eintragen eines ›philosophischen‹ Gottesbegriffs in die Theologie zu tun, und es sei an der Zeit, auch in der Anlage des Theologiestudiums zu einer an der Bibel orientierten Theologie zurückzukehren, die Gott als Liebe zur Geltung bringe.[8]

Dies muss Anlass sein, sich selbst und anderen Rechenschaft über den Rang der Antworten Schleiermachers abzulegen – und dieser Versuch ist Zweck der folgenden Übung,[9] in der ich zunächst zeige, dass und in welchem Sinn wir es bei Schleiermacher mit einer Glaubenslehre zu tun haben, die christozentrisch ist;[10] zweitens versuche ich deutlich zu machen, inwiefern wir es mit einer Theologie zu tun haben, die immerhin dies leistet: von Gott und seiner Existenz zu sprechen, ohne ihn zu einem ›Gegenstand‹ zu machen. Dass ich damit zunächst den § 11 und den Gesamtaufbau der Glaubenslehre zum Thema mache und erst in einem zweiten Schritt zu § 4 und dessen Kontext komme, geschieht nicht absichtslos, sondern ist der These dieses Beitrags geschuldet, die, um es gleich zu sagen: an keiner Stelle irgendwie neu oder bisher nie gesehen ist.

---

schies-ueber-den-gott-der-liebe-34741); vgl. die nächste folgende Anm. Die im Rahmen seiner Wiederaufnahme einer an Barth orientierten Offenbarungstheologie vorgetragene Kritik von MICHAEL WELKER (Gottes Offenbarung. Christologie, Neukirchen-Vluyn ²2012) ist zwar, so scheint mir, positionell voreingenommen und wird dem Anliegen Schleiermachers (und der gegenwärtigen Repräsentanten seines theologischen Anliegens, die mir deutlich im Blick zu sein scheinen) nicht gerecht, ist aber ein Exempel für das Anliegen der Abkehr von einem ›subjectivistic turn‹ in der neueren Theologie (gleichzeitig aber ein Indiz dafür, dass eine solche Abkehr wohl bedacht sein will); dazu nur die Rezension: NOTGER SLENCZKA, in: zeitzeichen 14 (2013) Heft 11, 71–73. Ferner einige der Beiträge in: INGOLF U. DALFERTH, Krisen der Subjektivität, Tübingen 2005.

[8] MARKSCHIES, ›Letzter Sinn‹ – das ist eine in vieler Hinsicht erstaunliche Deutung und Kritik der Glaubenslehre, der (nur zum Beispiel) offensichtlich der Leitsatz des § 167 entgangen ist, in dem (mit christologisch-soteriologischer Begründung) die Liebe als das einzige *Wesens*prädikat Gottes herausgestellt wird: »Gott ist die Liebe.«

[9] Das Ziel des Bandes, in dem dieser Beitrag erscheint, verstehe ich so, dass es nicht um das Aufarbeiten von Sekundärliteratur, sondern um ein engagiertes Plädoyer für (oder gegen) Schleiermacher zu tun ist. Somit nenne ich im Folgenden nur gelegentlich Titel und verweise insgesamt auf die großartige Übersicht: ULRICH BARTH, Schleiermacher-Literatur im letzten Drittel des 20. Jahrhunderts, in: ThR 66 (2001), 408–461; dazu auf die Überblicke im Schleiermacher Handbuch von MARTIN OHST (Bei Lebzeiten: 428–442), FRIEDEMANN VOIGT (Die Schleiermacher-Rezeption 1834–1889 und: Die Schleiermacher-Rezeption 1890–1923): ebd. 442–465) sowie von HERMANN FISCHER (Rezeption und Kritik [1918–1960] und: Rezeption und Kritik [1960 ff.].): 465–487.

[10] Das hat übrigens bereits KARL BARTH hervorgehoben: KD I/2, 135, vgl. aber 385.

I. Christozentrische Theologie

I.1. Die ›Anlage zur Religion‹ und ein Gottesbegriff als Voraussetzung des christlichen Glaubens?

Wer die Glaubenslehre mit der Einleitung beginnend kursorisch (aber nicht sonderlich genau) liest, gewinnt den Eindruck, dass Schleiermacher in dieser Einleitung, die er seinem Werk voranstellt, in den ersten Paragraphen – besonders in § 4 – einen Gottesbegriff herleitet, der subjektivitätstheoretisch begründet ist[11] und der die Christologie, die erst in § 11 Erwähnung findet und in § 86 und fortfolgende entfaltet wird, prävaliert. Von Gott, so scheint es, ist zunächst abgesehen von der Offenbarung in Christus und ihr vorauslaufend die Rede – die christologische Präzisierung wird erst als Individuierungsmerkmal in § 11 eingeführt.

Zudem ist diese Rede von Gott, so scheint es, explizit aus außerhalb der christlichen Kirche und Theologie liegenden Quellen gespeist: Lehnsätze aus anderen Wissenschaften – der philosophischen Ethik, der Religionsphilosophie und der Apologetik – nimmt Schleiermacher hier und in der ›Kurzen Darstellung‹ in Anspruch und macht im Text der ersten Auflage ausdrücklich darauf aufmerksam, dass er damit einen Standpunkt ›über‹ dem Christentum einnehme: »Um auszumitteln, worin das Wesen der christlichen Frömmigkeit bestehe, müssen wir über das Christenthum hinausgehn, und unsern Standpunkt über demselben nehmen, um es mit anderen Glaubensarten zu vergleichen.«[12] Diese

---

[11]   Das ist ohne Zweifel der Fall; zu dieser subjektivitätstheoretischen Rekonstruktion vgl. die ausgezeichnete Dissertation von Ulrich Barth, Christentum und Selbstbewusstsein. Versuch einer rationalen Rekonstruktion des systematischen Zusammenhangs von Schleiermachers subjektivitätstheoretischer Deutung der christlichen Religion, Göttingen 1997; vgl. ferner zur Genese und Systematik seines Religionsbegriffs: Christian Albrecht, Schleiermachers Theorie der Frömmigkeit. Ihr wissenschaftlicher Ort und ihr systematischer Gehalt in den Reden, in der Glaubenslehre und in der Dialektik (Schl-Arch 15), Berlin 1993. Im Hintergrund steht natürlich die Frage nach dem Verhältnis der Ausführungen Schleiermachers zu den Vorgängertheorien und den seinerzeitgenössischen Subjektivitätstheorien, auf die hier nur hingewiesen werden kann – vgl. Peter Grove, Deutungen des Subjekts. Schleiermachers Philosophie der Religion, Berlin u. a. 2004; zur Rezeption des Spinoza: Christoph Ellsiepen, Anschauung des Universums und *Scientia Intuitiva*, Berlin u. a. 2006. Ulrich Barth, Was heißt ›Anschauung des Universums‹? Beobachtungen zum Verhältnis von Schleiermacher und Spinoza, in: Violetta Waibel (Hrsg.), Spinoza – Affektenlehre und *amor Dei intellectualis*, Hamburg 2012, 243–266.

[12]   Friedrich Daniel Ernst Schleiermacher, Der christliche Glaube, 1. Auflage [1822/23], KGA I/7,1-3 Berlin 1980, § 6, Leitsatz (20,13-16) (im Folgenden: CG¹).

Charakterisierung hat Schleiermacher ähnlich in der Enzyklopädie vorgetragen;[13] etwas anders hat er in der zweiten Auflage im Korpus des entsprechenden Paragraphen formuliert: »Müssen wir also einen Begriff der christlichen Kirche voranschikken [...]: so wird dieser selbst nur richtig zu erzielen sein durch den allgemeinen Begriff der Kirche überhaupt, verbunden mit einer richtigen Auffassung der Eigenthümlichkeit der christlichen.«[14]

I.2. Wissenschaftstheoretische Prämissen

I.2.1. Zum einen ist es natürlich zutreffend, dass Schleiermacher hier wie überall die wissenschaftliche Behandlung eines Themas, hier des Christentums, so versteht, dass das Einzelne sich als Modifikation und als Exemplar von etwas Allgemeinem darstellt. Der einzelne Mensch ist immer schon als Mensch wahrgenommen und damit in das Feld der Lebewesen eingeordnet und als ›vernünftiges‹ von allen anderen Lebewesen unterschieden. Der Allgemeinbegriff (›Lebewesen‹ oder ›Religion‹) zeichnet den Horizont vor, der Möglichkeiten der Differenzierung eröffnet (es gibt vierbeinige und zweibeinige Lebewesen), und in dieses gegliederte Feld ordnet sich das Einzelne ein und hat darin den Ausweis seines Rechts; das ist das Vorgehen einer Dihärese.[15]

I.2.2. Von vornherein geht es dabei aber nicht darum, das Einzelne irgendwie aus dem Begriff abzuleiten, sondern es in seiner Besonderheit als Erfüllung des Begriffs auszuweisen. Der Begriff gibt vielmehr ein Schema vor, in dem die Vielfalt der Exemplare sich als mit im Begriff angelegten Gründen unterschie-

---

[13] FRIEDRICH DANIEL ERNST SCHLEIERMACHER, Kurze Darstellung (im Folgenden: KD) des theologischen Studiums zum Behuf einleitender Vorlesungen, 1830, hier § 33 und Kontext: KGA I/6, 321–446, hier 338,14–16, vgl. 1. Aufl., 1811, hier Erster Teil § 4, ebd. 245–315, hier 256,17 f.

[14] Ders., Der christliche Glaube, 2. Auflage [1831/32], KGA I/13,1 und 2, Berlin, § 2 (15 f.; im Folgenden: CG²).

[15] Diese Hintergründe können hier nur angedeutet werden – vgl.: ULRICH BARTH, Wissenschaftstheorie der Theologie, in: DERS., Kritischer Religionsdiskurs, Tübingen 2014, 263–278, hier 269 f., vgl. bes. die dort auch von Barth genannten Arbeiten von MARKUS SCHRÖDER (Die kritische Identität des neuzeitlichen Christentums, Tübingen 1996) und MARTIN RÖSSLER (Schleiermachers Programm der Philosophischen Theologie, Berlin u. a. 1994). Vgl. ferner ULRICH BARTH, Die subjektivitätstheoretischen Prämissen der Glaubenslehre, in: DERS., Aufgeklärter Protestantismus, Tübingen 2004, 329–351. Zum enzyklopädischen Programm: EILERT HERMS, Herkunft, Entfaltung und erste Gestalt des Systems der Wissenschaften bei Schleiermacher, Gütersloh 1974. Vgl. zum folgenden die ausgezeichnete Darstellung bei CLAUS OSTHOEVENER, Dogmatik I und Dogmatik II, in: OHST, Handbuch, 349–383.

dene Realisationsformen verortet; genau so kommt auch ein belastbarer Begriff des Christentums zustande. Die Alternative zu einem solchen Vorgehen wäre es, so Schleiermacher in seiner Enzyklopädie (Kurze Darstellung), ein Verständnis des Christentums aus willkürlich zusammengeklaubten Einzelelementen, in denen es sich darstellt, zu entwerfen – aber auch ein solches Konzept wäre in irgendeinem Grade der Ausdrücklichkeit von einem Gesamtverständnis, und das heißt: von einem Begriff des spezifisch Christlichen geleitet.

I.2.3. Daher muss man aber auch die zitierte Wendung über den Standpunkt ›über‹ dem Christentum in der ersten Auflage der Glaubenslehre genau lesen: es geht nicht darum, einen Standpunkt außerhalb des Christentums einzunehmen, gleichsam *etsi non daretur* – so versteht Karl Barth diese Wendung.[16] Vielmehr geht es darum, ›über das Christentum hinauszugehen‹; und das bedeutet, dass man diesen Standpunkt ›im‹ Christentum zunächst einmal eingenommen haben muss und nun und von dort aus darauf aufmerksam wird, dass das Christentum eine Variante oder ein Exemplar von etwas Allgemeinerem – ein Exemplar frommer Gemeinschaft – ist.[17]

I.3. Der Allgemeinbegriff der Religion

Das heißt, dass die Abfolge der Lehnsätze nicht als eine Entfaltung von Gegebenheiten gelesen werden kann, die zunächst vorliegen, bevor dann das Spezifische des christlichen Glaubens erreicht würde. Vielmehr handelt es sich um eine Entfaltung von Implikationen des als Faktum vorausgesetzten christlichen Glaubens selbst, durch die dieser sich einem weiteren Feld von Exemplaren zuordnet, in denen unter anderen spezifischen bzw. individuellen Bedingungen dasselbe Vermögen, das im christlichen Glauben bestimmt ist, sich manifestiert. Es gibt nicht eine gleichsam gegen die spezifischen Religionen neutrale religiöse Anlage, einen allgemeinen Begriff von ›Gott‹, und eine folgeweise auf sie ›aufgepropfte‹, jeweils besondere (im Anwendungsfall christologische) Gestalt derselben, sondern § 11 ist in der Tat ernstzunehmen: »Das Christenthum ist eine der teleologischen Richtung der Frömmigkeit angehörige monotheistische Glaubensweise, und unterscheidet sich von andern solchen wesentlich dadurch, dass

---

[16]   KARL BARTH, Protestantische Theologie, 396. Zur Kritik Barths wäre noch sein Kolleg zur Theologie Schleiermachers heranzuziehen (KARL BARTH, Die Theologie Schleiermachers, 1923/24, Karl Barth Gesamtausgabe II/11, hrsg. v. DIETRICH RITSCHL, Zürich 1978), sowie das Nachwort zur Schleiermacher-Auswahl (hrsg. v. HEINZ BOLLI, München 1968, 290–312).

[17]   Vgl. dazu MARTIN RÖSSLER, Schleiermachers Programm der Philosophischen Theologie, Berlin u.a 1994, hier 157, Anm. 33 der Hinweis auf Schleiermachers Verständnis nach den Sendschreiben.

alles in derselben bezogen wird auf die durch Jesum von Nazareth vollbrachte Erlösung.«[18] Wenn in der Tat ›alles‹ im Christentum bezogen ist auf die durch Jesum von Nazareth vollbrachte Erlösung, so gilt dies auch für die Aussagen bzw. Anlagen, die das Christentum mit anderen (monotheistischen) Religionsgemeinschaften verbinden; und das heißt: die Aussagen, die (nach traditionellem Verständnis) der christliche Glaube mit allen anderen Religionsgemeinschaften teilt, sind ein Implikat des spezifischen Gehaltes des christlichen Glaubens selbst und nicht dessen ontische Voraussetzung.

I.4. Christozentrische Theologie

Schleiermacher entfaltet in der Einleitung[19] nicht das, was Barth und die Seinen als ›natürliche Theologie‹ abgelehnt haben. Drei Indizien:

I.4.1. Bereits in den Reden[20] besteht er auf der konstitutiven Bedeutung des Partikularen für jede Religion: es gibt keine ›natürliche‹ oder ›allgemeine‹ Religion, die etwa in der zweiten Rede oder in der Einleitung der Glaubenslehre thematisiert würde, auf die man sich, aus allen partikularen Religionen heraustretend, einigen könnte und die einen, abgesehen von den partikularen Auslösern, zugänglichen Begriff von Gott böte, dessen außerwesentliche Näherbestimmungen die einzelnen Religionen bieten. Entsprechend gibt es keine allgemeine, für sich zugängliche religiöse Anlage, die abgesehen vom ›Besonderen‹ in der Religion – im Falle des Christentums die Person Jesu von Nazareth – realisiert werden könnte; und der christliche Glaube lässt sich auch nicht aus einem solchen Wesensbegriff der Religion ableiten. Wohl aber kommt das spezifische und individuelle Wesen des Christentums nur zum Verständnis, wenn es in ein Feld des Verstandenen – d. h. des begrifflich Gefassten – eingeordnet wird.

I.4.2. Dem entspricht zweitens der Umgang Schleiermachers mit religiösen Traditionen, die als historische Voraussetzung des christlichen Glaubens zu stehen kommen und die nach der üblichen (von Schleiermacher als historische

---

[18] CG² § 11, Leitsatz (93).

[19] Zu deren Status und zum Aufbau der Einleitung insgesamt vgl. neben den in Anm. 2 genannten Titeln. Zum Aufbau der materialen Dogmatik die Darstellung bei Osthoevener (Anm. 2) und: Gerhard Ebeling, Schleiermachers Lehre von den göttlichen Eigenschaften, in: ders., Wort und Glaube II, Tübingen 1969, 305–342; Dietz Lange, Neugestaltung christlicher Glaubenslehre, in: ders. (Hrsg.), Friedrich Schleiermacher (1768–1834), Göttingen 1985, 85–105.

[20] Vgl. meinen Deutungsversuch: Notger Slenczka, Religion and the Religions. The ›Fifth Speech‹ in Dialogue with Contemporary Concepts of a ›Theology of Religions‹, in: Brent Sockness u. a. (Hgg.), Schleiermacher, the Study of Religion, and the Future of Theology. A Transatlantic Dialogue, Berlin, New York 2010, 51–67.

Feststellung geteilten) Lesart der christliche Glaube aus einer ihm vorausge-
henden Tradition übernommen und mit ihr gemeinsam hat, und der Umgang
mit philosophischen Aussagenzusammenhängen, die inhaltliche Schnittmengen
mit christlichen Aussagen haben: diese versteht er so, dass sie nicht vom
christlichen Glauben am ursprünglichen Ort aufgeklaubt und neben die jeweils
eigenen, spezifisch christlichen Einsichten gestellt werden; vielmehr erweisen
sie sich, auch wenn sie historisch aus anderen Quellen stammen, nur so als
›Tatsachen‹ des christlich-frommen Bewusstseins, dass sie als Momente der
Auslegung des christlich-frommen Bewusstseins ausgewiesen werden können.
So kann Schleiermacher feststellen, dass etwa der religiöse Monotheismus, der
der christlichen Kirche als jüdisches Erbe zugewachsen ist, nach dem Übergang
in die heidenchristliche Kirche dem christlichen Bewusstsein unmittelbar als
Ausdruck seiner selbst gegeben und so ausgewiesen sei.[21]

I.4.3. Dem entspricht drittens, dass Schleiermacher im ersten Teil der materialen Durchführung der Glaubenslehre das Äquivalent der klassischen Lehre
von Gott dem Schöpfer, der Lehre von der Schöpfung und das Selbstverständnis
des Geschöpfes beschreibt und hier den Gehalt der §§ 4–6 als Implikat des
christlich-frommen Bewusstseins rekonstruiert. Diesen Teil stellt er nun auch
nicht einfach dem von der Erlösung bzw. von Christus bestimmten Bewusstsein
›unter dem Gegensatz‹ (des Bewusstseins der Sünde [Bewusstsein der Gottes-
ferne] und Gnade [Bewusstsein der durch Christus vermittelten Gottesnähe]) als
eigenen Teil der Dogmatik voran. Vielmehr ordnet er die Schöpfungslehre von
vornherein der Darstellung des Bewusstseins unter dem Gegensatz und damit
dem spezifisch christlich-frommen Bewusstsein zu und hält fest, die Lehre von
der Schöpfung sei eine »Entwiklung des frommen Selbstbewußtseins, wie es in
jeder christlich frommen Gemüthserregung *immer schon vorausgesezt* wird, aber
auch immer mit enthalten ist.«[22] Das heißt: die Rede von der Schöpfung und vom
Schöpfer und damit – als deren Grundlage – die Darstellung des Bewusstseins der
schlechthinnigen Abhängigkeit ist impliziert im *christlich*-frommen Selbstbewusstsein und in diesem christlich-frommen Bewusstsein unter dem Gegensatz
(aber eben nicht unabhängig davon) vorausgesetzt. Es ist das christlich-fromme
(d. h. das durch Jesus von Nazareth und die dort vollbrachte Erlösung bestimmte)
Bewusstsein, das das Bewusstsein der schlechthinnigen Abhängigkeit voraussetzt.[23] Die Einleitung thematisiert diese im christlich-frommen Bewusstsein
implizierte Voraussetzung als Bestimmtheit der Subjektivität, die das christlich-

---

[21]   Schleiermacher, CG² (Anm. 14) § 12,2., hier a. a. O. 103 f. und § 13 Zusatz (a. a. O. 113).

[22]   Überschrift zum ersten Teil der Glaubenslehre, CG² (Anm. 14) 201 (kursiv von mir).

[23]   Ohne dass ich das weiter ausführe, weise ich darauf hin, dass Schleiermacher ein
ähnliches Problem der Verhältnisbestimmung anlässlich der Frage, ob die Darstellung
des Sündenbewusstseins derjenigen des Bewusstseins der Gnade voranzustellen (oder
als dessen Implikat zu beschreiben) sei, behandelt: CG² (Anm. 14) § 64 (399).

fromme Bewusstsein mit allen anderen Realisierungsgestalten des frommen Bewusstseins teilt, die aber als Bestimmung des christlich-frommen Bewusstseins nicht in der Einleitung, sondern im ersten Teil der materialen Glaubenslehre und damit als Moment des spezifisch christlich-frommen Bewusstseins zu stehen kommt.

I.4.4. Kurz: die Glaubenslehre ist durchgehend, auch in der Dihärese der frommen Gemeinschaft, und das heißt: auch in der Herleitung des frommen Bewusstseins und des hier rekonstruierten Begriffs von Gott, eine Beschreibung und klassifizierende Einordnung des *christlich*-frommen Bewusstseins.

I.5. Christologie und Rede von Gott

I.5.1. Dies weist eben auch dem allgemeinen Begriff der frommen Gemeinschaft und dem darin enthaltenen allgemeinen Begriff der Religion und dem allgemeinen Begriff des Christentums, die Schleiermacher in der groß angelegten Dihärese in der Einleitung der Glaubenslehre entfaltet, ihren Ort an:[24] sie begründen nicht das Christentum in einer Subjektivitätstheorie. Vielmehr setzt sie durchgehend das christlich-fromme Selbstbewusstsein voraus und verortet es aufgrund des in ihm, dem christlich-frommen Bewusstsein gesetzten Bestimmtsein ›als Geschöpf‹ in einer Dihärese frommer Gemeinschaften. Dies Bewusstsein schlechthinniger Abhängigkeit als Bewusstsein der Gottesbeziehung, das das Christentum mit anderen frommen Gemeinschaften gemeinsam hat, ist damit immer schon in seiner kontingenten Besonderheit gegeben; das gilt auch für die anderen partikular-kontingenten Religionsgemeinschaften (vgl. § 33,3.). Es ist das *christlich*-fromme Bewusstsein, in dem zugleich das Gottesbewußtsein als voraus- und mitgesetzte ›Anlage auf Gott hin‹ bewusst wird, die also immer schon unter dem Gegensatz der Gottlosigkeit einerseits und des durch Christus vermittelten Bewusstsein der Einheit mit Gott steht. Oder anders: Den allgemeinen Begriff der Religion gibt es nur im Medium spezifischer und individueller Exemplare, und das heißt eben: die in der Einleitung zum Zweck der Erfassung des Wesens des Christentums thematisierten und herausgearbeiteten Momente stellen sich im Falle des christlichen Glaubens als Momente des Bewusstseins der Erlösung durch Christus dar und kommen daher in der Glaubenslehre mit Notwendigkeit gleichsam zweimal vor: in der Einleitung, und in der materialen Beschreibung des christlich-frommen Bewusstseins (Zweiter Teil der Glaubens-

---

[24]   Maureen Junker, Das Urbild des Gottesbewußtseins, Berlin u. a. 1990. Ich skizziere hier eine Lesart, die sicher der Intention Schleiermachers mit den Umarbeitungen der zweiten Auflage entspricht; ob er sie konsequent durchgeführt hat, ist noch eine andere Frage – dazu Junker, a. a. O. 123 f.

lehre – des Gegensatzes andere Seite) als dessen Moment (des Gegensatzes erste Seite und Erster Teil der Glaubenslehre).

I.5.2. Das bedeutet aber und will sagen, dass man den Anspruch Schleiermachers, in der Glaubenslehre nichts anderes als das christlich-fromme Bewusstsein als Bewusstsein der durch Christus vollbrachten Erlösung zu beschreiben, ernst nehmen muss: Der materiale Einsatzpunkt der Glaubenslehre ist, von § 11 her, eigentlich der zweite Teil der Glaubenslehre: Die »Entwiklung der Thatsachen des frommen Selbstbewußtseins, wie sie durch den Gegensaz bestimmt sind«[25], und hier speziell des Gegensatzes andere Seite: das Bewusstsein der Erlösung bzw. der Gnade. Dies begründet das Christentum: die in der Gemeinschaft mit dem Erlöser erfahrene Erlösung, und in diesem Selbstbewusstsein und seinen Bestimmungen erschließt sich das Woher (*terminus a quo*) der Erlösung einerseits (Sündenlehre) und das darin vorausgesetzte Bewusstsein der Bestimmung des Menschen zur Einheit mit Gott (Schöpfungslehre).

I.6. Das Vorausgesetztsein Gottes als Hinweis auf die immer schon gegebene Bestimmtheit auf Gott hin

Aber: Das bedeutet im Gegenzug: Auch wenn man die Glaubenslehre der Anlage ihrer Teile folgend und die Einleitung im Ablauf der Paragraphen liest, ist die individuierende Näherbestimmung des frommen Bewusstseins des § 4 zum christlich-frommen Bewusstsein in § 11 und damit die Näherbestimmung des mitgesetzten Woher zum ›Vater Jesu Christi‹ diesem frommen Bewusstsein nicht außerwesentlich, nötigt aber zur Unterscheidung ›des Vaters‹ von Jesus Christus. In der Abfolge der Teile der Glaubenslehre ist eine Einsicht mitgesetzt, die Schleiermacher vielfältig markiert und die er insbesondere in dem schon mehrfach angezogenen, sachlich einschlägigen § 32 festhält, wenn er schreibt: »In unsern Heiligen Schriften führt deshalb Gott beständig den Beinamen des Vaters unseres Herrn Jesu Christi: und der Ausspruch Christi [gemeint ist Joh 14,7 und 9] schließt doch zugleich dieses in sich, daß jede Beziehung auf Christum auch Gottesbewußtsein enthält.« (32,3.) In den Versen, auf die Schleiermacher in der Anmerkung hinweist, wird Jesus als Manifestation des Vaters qualifiziert (»Wenn ihr mich erkannt habt, werdet ihr auch meinen Vater erkennen« [Joh 14,7] und: »Wer mich sieht, der sieht den Vater« [Joh 14,9]). Schleiermacher weist darauf hin, dass dies nicht zu einer schlichten Identsetzung Jesu und des Vaters führte, sondern in der Person Jesu – gerade dadurch, dass er als der Erlöser erfahren wird – anderes als er selbst erkennbar werde. Vereinfacht gesprochen: der Begriff ›Gott‹ gewinnt seinen Sinn nicht allein aus der Christologie, sondern die Begegnung mit Christus ist eine Näherbestimmung des

---

[25]   Überschrift zum zweiten Teil der Glaubenslehre, CG²(Anm. 14) 391.

frommen Bewusstseins und des in ihm mitgesetzten – dazu gleich! – Bezogen-seins auf Gott; die Begegnung mit Christus ist nun aber eine Neubestimmung dieses Begriffs ›Gott‹ (als ›Vater Jesu Christi‹), und in genau diesen Sinn ist er nicht nur »mitgesetzt«, sondern zugleich *voraus*gesetzt, wie Schleiermacher in der zitierten Überschrift des Ersten Teils der Glaubenslehre schreibt. Das christlich-fromme Bewusstsein wie jedes spezifisch bestimmte fromme Be-wusstsein (also auch das polytheistischer Kulte oder anderer monotheistischer Gestalten der Frömmigkeit) schließt eine Voraussetzung ein, die es aber nicht ›an sich‹ oder in irgendeinem Sinne ›vor‹, sondern nur jeweils in spezifischer Be-stimmtheit gibt – sei das nun eine christliche, oder sei das eine außerchristliche; das heißt, dass diese Voraussetzung nicht auf diese jeweilige spezifische (christliche oder außerchristliche) Bestimmtheit limitiert ist, sondern auch an-derweitig vorkommt. Religion und damit die Rede von Gott ist anthropologisch bzw. subjektivitätstheoretisch unentrinnbar – aber diese Aussage ergibt sich immer nur in der Analyse und unter der ontischen Voraussetzung spezifischer Gestalten der Anregung dieser ›Anlage‹ – also beispielsweise unter der Vor-aussetzung der Begegnung mit ›Jesus von Nazareth‹.

II. Gott als Implikat des frommen Bewusstseins?

II.1. ›Unabhängigkeit Gottes‹?

Damit komme ich zwanglos zum zweiten Themenbereich, nämlich dem Vorwurf des theologischen Subjektivismus, der des Öfteren gegen Schleiermacher erho-ben wird, und dem Vorwurf, er vertrete einen Gottesbegriff und leite ihn in einer Weise her, die es unmöglich mache, von einer ›Personalität‹ Gottes zu sprechen: Gott sei nichts als ein Moment des frommen Bewusstseins, nicht ›selbständig‹ dagegen und damit kein echtes ›Gegenüber‹.[26]

---

[26] Dazu oben Anm. 1; vgl. zu diesem Vorwurf auch die forschungsgeschichtlichen Beiträge im Schleiermacher Handbuch (Anm. 1). Ich räume gern ein, dass ich eine solche Ein-schätzung zu Beginn meines Daseins als wissenschaftlicher Theologe selbst vertreten habe, freilich in dem klaren Wissen darum, dass jemand, der eine ›Selbständigkeit‹ Gottes gegen das ›fromme Bewußtsein‹ vertreten will, eine anspruchsvolle Begrün-dungslast übernimmt und, wie mir im Laufe meiner Bemühungen darum und nicht zuletzt durch die Beschäftigung mit Schleiermacher aufging, sich eine mit Gründen unlösbare und einer Lösung nicht bedürftige Aufgabe stellt. Vgl.: Notger Slenczka, Realpräsenz und Ontologie, Göttingen 1993, hier bes. 293–580, hier 542 ff., hier 554 f.; ders., Der Glaube und sein Grund, Göttingen 1998, hier bes. 322 f.; ders., Fides creatrix divinitatis. Zu einer These Luthers und zugleich zum Verhältnis von Theologie und

II.2. Gefühl als unmittelbares Selbstbewusstsein

Selbstverständlich ist es richtig, dass Schleiermacher in der Einordnung des Christentums in die Dihärese von Gemeinschaftsformen als spezifische Differenz frommer Gemeinschaften (Kirchen) die Frömmigkeit bezeichnet und diese als Bestimmtheit des Gefühls versteht, das er als ›unmittelbares Selbstbewusstsein‹ fasst.[27] ›Unmittelbares Selbstbewusstsein‹ ist dabei ein vorthematisches und vor allem präobjektives Selbstverhältnis. Das ist abgegrenzt gegen die thematische Betrachtung meiner selbst, sei es im Spiegel, sei es in der Erinnerung oder in einer Projektion einer Zukunft. Das präobjektive Selbstbewusstsein ist beispielsweise die intentionale Akte begleitende Reflexivität, die Descartes und ihm folgend Locke als Ich-Bewusstsein thematisieren und das Kant als das ›Ich denke‹, das alle Vorstellungen begleiten müsse, zusammenfasst, die Wahrnehmung meiner selbst ›als Subjekt‹, also beispielsweise im Weltbezug (cogito), und nicht als Gegenstand und damit als Teil der Welt.[28]

II.3. Das im Selbstbewusstsein mitgesetzte ›Andere‹ – die Intentionalität des Gefühls

II.3.1. Schleiermacher nimmt mit dem Begriff des ›Gefühls‹ ein Konzept auf, das er bereits in den ›Reden‹ in der berühmten Deutung der Religion als ›Anschauung und Gefühl‹ eingeführt hatte;[29] die beiden dort verwendeten Begriffe (Anschauung und Gefühl) kennzeichnen die Religion als Einheit von Rezeptivität (passive Intentionalität: Aufnahme eines Außeneinflusses) und als Selbstverhältnis. Für die Anschauung ist das ›Getroffenwerden woher‹ konstitutiv: »Alles Anschauen geht aus von einem Einfluss des Angeschauten auf den Anschauenden, von einem ursprünglichen und unabhängigen Handeln des ersteren, welches dann von dem letzteren seiner Natur gemäß aufgenommen, zusammengefasst und begriffen wird.«[30] Das im Zitat erwähnte Moment des ›Begreifens‹ kennzeichnet

---

Glaube, in: J.v. Lüpke u.a. (Hgg.), Denkraum Katechismus. Festgabe für Oswald Bayer zum 70. Geburtstag, Tübingen 2009, 171–195. Ders., Theologie (Anm. 4).

[27] Ich verweise auf die wenigen in Anm. 11 genannten Titel; dazu: Martin Rössler, Schleiermachers Programm der philosophischen Theologie, Berlin u.a. 1994.

[28] Dieter Henrich, Fichtes ursprüngliche Einsicht, Frankfurt 1967.

[29] Vgl. die in Anm. 11 genannte Literatur, bes. die Arbeiten von Albrecht und Ellsiepen.

[30] Friedrich Schleiermacher, Reden über die Religion an die Gebildeten unter ihren Verächtern (1799), hier zitiert nach der großartigen von Niklaus Peter herausgegebenen Studienausgabe, die die Ausgaben 1799, 1806 und 1821 parallel setzt – ich gebe in Klammern die Seiten in der Erstausgabe (EA) an: Zürich 2012, hier 51 (EA 55).

Religion als Selbstreferentialität:[31] Ein erfahrener Einfluss schlägt sich in einer Selbstwahrnehmung nieder – und für dieses Moment der Selbstwahrnehmung (als Ergebnis eines äußeren Einflusses) steht bereits in den Reden der Begriff ›Gefühl‹.

Auch in den Reden kommt es Schleiermacher allerdings entschieden darauf an, dass diese beiden Momente ursprünglich nicht nebeneinander oder als Kombination aus zweien existieren, sondern dass die Trennung beider Momente eine sekundäre Gestalt einer ursprünglichen Einheit und Ungeschiedenheit beider darstellen, [32] als deren Ergebnis sich erst eine thematische, objektivierende Bezugnahme auf ein anderes und eine thematische, objektivierende Selbstwahrnehmung einstellt.

In den Reden hatte Schleiermacher somit Religion unter dem Leitbegriff der Anschauung und damit der (passiven) Intentionalität beschrieben; nun, in der Glaubenslehre, fasst er Religion unter den Leitbegriff des ›Gefühls‹ zusammen und unterstellt die Beschreibung damit dem Leitbegriff des Selbstverständnisses oder der Reflexivität: Frömmigkeit ist grundlegend Selbstreferentialität, d. h. ›Wissen um sich selbst‹ im Sinne einer vorthematischen Wahrnehmung seiner selbst. Und diese vorthematische Selbstwahrnehmung schließt nun aber ein Moment der Intentionalität ein, ein ›Mitgesetztsein eines Anderen‹, und genau dies ›Mitgesetztsein eines Anderen‹ auszuweisen ist die Absicht Schleiermachers in § 4,1.[33]

Um dies zu erfassen,[34] muss man sich nun zunächst der Beschreibung des Weltverhältnisses vergewissern (II.4.) von dem aus Schleiermacher dann Frömmigkeit als Gefühl der schlechthinnigen Abhängigkeit (II.5.) und damit (!) als Gottesbewusstsein beschreibt (II.6.).

---

[31]   Ebd. 64 (EA 66 f.).

[32]   Schleiermacher legt die beiden Momente (Anschauung und Gefühl) zunächst je für sich aus (Reden [Anm. 21] 49–64 [EA 55–65] und 64–68 [EA 65–72]) und weist dann auf die in der Reflexion auf die Religion immer schon verlorene Einheit beider hin – hier in einer Beschreibung der Anschauung des Universums nicht nur in Analogie zum, sondern als erfahren im Liebesakt (68–72 [EA 72–76]).

[33]   Vgl. allgemein in CG^2 (Anm. 11) § 4,1 und 3. (33 und 36); mit Bezug auf das Gefühl der schlechthinnigen Abhängigkeit: § 4,4. (38 f.). Die Bemerkung im Handexemplar: a. a. O. 4,1. (33).

[34]   Das folgende will einen Nachvollzug des Gehaltes des Zusammenhangs von ›frommem Bewusstsein‹ und Gott bieten, der auf eine Plausibilität für Personen abzielt, die die oben knapp angedeuteten Vorbehalte teilen.

II.4. ›Teilweise‹ Freiheit und Abhängigkeit – die Welt und ihre Gegenstände

II.4.1. Dass und in welchem Sinne dies eine Verortung des christlichen Glaubens bzw. genauer: der Religion in den seiner zeitgenössischen subjektivitätstheoretischen Debatten darstellt und den christlichen Glauben in der zeitgenössischen Philosophie gesprächsfähig hält, kann hier außen vor bleiben.[35] Deutlich ist aber jedenfalls, dass Schleiermacher das Gefühl als Medium zwischen zwei weiteren Handlungsformen fasst, nämlich dem Tun und dem Wissen oder – so die Terminologie in der Philosophischen Ethik – dem organisierenden und dem symbolisierenden Handeln.

II.4.2. Durchschnittlicherweise also ist das Handeln und Denken des Menschen in der Welt von einem Bewusstsein der Freiheit ebenso wie vom Bewusstsein der Abhängigkeit begleitet: jedes Hantieren mit einem Gegenstand ist ein Akt der Freiheit ebenso wie ein Akt des Bestimmtseins oder des Eingeschränktseins, beispielsweise durch die Möglichkeiten, die der Gegenstand eröffnet und die er verschließt: aus einem Stück Holz kann ich schwerlich einen Computer bauen, möglicherweise aber damit ein Feuer anzünden. Oder allgemeiner: in jedem Selbstbewusstsein – in jedem vorthematischen Wissen um sich selbst – ist ein ›Sichselbstsetzen‹ und ein ›Sichselbstnichtsogesetzthaben‹ verbunden: »In jedem Selbstbewußtsein [...] sind zwei Elemente, ein [...] Sichselbstsezen und ein Sichselbstnichtsogesezthaben, oder ein Sein, und ein Irgendwiegewordensein.« Letzteres fasst Schleiermacher als ein ›Bestimmtsein‹, das eine Bezugnahme auf ein Bestimmendes mit sich führt: das gilt also schon für das im Weltverhältnis sich haltende Selbstbewusstsein. Er fährt fort: »[...] das lezte also setzt für jedes Selbstbewußtsein außer dem Ich noch etwas anderes voraus, woher die Bestimmtheit desselben ist, und ohne welches das Selbstbewußtsein nicht grade dieses sein würde. Dieses andere jedoch wird in dem unmittelbaren Selbstbewußtsein, mit dem wir es hier allein zu thun haben, nicht gegenständlich vorgestellt. Denn allerdings ist die Duplizität des Selbstbewußtseins der Grund, warum wir jedes Mal ein anderes gegenständlich aufsuchen, worauf wir unser Sosein zurückschieben; allein dies Aufsuchen ist ein anderer Akt, mit dem wir es jetzt nicht zu tun haben.«[36]

---

[35] Vgl. oben Anm. 8; ferner: Andreas Arndt / Walter Jaeschke, Die klassische Deutsche Philosophie nach Kant, München 2012, hier bes. der Beitrag von Andreas Arndt zu Schleiermacher (254–305); die Beiträge in: Ulrich Barth, Kritischer Religionsdiskurs, Tübingen 2014.

[36] CG² (Anm. 11) § 4,1. (33). Philologisch ist die Frage, worauf sich im zweiten der Sätze die Wendung ›unmittelbares Selbstbewußtsein‹ bezieht: Referiert Schleiermacher damit auf das fromme Bewusstsein, oder referiert er damit auf das Gefühl insgesamt? Im ersten Fall würde er sagen, dass das fromme Bewusstsein (im Unterschied zu anderen Bewusst-

II.4.3. Das Selbstbewusstsein ist somit immer schon ein ›Sich-bestimmt-wissen‹ und damit ein Bewusstsein eines (mitbestimmenden) anderen. Das gilt nicht erst mit Rücksicht auf das Bewusstsein der schlechthinnigen Abhängigkeit, sondern von jedem, auch dem das Weltverhältnis begleitenden Bewusstsein relativer (mit dem Bewusstsein der Freiheit begleiteter) Abhängigkeit. Dabei geht es aber nicht darum, dass das Bewusstsein der Abhängigkeit Schlüsse auf die Existenz bewusstseinsexterner Entitäten zieht oder zulässt, sondern es geht Schleiermacher darum, dass bereits das Bewusstsein relativer Abhängigkeit selbst ein Bewusstsein eines Außenbezuges ist, der dann in kognitiven Akten vergewissert werden kann, in denen wir, so Schleiermacher, das im Selbstbewusstsein sich meldende andere aufsuchen. Ungeachtet dessen gilt: in *jeder* Bestimmtheit des unmittelbaren Selbstbewusstseins (Gefühl) ist ein ›Anderes‹ mitgesetzt.

II.4.4. Schleiermacher ordnet nun diese beiden Bestimmungen als ›Abhängigkeitsgefühl‹ und ›Freiheitsgefühl‹ einander zu und gewinnt so ein zeitlich erstrecktes, in Bewusstseinsmomenten realisiertes Feld dessen, dem gegenüber sich das Subjekt als frei und als abhängig weiß; damit rekonstruiert und definiert Schleiermacher den Inbegriff der ›Welt‹: ›weltlich‹ ist alles, was sich in Selbstverhältnissen der relativen Freiheit und Unfreiheit meldet, was wir bestimmen können und was uns zugleich bestimmt.

II.5. ›Schlechthinnige‹ Freiheit und Abhängigkeit am Grunde des Weltverhältnisses

II.5.1. Nun ist nicht jedes Gefühl Frömmigkeit, sondern unter Frömmigkeit versteht Schleiermacher das ›Gefühl der schlechthinnigen Abhängigkeit‹, wobei ›schlechthinnig‹ eine Kunstbildung ist, mittels derer bereits Johann Friedrich Ferdinand Delbrück den Begriff ›absolut‹ zu vermeiden versucht hatte.[37] ›Absolut‹ im wörtlichen Sinne (losgelöst) ist die Abhängigkeit, die kein Gegenmoment der Freiheit mehr bei sich führt, so dass also das *Bewusstsein* der Abhängigkeit, um das es hier geht, darum und dann ›schlechthinnig‹ ist, wenn es von keinem *Bewusstsein* der Freiheit mehr begleitet ist.

---

seinsbestimmungen) ungegenständlich sei; im zweiten Fall würde er sagen, dass jedes Selbstbewusstsein ungegenständlich ist und das explizite Aufsuchen eines Grundes, der es bestimmt, sekundär ist. Ich halte die zweite Lesart für angemessen.

[37] Dass schlechthinnig ›absolut‹ heißt, notiert Schleiermacher am Rande seines Handexemplars: in CG^2 (Anm. 11) zur Einführung des Begriffs (33): »›Schlechthinig‹ gleich absolut.«

II.5.2. Ich setze mit dem weltbezüglichen relativen Bewusstsein der Abhängigkeit ein: Mit dieser Bestimmtheit des Selbstbewusstseins (als Bewusstsein der Freiheit und der Abhängigkeit zugleich) steht nach Schleiermacher zum einen fest, dass es schlechthinniges Freiheitsgefühl – Freiheit ohne jedes Moment der Abhängigkeit – nicht geben könne, da dieses bedeuten würde, dass man es mit einem schlechterdings schöpferischen, also auch durch Mitgesetztes nicht eingeschränkten Bewusstsein zu tun hätte; schlechthinnige Freiheit würde voraussetzen, dass das Bewusstsein sich als Schöpfer weiß, also sich selbst und jedes Ergebnis seiner Selbsttätigkeit voraussetzungslos setzt. Schleiermacher fasst diese negative Bestimmung nun positiv und stellt fest, dass das gesamte Weltverhältnis des Menschen – also das Bewusstsein teilweiser Freiheit und Unfreiheit – begleitet ist von dem alle weltbezüglichen Zustände durchziehenden Bewusstsein, sich nicht gesetzt zu haben, das heißt: vom Bewusstsein schlechthinniger Unfreiheit am Grunde aller teilweiser Freiheit und Unfreiheit. Oder anders: vom Bewusstsein, sich mit und in allen Akten der Freiheit und Unfreiheit nicht selbst gesetzt zu haben, sondern gesetzt zu sein.

II.6. Schlechthinnige Abhängigkeit und Gott

II.6.1. Schleiermacher selbst bestimmt Gott gerade nicht als ›seiend‹ in Analogie zum Sein angeblich[38] bewusstseinsunabhängiger ›Gegenstände‹, sondern er geht zunächst davon aus, dass im Bewusstsein schlechthinniger Abhängigkeit (das jedes intentionale Bewusstsein begleitet, aber nicht Teil des intentionalen Bewusstseins ist) und nur dort ein Woher dieser Abhängigkeit mitgesetzt ist. Das ist ein schillernder und damit in mehrfacher Weise weiterführender Gedanke: zum einen ist damit eine bewusstseinstheoretische Reformulierung des Unterschiedes von Gott und ›Welt‹ – des Feldes relativer Freiheit und Unfreiheit – erreicht: Das Bewusstsein der schlechthinnigen Abhängigkeit begleitet jedes relative Bewusstsein der Freiheit und Unfreiheit und stellt damit jedes relative Bewusstsein der Freiheit und damit dieses Bewusstsein und die darin erschlossene[39] Welt unter das Vorzeichen des Bewusstseins der Abhängigkeit.[40] In diesem Sinne ist das Bewusstsein schlechthinniger Abhängigkeit und das in ihm

---

[38]   Dieser Begriff von ›sein‹ hat ohnehin Probleme, die ich nur mit einem kurzen Verweis andeute: Notger Slenczka, Realpräsenz und Ontologie, Göttingen 1993.

[39]   Ich verwende diesen Ausdruck, weil Schleiermacher mit dem Gedanken der im relativen Abhängigkeitsbewusstsein mitgesetzten Bezugnahme auf ›anderes‹, das aber erst sekundär in seiner Bestimmtheit erfasst wird, genau das Phänomen beschreibt, das Heidegger als ›Erschlossensein‹ von Welt bzw. des innerweltlichen Seienden im Dasein beschreibt. Das ›Mitsetzen‹ des anderen ist ein Existential.

[40]   Vgl. CG² (Anm. 11) § 34 (212–215).

Erschlossene ein *a priori* – Bedingung der Möglichkeit von Welt und der welt-bezüglichen Akte, aber nicht ein Teil derselben.

II.6.2. Entsprechend bestimmt Schleiermacher nun – das ist der zweite Aspekt – dieses Bewusstsein der Abhängigkeit ebenso wie das Bewusstsein relativer Abhängigkeit so, dass darin ein Woher der Abhängigkeit mitgesetzt ist. Die Bestimmung steht unter denselben Vorbehalten wie die entsprechenden Bestimmungen des Bewusstseins relativer Abhängigkeit: es handelt sich um ein *im Bewusstsein* mitgesetztes ›Woher‹, nicht um eine vor und unabhängig von diesem Selbstverhältnis vergewisserte oder zu vergewissernde Entität.[41]

II.6.3. Man kann versuchen, sich das so klar zu machen: jede Rezeptivität, in der ein Subjekt *sich* wahrnimmt, zeichnet gleichsam einen Gegenstand vor – so nehmen wir uns bzw. unseren Fuß anders wahr, wenn ein Auto darüber fährt, als wenn ein Stöckelschuh sich in ihn bohrt – in dieser Selbstwahrnehmung, die der Schmerz ist, zeichnet sich ein jeweils anders strukturierter Urheber des Schmerzes vor, den dann die explizite Wahrnehmung des jeweiligen Gegenstandes verifiziert. Der Unterschied des im Gefühl der schlechthinnigen Abhängigkeit erschlossenen Ursprungs desselben liegt darin, dass dieses Woher des Selbstverhältnisses ausschließlich in diesem Selbstverhältnis erschlossen und gegeben ist; auf jede weitergehende Frage und jeden weitergehenden Anspruch, nun aber doch noch die Existenz dessen zu vergewissern, was im Bewusstsein schlechthinniger Abhängigkeit mitgesetzt ist, würde dieses ›Woher‹ nach Schleiermacher, wie gesagt, auf einen Gegenstand ›in der Welt‹ reduzieren.[42]

II.6.4. Genau diese Implikationen zieht Schleiermacher in seiner Erläuterung des positiven Sinnes des Leitsatzes in § 4,4. aus: Er weist explizit darauf hin, dass man sich das Verhältnis des ›Woher der schlechthinnigen Abhängigkeit‹ nicht so vorstellen dürfe, als ob es möglich sei, sich dieses Sachverhaltes, seiner Existenz und seiner Bestimmungen erst einmal zu vergewissern und daraufhin festzustellen, dass man, und zwar mit Bezug darauf, ein Bewusstsein der schlechthinnigen Abhängigkeit unterhalte. Der Gegenstand dieses Bewusstseins ist nicht vor und unabhängig von ihm gegeben.

II.6.5. Genaugenommen ist das Bewusstsein schlechthinniger Abhängigkeit gar nicht anders zur Sprache zu bringen als in der Rede von einem ›Woher‹: Das »schlechthinige Abhängigkeitsgefühl wird nur ein klares Selbstbewußtsein, indem zugleich diese Vorstellung wird.«[43] Das heißt: die Rede von Gott ist die Selbstaussage des frommen Bewusstseins, und genau darum spricht Schleier-

---

[41] CG^2 (Anm. 11) § 4,4. (39).

[42] Vgl. die Zitate unten.

[43] CG^2 (Anm. 11) § 4,4. (40).

macher davon, dass es dasselbe sei, sich seiner schlechthinnigen Abhängigkeit und seines Verhältnisses zu Gott bewusst zu sein.[44]

II.7. Sein Gottes

II.7.1. Was Schleiermacher damit gewinnt, ist vor allem ein geklärter Begriff des ›Seins‹ Gottes. Dass Gott ›ist‹, gilt ja manchen, insbesondere religionskritischen Positionen so sehr als Basisthese jeder Religion, dass sie etwas erreicht zu haben glauben, wenn sie zeigen, dass Gott eben nicht ›ist‹.[45] Allerdings ist diese Behauptung, wenn sie denn aufgestellt wird, schon auf dieser Ebene fragwürdig: Mit jedem reflektierenden frommen Bewusstsein wird man sich rasch darauf einigen können, dass der Begriff ›Gott‹ (wie immer er gefüllt ist), recht verstanden nichts bezeichnet, was in der Weise ›ist‹, wie Gegenstände in der Welt sind, und dass religiöse Aussagezusammenhänge, die Gott wie einen Gegenstand in der Welt vorstellen oder darstellen, nicht nur dann unzureichend sind, wenn sie Gott einen Körper oder sonstige Endlichkeitsmerkmale zuschreiben. Vielmehr ist auch ein Begriff von Gott unzureichend, der ihn möglicherweise in ein ›Reich von geistigen (unkörperlichen) Wesen‹ als deren höchstes oder vollkommenstes einfügen wollte und somit von einem ›Nebeneinander‹ dieser Wesen ausgehen würde. Jede derartige Vorstellung eines gegenständlichen Vorhandenseins Gottes, wie auch immer er näherbestimmt wäre, würde von jedem religiösen Bewusstsein als anstößig empfunden und vermutlich von dem Hinweis begleitet werden, dass man sich das Verhältnis von Gott und Welt nun eben gerade nicht als ein Nebeneinander von Entitäten vorstellen dürfe. Schleiermacher macht dieses Unbehagen des frommen Bewusstseins an einer derartigen Vorstellung des Seins Gottes daran fest, dass damit Gott unter die Gegenstände gerechnet wird, denen gegenüber der Mensch niemals ohne ein Bewusstsein der Freiheit ist. Das bedeutet aber eben zugleich, dass der Begriff ›Gott‹, der sich im Bewusstsein schlechthinniger Abhängigkeit bildet, nicht in der Weise von Gegenständen, dass er überhaupt nicht gegenständlich ist: »Wenn unser Satz [...] ein schlechthinniges Abhängigkeitsgefühl fordert: so kann dies [...] auf keine Weise von der Einwirkung eines uns irgendwie zu gebenden Gegenstandes ausgehn, denn auf einen

---

[44]   Leitsatz zu, vgl. 4.4. Dazu ist der Ausweis des Zusammenhangs von Frömmigkeit und Dogmatik in den §§ 15–19 zu vergleichen – dazu etwa: WILHELM GRÄB, Religion als humane Selbstdeutungskultur, in: DERS. u. a. (Hgg.), Universität – Theologie – Kirche, Leipzig 2011, 241–256.

[45]   Z. B. RICHARD DAWKINS, The God Delusion, London 2007, hier z. B. 52; dazu die in Kap. 3 folgende Destruktion der Gottesbeweise und die dann (Kap 4) gebotenen Beweise für die Nichtexistenz Gottes.

solchen würde immer eine Gegenwirkung stattfinden [...].«[46] Oder anders: Gott ist keine ›Gegebenheit‹, die dem Wissen zugänglich und als solcher Bezugspunkt des frommen Gefühls wäre. Vielmehr ist Gott gar kein Gegenstand, wohl aber mit dem Bewusstsein schlechthinniger Abhängigkeit, und zwar als anderes desselben gesetzt: das fromme Bewusstsein unterscheidet sich in sich selbst von einem nur in ihm selbst gesetzten ›anderen‹ und ist insoweit ›intentional‹: ein auf anderes ausgerichtetes Selbstverhältnis.

II.7.2. Dies ist zugleich die Antwort auf die Frage, die Schleiermachers Herleitung des Religionsbegriffs und seine Einführung des Begriffs ›Gott‹ immer begleitet hat, nämlich die Frage danach, ob nicht seine Definition Gottes als ›Woher der schlechthinnigen Abhängigkeit‹ Gott seiner ›Selbständigkeit‹ gegenüber dem Bewusstsein beraube – die Stärke der Position Schleiermachers liegt darin, dass er als Fundament dieses Einwandes eine Vergegenständlichung Gottes identifizieren würde. Wer also nach der ›Selbständigkeit Gottes‹ in dieser Weise fragt, hat entweder Gott bereits als Gegenstand unter Gegenständen gefasst und fragt danach, ob Gott nicht jenseits des Gefühls schlechthinniger Abhängigkeit ›zugänglich‹ ist, oder er müsste eben sagen, was er unter dieser ›Selbständigkeit‹ Gottes versteht, wenn nicht dies: dass Gott mit dem endlichen Bewusstsein mitgesetzt und *in ihm von ihm unterschieden* ist. Umgekehrt: dass Gott ›ist‹, ist eine unentrinnbare Aussage des frommen Bewusstseins, das sich nur dann ausspricht, wenn es in sich Gott als Ursprung und damit als anderes seiner selbst setzt.

II.8. Der Sinn des Begriffs ›Gott‹

Das hat zunächst Folgen für die Frage, was der Begriff ›Gott‹ eigentlich bedeutet. Schleiermacher weist darauf hin, dass alle Bestimmungen dieses ›Woher‹ ausschließlich aus einer Beschreibung dieses Selbstverhältnisses bzw. des in ihm Mitgesetzten gewonnen werden müssen. Das ist nun eine voraussetzungsreiche Aussage, denn damit stellt sich die Frage, warum eigentlich dieses nur im Selbstverhältnis Gesetzte überhaupt als ›Gott‹ beschrieben werden sollte und damit mit einem Begriff bezeichnet werden sollte, der bereits durch semantische Gehalte definiert ist. Schleiermacher ist offensichtlich der Meinung, dass sich in der Beschreibung des, ›Woher‹ der schlechthinnigen Abhängigkeit genau die Attribute einstellen würden, die traditionell den semantischen Gehalt des Begriffes ›Gott‹ ausmachten, dass also das Woher der schlechthinnigen Abhängigkeit sich als das ausweisen werde, was im Wort ›Gott‹ gemeint sei.[47] In der

---

[46] § 4,3.

[47] Genau diese Operation – eine ›Rekonstruktion‹ der vorgegebenen Gehalte des Begriffs ›Gott‹ – vollzieht sich übrigens in jedem Gottesbeweis, wenn das Ergebnis des Beweises –

Grundstruktur erhebt Schleiermacher den Anspruch, den Ort anzugeben und das Selbstverhältnis zu benennen, in dem das sich zeigt, was im herkömmlichen Begriff Gott (im Husserlschen Sinn des Begriffs:) ›vermeint‹ ist. Die Analyse des ›Bewusstseins der schlechthinnigen Abhängigkeit‹ ist also eine kritische Reformulierung des Gottesbegriffs, und zwar so, dass Schleiermacher den Anspruch erhebt, dessen semantische Gehalte als Implikate des frommen Bewusstseins zu erheben:

> Wenn aber schlechthinige Abhängigkeit und Beziehung mit Gott in unserem Saze gleichgestellt wird: so ist dies so zu verstehen, daß eben das in diesem Selbstbewußtsein mitgesetzte *Woher* unseres empfänglichen und selbstthätigen Daseins durch den Ausdrukk Gott bezeichnet werden soll, und dass dieses für uns die wahrhaft ursprüngliche Bedeutung desselben ist.[48]

Das bedeutet zugleich, dass die Ausbildung eines Begriffs von Gott gegenüber dem frommen Bewusstsein sekundär ist, dass ursprünglich nur das fromme Bewusstsein sich gegeben ist, in dem als dessen Moment (weil jedes Bewusstsein der Abhängigkeit ein ›Woher‹ und damit ein anderes mit sich führt) das unentrinnbar mitgesetzt ist, was die Gehalte des Begriffs Gott beschreiben und dieser Begriff selbst zusammenzufassen geeignet ist:

> Wenn aber das Wort überall ursprünglich mit der Vorstellung Eins ist, und also der Ausdrukk Gott eine Vorstellung voraussezt: so soll nur gesagt werden, daß diese, welche nichts anderes ist als nur das Aussprechen des schlechthinigen Abhängigkeitsgefühls die unmittelbarste Reflexion über dasselbe, die ursprüngliche Vorstellung sei, mit welcher wir es hier zu thun haben, ganz unabhängig von jenem ursprünglichen und eigentlichen Wissen, und nur bedingt durch unser schlechthiniges Abhängigkeitsgefühl, so daß Gott uns zunächst nur das bedeutet, was in diesem Gefühl das Mitbestimmende ist, und worauf wir dieses unser Sosein zurückschieben, jeder anderweitige Inhalt dieser Vorstellung aber erst aus dem angegebenen Grundgehalt entwikkelt werden muß.[49]

---

beispielsweise der Begriff einer ›unverursachten Ursache‹ – in einem weiteren Schritt als semantische Erfüllung des umlaufenden Begriffs ›Gott‹ ausgewiesen wird durch die (einlösbare) Behauptung, dass genau dies – ›unverursachte Ursache‹ oder ›unbewegter Beweger‹ – das ist, was alle meinen, wenn sie den Begriff ›Gott‹ verwenden – das ist die Pointe der sogenannten ›Wegabschlusswendungen‹ der Gottesbeweise (nicht nur) des Thomas von Aquin; dazu Notger Slenczka, Gottesbeweis und Gotteserfahrung. Überlegungen zum Sinn des kosmologischen Arguments und zum Ursprung des Gottesbegriffs, in: Edmund Runggaldier u. a. (Hgg.), Letztbegründungen und Gott, Berlin 2010, 6–30.

[48]   CG² (Anm. 11) § 4,4. (38 f.); Hervorhebung im Original.

[49]   CG² (Anm. 11) § 4,4. (39 f.).

Entsprechend ist zum einen das hermeneutische Zentrum, von dem aus der Gehalt des Begriffs Gott rekonstruiert wird, die schlechthinnige Ursächlichkeit, aus der sich alle weiteren Eigenschaften ergeben (§ 51 und ff.). Entsprechend ist zweitens die in Jesus von Nazareth vollbrachte und am Ort des Subjekts erfahrene Erlösung der Grund dafür, dass Schleiermacher die Liebe als die einzige Eigenschaft Gottes, die sein Wesen ›repräsentiert‹, zu stehen kommt.[50]

Insgesamt heißt das aber, dass der Begriff ›Gott‹ diese semantische Struktur hat, weil er dem Aussprechen des frommen Bewusstseins entspringt einerseits, und seinem semantischen Gehalt nach immer auf dieses Selbstverhältnis zurückverweist, in dessen Vollzug allein er verstanden werden kann.[51]

II.9. ›Ist‹ Gott?

II.9.1. Damit wäre nun noch einmal die Frage aufzunehmen, ob dieser – im frommen Bewusstsein mitgesetzte – Gott als solcher überhaupt ›ist‹, oder ob es sich um eine Projektion handelt, auf die der seiner schlechthinnigen Abhängigkeit Bewusste dieses Bewusstsein ›zurückschiebt‹, wie Schleiermacher mehrfach formuliert; bzw. es wäre zu fragen, was es heißt, wenn Schleiermacher schreibt:

> Der letzte Ausdrukk [die im Leitsatz des Paragraphen formulierte Identität von Selbst- und Gottesverhältnis] schließt zugleich das Gottesbewußtsein so in das Selbstbewußtsein ein, dass beides [...] nicht voneinander getrennt werden kann. Das schlechthinige Abhängigkeitsgefühl wird nur ein klares Selbstbewußtsein, indem zugleich diese Vorstellung wird. [...] Hingegen bleibt jedes irgendwie Gegebensein Gottes völlig ausgeschlossen, weil alles äußerlich gegebene immer auch als Gegenstand einer wenn auch noch so geringen Gegenwirkung gegeben sein muß.[52]

II.9.2. Diese Frage nach der ›Bewusstseinsunabhängigkeit Gottes‹ ist somit schlicht falsch gestellt, bzw. genauer: sie hätte auszuweisen, was hier in der Wendung ›Gott ist‹ mit ›sein‹ eigentlich gemeint ist. Ich wiederhole: es ist theologisch nichts gewonnen, wenn das ›Sein‹ Gottes in Analogie zum Vorhandensein eines Gegenstandes verstanden wird, auf den der Mensch sich in Akten der Freiheit ebenso wie der Abhängigkeit bezogen weiß. Gott ist auch nach den Kategorien einer klassischen Theologie kein ›Ding‹ in der Welt, und auch nicht

---

[50] CG² (Anm. 11) § 167, hier bes. 506.

[51] Dazu: SLENCZKA, Fides (Anm. 1); vgl. zum Ansatz NOTGER SLENCZKA, ›Sich schämen‹. Zum Sinn und theologischen Ertrag einer Phänomenologie negativer Selbstverhältnisse, in: CORNELIA RICHTER u. a. (Hgg.), Dogmatik im Diskurs, FS Dietrich Korsch, Leipzig 2014, 241–261.

[52] CG² (Anm. 11) § 4,4. (40).

ein Ding neben einer als Inbegriff der ›Dinge‹ gefassten Welt – das sollte man schon bei Augustin gelernt haben, der die Frage nach Gott mit der Anweisung begleitet: ›*noli foras ire* – geh nicht nach draußen‹ (in die Welt der Gegenstände). Dass Gott wie ein Gegenstand ›ist‹, hat auch noch kein vernünftiger vorneuzeitlicher Theologe behauptet.[53] Nach Schleiermacher ist nun in der Tat die Rede von Gott der Reflex einer Verfassung des Selbstbewusstseins: Weil der Mensch sich vorthematisch in bestimmter Weise (nämlich als schlechterdings abhängig) wahrnimmt, und sofern er dies vorthematische Bewusstsein seiner selbst ausspricht, gibt es die Rede von Gott.

II.9.3. Wer dies in die Wendung ›also ist der Mensch Ursprung Gottes‹ zusammenfasst, der hat so recht wie unrecht. Denn zum einen ist deutlich, dass diese vorthematische Selbstwahrnehmung, die sich im Begriff ›Gott‹ ausspricht, nichts ist, was ein Mensch auch unterlassen kann, sondern das Bewusstsein der Abhängigkeit ist unentrinnbar mit dem Menschsein gesetzt – eben genau damit, dass der Mensch ›weiß‹, dass er nicht Produkt seiner selbst ist. Auch das Aussprechen des Selbstverhältnisses ist nicht in das Belieben des Menschen gestellt, da es selbst etwas zur Sprache bringt, was im Selbstverhältnis unmittelbar gesetzt ist: nämlich das im Bewusstsein der Abhängigkeit notwendig mitgesetzte ›Woher‹ der Abhängigkeit. Worum es Schleiermacher geht, ist dies: das Selbstverhältnis ist am Grunde seiner selbst intentional. Indem es um sich selbst ›weiß‹ (und nur so), weiß es zugleich und in eins um einen Grund seiner selbst. Es steht dem Menschen nicht frei, auf Gott bezogen zu sein und von Gott zu sprechen, sondern er tut es schon immer, und zwar *indem* er sich als gesetzt weiß. In diesem ›Sich gesetzt wissen‹ sind die (meisten der) traditionellen semantischen Gehalte des Begriffs ›Gott‹ mitgesetzt und hermeneutisch sortiert – das genau ist die These Schleiermachers.

II.9.4. Das Aussprechen dieses im Bewusstsein der Abhängigkeit mitgesetzten Grundes seiner selbst impliziert die Unterscheidung dieses ›anderen im Selbst‹ vom Bewusstsein selbst. Das ›Woher‹ der schlechthinnigen Abhängigkeit kann nicht das als abhängig Bewusste selbst sein. Die Feststellung, dass Gott ›ein anderer‹ ist, ist ein unmittelbares Implikat (Aussprechen) des Bewusstseins der schlechthinnigen Abhängigkeit. Dies Bewusstsein spricht, indem es *sich* ausspricht, von einem anderen als es selbst, der oder das aber nur in ihm gegeben ist.

---

[53]   Die klassischen Gotteslehren sprechen nie von einem ›Nebeneinander‹ Gottes und der Welt, ohne zugleich von der Allgegenwart Gottes zu sprechen und damit zu sagen, dass Gott die Welt durchdringt. Schon damit kommt ein solches Konzept einer Existenz Gottes in Analogie zum Sein innerweltlicher Dinge ziemlich ins Schleudern – und wer darüber nachdenkt, merkt, dass es in doppelter Weise ins Schleudern kommt: dass Gott ›in allen Dingen‹ oder ›alle Dinge in Gott‹ sind, schreibt entweder das Sein nur Gott oder nur allen Dingen zu, widerspricht aber jedenfalls einer Vorstellung, nach der Gott in derselben Weise wie die Dinge oder ein Ding neben Dingen ist.

Oder: das Bewußtsein der Abhängigkeit formuliert sich als Gottesbewusstsein.[54] Die Aussage: ›Gott ist‹, ist also das Sich-Aussprechen des Bewusstseins der Abhängigkeit, setzt dieses aber eben damit voraus.

II.9.5. Dieses andere ist somit ausschließlich ›im‹ oder ›mit dem‹ Bewusstsein – in *diesem* Bewusstsein – gegeben, und das heißt: es ist ebenso gesetzt wie gegeben. Zu fragen, ob denn das im Bewusstsein Mitgesetzte auch abgesehen vom Bewusstsein ›ist‹, ist sinnlos; aber genau dies impliziert, dass das fromme Bewusstsein Gott als anderes seiner selbst mit derselben Klarheit und Eindeutigkeit weiß, wie es sich selbst weiß. So wahr ich um mich selbst wissend bin, ist mir Gott als anderes und als Grund meiner selbst bewusst, und er ist gerade dadurch in seinem Sein (Seinsmodus) von allem ›weltlichen‹ Seienden unterschieden, dass er und sein Sein nicht wie ein Gegenstand, sondern im reinen Selbstbewusstsein vergewissert ist. Ich darf mit Bezug darauf einmal Eilert Herms zitieren, der mit Bezug auf die menschliche Intentionalität insgesamt formuliert, was im Falle Schleiermachers für das Verhältnis von Selbst- und Gottesbewusstsein gilt: »Jenseits der Einheit dieser Relation gibt es für uns schlechterdings nichts zu verstehen, nichts zu erkennen, nichts zu tun, nichts zu fragen, nichts zu antworten.«[55]

II.9.6. Damit ist deutlich, dass die Aussage ›Gott ist‹ das fromme Bewusstsein macht, das ihn setzt. Es kann nicht anders, als über Gott als ein anderes seiner selbst zu sprechen. Genau darin bleibt diese Aussage aber eine Setzung des Bewusstseins, die allerdings unbeliebig und ernsthaft ist, solange das Bewusstsein besteht und in der beschriebenen Weise (als abhängig) sich weiß. Oder anders: In der Aussage ›Gott ist‹ oder ›ein Grund meiner selbst ist‹ spricht ein Bewusstsein seiner selbst *sich* aus: Im Medium der Rede über anderes sprechen wir von uns selbst.[56] Oder anders: Gott ist in dem Sinne, dass das fromme Bewusstsein als Bewusstsein der schlechthinnigen Abhängigkeit ein Woher der Abhängigkeit ›sich voraus‹ setzt.[57]

II.9.7. So wenig die Position Schleiermachers so zusammenzufassen ist, dass ›der Mensch Ursprung Gottes‹ ist, so falsch ist auch der Satz, dass Gott Ursache des Menschen ist. Gott ist als Grund des Bewusstseins der Abhängigkeit bewusst – aber dieses Verhältnis lässt sich eben nicht übersetzen in ein ontisches Verhältnis zwischen Ursache (Gott) und Wirkung (Mensch). Oder besser: In der Feststellung ›Gott ist mein Ursprung‹ oder: ›Gott hat mich geschaffen‹ spricht sich

---

[54] CG² (Anm. 11) § 4,4. (40).

[55] EILERT HERMS, Systematische Theologie, Tübingen 2017, I, 120.

[56] RUDOLF BULTMANN, Welchen Sinn hat es, von Gott zu reden? in: Glauben und Verstehen 1, Tübingen 1933, 26–37. Dazu: GERHARD EBELING, Zum Verständnis von R. Bultmanns Aufsatz: ›Welchen Sinn hat es, von Gott zu reden?‹, in: DERS., Wort und Glaube II, Tübingen 1969, 343–371. Dazu SLENCZKA, Fides (Anm. 20).

[57] SLENCZKA, Fides (Anm. 1).

das Bewusstsein der schlechthinnigen Abhängigkeit aus – aber es erklärt damit nicht sich selbst und seine Ursache. Vielmehr *weiß* es sich verursacht.

II.10. Zusammenfassend

II.10.1. Diese Einsicht ist nun mitnichten eine neuzeitliche Verkehrung der Tradition, zu der man eigentlich umkehren müsste oder auch nur könnte. Vielmehr hat die Theologie diese These immer vertreten, wo sie zur Besinnung gekommen ist. Zeitlich rückwärts gehend eine in diesem Sinne besonnene Theologie hat mit Ritschl die Rede von Gott als unentrinnbares Werturteil gefasst, also die Rede von Gott als Niederschlag eines Selbstverständnisses verstanden. Sie hat mit Luther den Glauben als *creatrix divinitatis* (Schöpfer der Gottheit) verstanden[58] und war mit Anselm von Canterbury der Überzeugung, dass die im Bewusstsein (und nur dort) aufleuchtende Denkanweisung des *id quo maius cogitari nequit* (das, worüber hinaus nichts Höheres gedacht werden kann) sich als intentional verfasst erweist: auf anderes seiner selbst referiert, das aber nur als Korrelat dieses Begriffs ist; und sie, die Tradition, war mit Augustin der Überzeugung, dass Gott nicht ›da draußen‹ irgendwo in der Welt der Gegenstände ist – *Noli foras ire* (geh nicht nach Draußen) –, sondern im Selbstbewusstsein als dessen Grund ist: *in teipsum redi; in interiore homine habitat veritas* (geh' in dich selbst zurück: im inneren Menschen wohnt die Wahrheit): der Weg zu Gott verläuft über die Subjektivität, die in der Reflexion auf sich selbst nicht eines Gegenstandes, sondern eines Grundes ihrer selbst bewusst wird. Das ist das Programm von ›De trinitate‹ ebenso wie der ›Confessiones‹: die Reflexion auf sich selbst erschließt einen ungegenständlichen Grund, der *interior intimo meo* (innerlicher als mein Innerstes)[59] ist. Die Glaubenslehre Schleiermachers ist die neuzeitliche Gestalt dieser Einsicht – und auch mit Bezug auf Karl Barth, der immer sein Gegner sein wollte, lässt sich zeigen, dass seine Einsatzpunkte bei der Souveränität und Absolutheit Gottes immer einen Vorlauf haben, der sie als Reflex der christlich-frommen Subjektivität erweist.

II.10.2. Insoweit wüsste ich schlicht nicht, wie man Theologie betreiben wollte, ohne an diesem Punkt Schleiermacher zu folgen – es sei denn, man wollte behaupten, dass Gott einer der Gegenstände da draußen wäre. Das bedeutet nicht, so viel sollte nun deutlich geworden sein, dass man auf den Satz ›Gott ist‹ Verzicht leisten müsste, wenn man Schleiermacher folgt, oder dass man sich der Attribute wie der ›Personalität‹ oder der ›Liebe‹ Gottes entschlagen müsste – oder gar den

---

[58]   SLENCZKA, Fides (Anm. 20).

[59]   JOACHIM RINGLEBEN, Interior intimo meo: Die Nähe Gottes nach den Konfessionen Augustins, Zürich 1988. Vgl. die Deutung des Augustin als Entdecker der endlichen Subjektivität: ROLAND KANY, Augustins Trinitätsdenken, Tübingen 2007.

Begriff Gott zugunsten eines gestaltlosen ›Woher der schlechthinnigen Abhängigkeit‹ aufgeben müsste.[60] Das ist alles Unsinn, der Mängel der Schleiermacher-Lektüre manifestiert, aber sonst gar nichts. Der Begriff ›Gott‹ wird von Schleiermacher definiert, nicht ersetzt – und damit tut Schleiermacher das, was jeder Systematiker tut. Der Einwand wiederum, bei Schleiermacher ›sei‹ Gott nicht oder sei kein ›Gegenüber‹ ist leer, jedenfalls so lange, wie der dabei leitende Begriff von ›Sein‹ oder von Selbständigkeit, dessen interne Schlüssigkeit und dessen Anwendbarkeit auf ›Gott‹ nicht ausgewiesen ist! Dabei lernt man bei Schleiermacher, dass und warum und inwiefern der Begriff ›Gott‹ ein sinnvoller und unentrinnbarer Begriff ist, der zur Sprache bringt, dass sich jeder Mensch bestimmt weiß – sich dessen bewusst ist, dass er sich nicht selbst gesetzt hat. In diesem ›sich bestimmt wissen‹ liegt zugleich die Realität dieses Bestimmenden – sozusagen: Gott ist, so wahr ich selbst bin und um mich weiß. Und das heißt: nie wird es einen Menschen geben, der diesen Satz ›Gott ist‹ nicht wenigstens implizit, in seinem unmittelbaren Selbstbewusstsein, aussprechen müsste auch dann, wenn er ihn explizit negiert. Denn entweder bestreitet er mit dieser expliziten Negation einen unangemessenen Begriff von Gott – dann ist ihm recht zu geben und anzuerkennen, dass er religiöser ist als ein Mensch, der sich Gott als Gegenstand vorstellt, so Schleiermacher in seinen Reden, denn: *quae supra nos nihil ad nos* (was über [jenseits von] uns ist, geht uns nichts an).[61] Oder derjenige, der die Existenz Gottes leugnet, widerspricht sich selbst bzw. seinem unmittelbaren Wissen um sich selbst, das zugleich ein Wissen um Gott ist.

II.10.3. Man wird Schleiermacher in der Grundintention, selbstverständlich aber nicht unkritisch oder in allen Einzelheiten folgen können. Was ich aber für eine nicht mehr aufgebbare Einsicht halte, ist die Untrennbarkeit der Rede von Gott und des menschlichen Selbstverständnisses. Dass die Rede von Gott zugleich und in eins Rede vom (hochproblematischen) Selbstverständnis des Menschen ist, ihm entspringt und auf es zurückwirkt, ist das eine; und dass eine Analyse des Selbstverständnisses des Menschen auf Strukturen stößt, die in der klassischen Rede von Gott zur Sprache gebracht und aufgeklärt werden, ist das andere. Und drittens: Die Rede von Jesus Christus wiederum ist die Erschließung und Heilung des hochproblematischen Selbstverständnisses des Menschen und insoweit ›Erlösung‹ – und genau dies ist die Mitte des christlichen Glaubens.

Nur dann, wenn die Rede von Gott und das menschliche Selbstverständnis miteinander verwoben sind, wird die Rede von Gott und die Verkündigung einer Neubestimmung Gottes in Christus erst relevant und deutlich, dass Gott uns unmittelbar angeht.

---

[60] Oben Anm. 6.

[61] So Erasmus von Rotterdam, zum großen Entsetzen Luthers, über die unerforschlichen Seiten Gottes, Gott, wie er uns entzogen ist, uns aber auch nichts angeht – und Luther antwortete darauf, dass Gott uns »unbedingt angeht« um einmal Paul Tillich zu zitieren.

»Genuss ohne allen Schmerz«

Unverständlichkeit in Schleiermachers Darstellungstheorie am Beispiel Abendmahl[63]

Heinrich Assel

I. Schlegel und Hegel über Unverständlichkeit

Dass Friedrich Schlegels Aufsatz aus dem Jahr 1800 »Über die Unverständlichkeit«[64] eine kritische Vorerinnerung zu Friedrich Schleiermachers Philosophie und Theologie sei und den Fingerzeig heutiger Schleiermacher-Interpretation bilden sollte, ist eine beiläufige Bemerkung Günter Baders. Sie lässt ein ironisches Verhältnis zum Klassiker hermeneutischer Theorie vermuten.

Die Grenze der Unverständlichkeit ist nicht die kritische Grenze die fruchtbares Verstehen ermöglicht. Sie ist eine *ironische Grenze*. Doch Ironie welcher Art?[65]

> Eine klassische Schrift muß nie ganz verstanden werden können. Aber die, welche gebildet sind und sich bilden, müssen immer mehr draus lernen wollen.[66]

---

[63] In veränderter Fassung ursprünglich erschienen unter: Heinrich Assel, »Genuss ohne allen Schmerz«. Unverständlichkeit in Schleiermachers Darstellungstheorie am Beispiel Abendmahl, in: Heinrich Assel u. Hans-Christoph Askani (Hrsg.), Sprachgewinn, Festschrift für Günter Bader, Münster/Berlin 2008, 178–201.

[64] Friedrich Schlegel, Über die Unverständlichkeit, in: ders., Werke in zwei Bänden, Bd. 2, Bibliothek deutscher Klassiker, Berlin/Weimar 1980, 197 (unpag.)–211; publiziert zum Beschluss der Zeitschrift »Athenäum« im Jahr 1800.

[65] Eine »Übersicht vom ganzen System der Ironie« gibt F. Schlegel, a. a. O., 206–210.

[66] Schlegel: 210, ein Selbstzitat aus: Schlegel, Kritische Fragmente, in: Werke in zwei Bänden. Bd. 1, 166, Nr. 20.

Die von Schlegel ante festum ironisierte Unverständlichkeit klassischer Schriften[67] erlaubt eine behagliche »Wuth des Verstehens«[68] der Texte Schleiermachers und ihrer Religion, die zur Bürgerreligion geworden ist.

> Aber ist denn die Unverständlichkeit etwas so durchaus Verwerfliches und Schlechtes? – Mich dünkt, das Heil der Familien und der Nationen beruhet auf ihr [...]. Eine unglaublich kleine Portion ist zureichend, wenn sie nur unverbrüchlich treu und rein bewahrt wird und kein frevelnder Verstand es wagen darf, sich der heiligen Grenze zu nähern. Ja, das Köstlichste, was der Mensch hat, die innere Zufriedenheit selbst hängt, wie jeder leicht wissen kann, irgendwo zuletzt an einem solche Punkte, der im dunkeln gelassen werden muß, dafür aber auch das Ganze trägt und hält und diese Kraft in demselben Augenblicke verlieren würde, wo man ihn in Verstand auflösen wollte.[69]

Die Frage nach der Kraft im Ganzen der Schleiermacherschen Ethik und Dogmatik hätte sich auf jene unglaublich kleine Portion Unverständliches zu richten, aus der wir nichts lernen können, *die im dunkeln gelassen werden muß,* um das Ganze zu tragen. Nicht das ins Große gehende Unverständliche des großen Mannes, das die Nachwelt zu explizieren hat, ist interpretativ aufzusuchen; vielmehr ein minimales Unverständliches.

Wut des Missverstehens – eine zweite Art, dem Unverständlichen in Schleiermachers Texten zu begegnen – ist nicht solche Ironie des Unverständlichen. Sie ist aber eine Vorschule dazu. Sie hilft, Thema und Textauswahl zu präzisieren: *Schleiermachers Theorie des darstellenden Handelns der Kirche, exemplifiziert in einigen Aspekten seiner Lehre vom Abendmahl und der Abendmahlsfeier.* Hegel, der frühe Leser der ersten, 1820/1821 erschienenen Auflage der Glaubenslehre Schleiermachers, richtet die Wut des Missverstehens auf diesen Punkt: auf die Verkehrung der Liebe des ›ewigen Opfers‹[70] in Genuss ohne allen Schmerz.

---

[67] »Im neunzehnten Jahrhundert wird jeder die ›Fragmente‹ mit vielem Behagen und Vergnügen in den Verdauungsstunden genießen können und auch zu den härtesten, unverdaulichsten keinen Nussknacker bedürfen.« (Unverständlichkeit, 209)

[68] FRIEDRICH SCHLEIERMACHER, Über die Religion. Reden an die Gebildeten unter ihren Verächtern (1799), hrsg. v. GÜNTER MECKENSTOCK, Berlin/New York 1999 (Erstausgabe = KGA I,1), 252,16. Es erübrigt sich, aktuelle Beispiele solcher, jetzt an Schleiermachers System selbst geübten Wut des Verstehens zu nennen. Sie äußert sich v. a. in der Wut konkurrierender Gesamtinterpretationen.

[69] SCHLEGEL, 208 f.

[70] GEORG WILHELM FRIEDRICH HEGEL, Vorlesungen über die Philosophie der Religion. Teil 3 Die vollendete Religion (1821), Ausgabe W. Jaeschke, PhB 461, Hamburg 1995, 88.

Wenn die Zeit erfüllet ist, daß die Rechtfertigung durch den Begriff Bedürfnis ist, dann ist im unmittelbaren Bewußtsein, in der Wirklichkeit die Einheit des Inneren und Äußeren nicht mehr vorhanden und ist im Glauben nichts gerechtfertigt. Die Härte eines objektiven Befehls, ein äußerliches Daraufhalten, die Macht des Staates kann hier nichts ausrichten; dazu hat der Verfall zu tief eingegriffen. Wenn den Armen nicht mehr das Evangelium gepredigt wird, wenn das Salz dumm geworden [ist] ..., dann weiß das Volk, für dessen gedrungen bleibende Vernunft die Wahrheit nur in der Vorstellung sein kann, dem Drange seines Inneren nicht mehr zu helfen. Es steht dem unendlichen Schmerz noch am nächsten, aber da die Liebe zu einer Liebe und zu einem Genuß ohne allen Schmerz verkehrt ist, so sieht es sich von seinen Lehrern verlassen; diese haben sich zwar durch Reflexion geholfen und in der Endlichkeit, in der Subjektivität und deren Virtuosität und eben damit im Eitlen ihre Befriedigung gefunden, aber darin kann jener substantielle Kern des Volkes die seinige nicht finden.

Diesen Mißton hat für uns die philosophische Erkenntnis aufgelöst. Aber diese Versöhnung ist selbst nur eine partielle ohne äußere Allgemeinheit; die Philosophie ist in dieser Beziehung ein abgesondertes Heiligtum, und ihre Diener bilden einen isolierten Priesterstand, der mit der Welt nicht zusammengehen darf und das Besitztum der Wahrheit zu hüten hat. Wie sich die zeitliche, empirische Gegenwart aus ihrem Zwiespalt herausfinde, wie sie sich gestalte, ist ihr zu überlassen und ist nicht die unmittelbar praktische Sache und Angelegenheit der Philosophie.[71]

Hegels Schlusswort der ersten Vorlesung zur Religionsphilosophie 1821 ist, wie die ganze Vorlesung, mitveranlasst durch das Erscheinen der ersten Auflage der Glaubenslehre Schleiermachers.[72] Sein trinitätstheologischer Begriff des Inhalts der offenbaren Religion des Christentums konzentriert sich zuletzt auf den Begriff Kultus, unter dem Hegel auch den Begriff von Taufe und Abendmahl als Sakrament entwickelt. Abendmahl als Sakrament und als Kultus ist der Ort, an welchem sich am Ende der Religionsphilosophie von 1821 der Übergang vom Bestehen ins Vergehen von Gemeinde darstellt.

Worauf richtet sich Hegels Kritik? Im Genuss ohne allen Schmerz feiert Gemeinde, das Volk, im Gottesdienst nicht das sich durchsichtige ›Fest der Freiheit‹[73]. Vielmehr wird Unfreiheit dem gedrungenen Verstand vorgestellt,

---

[71] HEGEL, Vorlesungen, Teil 3, Schluß (25. August 1821) nach der Überlieferung W_2 zitiert, 94 Anm. und 96 f Anm.

[72] Zu philosophisch-theologischen und religionspolitischen Aspekten dieser Kritik: WALTER JAESCHKE, Einleitung, a. a. O., XXVf. sowie: Paralipomena Hegeliana zur Wirkungsgeschichte Schleiermachers, in: Schleiermacher-Archiv 1, Berlin/New York 1985, 1157–1169.

[73] EBERHARD JÜNGEL, Der Gottesdienst als Fest der Freiheit. Der theologische Ort des Gottesdienstes nach Friedrich Schleiermacher (1984), in: DERS., Indikative der Gnade – Imperative der Freiheit. Theologische Erörterungen IV, Tübingen 2000, 330–350.

ohne begriffen zu werden. Der Berliner Gottesdienst stellt eine Freiheit vor, in deren festlichem Genuss tatsächliche gesellschaftliche Unfreiheit unbegriffen bleibt. Hegel führt dagegen einen bestimmten Begriff von Philosophie ins Feld, der 1821 allerdings noch Symptome einer Flucht in den Begriff zeigt.[74] Er wird aber in der Folgezeit zum Stapellauf theopolitischer Praxis[75]. Hegels These vom notwendigen *Vergehen des Kultus* offenbarer Religion als Gemeinde in eine bestimmte theopolitische Praxis ist interpretativ strittig.[76] Sie kann hier in ihrem Eigensinn nicht weiterverfolgt werden. Aufmerksamkeit verlangt hier nur, dass sie mit der These korreliert, dass in Schleiermachers Begriff *des Entstehens der Gemeinde* unendlicher Schmerz, Kreuz Jesu, Opfer im ewigen Geist[77] durch Virtuosität der Reflexion eliminiert sei – und darin das minimal Unverständliche. Begriff des Abendmahls als Kultus der versöhnten Gemeinde in *ihrem Entstehen* aus dem Tod Jesu, Begriff der Abendmahlsfeier als Genuss, in welchem unendlicher Schmerz mindestens im Begriff ›priesterlich treu bewahrt‹ bleibt (*Bestehen der Gemeinde* als Begriff) und Begriff des Abendmahls als Kultus der versöhnten Gemeinde *in ihrem Vergehen* in theopolitische Praxis – sie bilden die Aspekte ein- und derselben Kritik am – sagen wir vorläufig – eliminierten Unverständlichen, an unbegriffen eliminierter Negativität.[78]

---

[74]   Ein Beispiel für viele: Jürgen Habermas, Der Philosophische Diskurs der Moderne, Frankfurt a. M. 1985, 49 (Resignation und Erschöpfung der Dialektik der Aufklärung als Zeitkritik); anders und richtiger: Michael Theunissen, Hegels Lehre vom absoluten Geist als theologisch-politischer Traktat, Berlin/New York 1970.

[75]   Vgl. die veränderten Schlusspassagen der Vorlesungen von 1827 und 1831: Hegel, Vorlesungen, 260–270 bzw. 288 f.

[76]   Ausgewogene Hinweise dazu bei Christopher Frey, Georg Wilhelm Friedrich Hegel, Gestalten der Kirchengeschichte 9: Neueste Zeit I, Stuttgart u. a. ²1994, 116–137, 123.124 f.132–135.

[77]   Günter Bader, Symbolik des Todes Jesu (HUTh 25), Tübingen 1988, 237.

[78]   Die hervorragende und eindringliche Studie Joachim Ringleben, »Im Munde zerronnen...«? Philosophischer Baustein zum Verständnis des Abendmahl-Sakramentes, in: Heinrich Assel u. Hans-Christoph Askani, (Hrsg.): Sprachgewinn, FS Günter Bader, AHST 11, Berlin u. a. 2008, 162–177 richtet die interpretative Aufmerksamkeit just auf diesen Punkt der im sinnlichen Genuss und Verzehr von Brot als Leib vorausgesetzten ›Negation seiner an sich selbst‹, (172–175; Punkt 3.2. und 3.3.). Hier, aber nicht nur hier, ergänzen sich beide Studien.

II. Schleiermachers Lehre vom Abendmahl: Liturgische Theologie?

Ich lasse mir durch diese Vorerinnerung das Thema stellen: Die Theologie des Abendmahls durchgeführt im Begriff von Kultus oder Gottesdienst als prominentestes Beispiel darstellenden Handelns der Kirche. Die Textauswahl konzentriert sich auf einige Kernpassagen der Abendmahlslehre Schleiermachers.[79] Diese sind gelegentlich in den weiteren Rahmen von Schleiermachers Theorie der Selbstdarstellung Jesu im Abendmahl als Darstellung von Kirche in ihrem Bestehen zu stellen (CG §§ 126–156), hier und da ins noch umfassendere Ensemble seiner Sätze über das Entstehen der Kirche (CG §§ 115–125). Schließlich wird es sich nicht vermeiden lassen, den Gesamtrahmen seiner ›Ethik‹[80], verstanden als Güter-, Institutionen- und Handlungstheorie[81], zu berücksichtigen.

Die Lehre vom Abendmahl als gottesdienstliches Handeln der Kirche in den Rahmen der Ethik Schleiermachers zu stellen, sollte Standard der Interpretation sein.[82] Nur in diesem Rahmen zeigen sich zusammengehörige Aspekte der Lehre vom Abendmahl als Zeichen des Reiches Gottes. Kritik an dieser Lehre greift zu kurz, sofern sie nicht berücksichtigt, an welchem Systemort welche Aspekte hervortreten (z. B. in der Glaubenslehre) und wie sie mit anderen Aspekten an anderen Systemorten vermittelt sind (z. B. in der Christlichen Sitte, in der Praktischen Theologie oder in der Ästhetik).[83]

---

[79]   FRIEDRICH SCHLEIERMACHER, Der christliche Glaube nach den Grundsätzen der evangelischen Kirche im Zusammenhange dargestellt, Bd. I und II, 2.A. (Berlin 1830/31), hrsg. v. MARTIN REDEKER, Berlin 1960, v. a. §§ 139–143. Die zweite Auflage dieses Werks wird zitiert als: CG = Der christliche Glaube, Paragraph: Bandzahl, Seite. Durchgängig wurde die erste Auflage verglichen, auf die sich Hegel bezog. Zitate aus der ersten Auflage werden explizit als solche vermerkt: FRIEDRICH SCHLEIERMACHER, Der christliche Glaube nach den Grundsätzen der evangelischen Kirche im Zusammenhang dargestellt (1821/22) 1, hrsg. v. HERMANN PEITER, Kritische Gesamtausgabe I, 7.1, Berlin/New York 1980.

[80]   FRIEDRICH SCHLEIERMACHER, 1812/13 mit späteren Fassungen der Einleitung, Güterlehre und Pflichtenlehre, hrsg. v. Hans-Joachim Birkner, 2.A., Hamburg 1990.

[81]   MICHAEL MOXTER: Güterbegriff und Handlungstheorie. Eine Studie zur Ethik Friedrich Schleiermachers, Morality and the Meaning of Life 1, Kampen 1992, 238.

[82]   Vgl. RALF STROH, Schleiermachers Gottesdiensttheorie. Studien zur Rekonstruktion ihres enzyklopädischen Rahmens im Ausgang von ›Kurzer Darstellung‹ und ›Philosophischer Ethik‹, TBT 87, Berlin/New York 1998.

[83]   FRIEDRICH SCHLEIERMACHER, Die christliche Sitte nach den Grundsätzen der evangelischen Kirche im Zusammenhang dargestellt, aus Schleiermachers handschriftlichem Nachlasse und nachgeschriebenen Vorlesungen hrsg. v. LUDWIG JONAS, Berlin ²1884; FRIEDRICH SCHLEIERMACHER, Die praktische Theologie nach den Grundsätzen der evangelischen Kirche im Zusammenhange dargestellt, aus Schleiermachers handschriftlichem Nachlasse und nachgeschriebenen Vorlesungen hrsg. v. JACOB FRERICHS,

Die Wut des Missverstehens und die politisch-theologische Krisenrhetorik Hegels vereindeutigen auf ihre Weise das gesuchte Unverständliche. Dagegen bleibt Schlegels Ironie im Recht. »Die Alternative von begrifflicher (kategorialer) und handlungstheoretischer (auf die Rekonstruktion intersubjektiver, immer schon verstandener Praxis abgestellter) Deutung der Problemfelder Politischer Philosophie ergibt sich ... als Alternative von Hegelscher Rechtsphilosophie und Schleiermacherscher Güterethik. Der zwischen beiden Denkern nicht zustandegekommene Dialog dürfte – gäbe es eine Liste verpasster Gelegenheiten der Philosophiegeschichte – auf ihr einen obersten Rang belegen«[84]. Der Standpunkt im nicht zustandegekommenen Dialog zwischen Schleiermacher und Hegel umschreibt eine dritte Form ironischen Umgangs mit dem Unverständlichen bei Schleiermacher. Ich halte ihn am ehesten für angemessen.

Ich füge hinzu: Einen Ort *zwischen* dem symbolisations- und religionstheoretischen Begriff Schleiermachers vom Abendmahl und dem kategorial-theopolitischen Begriff Hegels vom Abendmahl können die folgenden Bemerkungen nicht vermittelnd einnehmen wollen. Von Schlegel und Hegel her Schleiermachers Texte zur Abendmahlslehre zu lesen, verschafft aber den Spielraum, zwei Hypothesen an die Texte heranzutragen:

(1) Die Theologie des Abendmahls ist als Theologie der *Abendmahlsfeier* und darin als Beispiel *liturgischer Theologie*, im Unterschied zur doktrinalen oder philosophischen, zu interpretieren.[85] Die Frage ist also, ob und was Schleiermachers Lehre vom Abendmahl, interpretiert als eine perspektivisch an der Abendmahlsfeier orientierte liturgische Theologie, zu einer Theorie der Kirche in ihrem Bestehen und Entstehen beiträgt.

(2) Wenn die Abendmahlsfeier eine primäre Lernsituation christlichen Glaubens darstellt, und als solche das Eingespieltsein ›immer schon verstandener‹ Praxis ein bestimmtes ›immer schon‹ eliminiertes Unverständliches voraussetzt, so ist dies *das Unwahrscheinliche der Bedeutsamkeit des Todes Jesu.* [86]

Berlin 1850 ND 1983; Friedrich Schleiermacher, Ästhetik, im Auftrag der Preußischen Akademie der Wissenschaften und der Literatur-Archiv-Gesellschaft zu Berlin nach den bisher unveröffentlichten Urschriften zum ersten Mal hrsg. v. Rudolf Odebrecht, Berlin/Leipzig 1931.

[84]   Moxter, Güterbegriff, 238.

[85]   Günter Bader, Die Abendmahlsfeier, Liturgik – Ökonomik – Symbolik, Tübingen 1993, 12–15: »Wir haben Liturgie immer nur als Ineinander von Politischem und Kultischem, von Ökonomik und Symbolik [...], als Handeln und als Sprechen. Dies alles ist es, was sich hinter dem Satz verbirgt: Liturgie ist wie eine Sprache« (15).

[86]   Vgl. dazu Philipp Stoellger, Das Imaginäre des Todes Jesu. Zur Symbolik *zwischen* Realem und Imaginärem: Eine Variation der »Symbolik des Todes Jesu«, in: Heinrich Assel u. Hans-Christoph Askani (Hrsg.): Sprachgewinn, FS Günter Bader, AHST 11, Berlin u. a. 2008, 41–62. Einschlägig für eine mediengeschichtliche Diskursanalyse der

Diese liegt *als solches* den immer schon eingespielten und gefeierten Deutungen des Todes Jesu zuvor und ist in ihnen nur ›treu zu bewahren‹, ohne in die Virtuosität der Reflexion zu flüchten, freilich auch nicht in den abgeschiedenen Priesterstand des Begriffs. Die Gegenwart des auferweckten Jesus in der immer schon verstandenen Mahlfeier oder anders: das Kreuz als Wort vom Kreuz in der sakramentalen Begehung und rituellen Repräsentation, ist diese Unwahrscheinliche. Nach dem bleibend Unverständlichen im immer schon verstandenen rituellen Essen und Trinken zu fragen, ist eine Variante der Symbolik des Todes Jesu in der christlichen Kultfeier *als* einem immer schon eingespielten *sacramentum* (im religionsgeschichtlichen Sinn[87]) oder einem immer schon eingespielten Rituellen (z.B. im soziobiologischen Sinn[88]).

Anders, und in einem Sinn gefragt, der Schleiermacher nähersteht: Zu fragen ist nach dem unverständlich Unwahrscheinlichen der Erlösungsbedeutung des Todes Jesu im Abendmahl als einem immer schon eingespielten *Fest*.[89] Dieser Anfang liegt dem Sich-Einspielen späterer Eingespieltseins voraus. Es ist das in ihm eliminierte, als solches treu zu bewahrende, wahrscheinlich immer schon preisgegebene Unverständliche.[90] Darauf richtet sich diese Vorerinnerung.

III. Aspekte liturgischer Theologie in Schleiermachers Lehre vom Abendmahl

III.1. Fest: Leichtigkeit, kopräsente und ubiquitäre Kommunikation

»... alles im Gottesdienst ist Fest.«[91] Fest ist Darstellung; religiöses Fest, Gottesdienst ist Darstellung durch Kunstmittel (Rhetorik, Poesie, Ton, Gebärde, Bild), freilich auch durch spielerische Mittel[92], in welcher Darstellung sich das Indi-

---

Abendmahlspoesie unter dieser Frage: JOCHEN HÖRISCH, Brot und Wein, edition suhrkamp, Frankfurt a.M. 1992.

[87] Vgl. HANS-JOSEF KLAUCK, Herrenmahl und hellenistischer Kult. Eine religionsgeschichtliche Untersuchung zum ersten Korintherbrief, 2. Aufl., Münster 1986.

[88] Vgl. GÜNTER BADER, Art. Ritus III. Kirchengeschichtlich und systematisch-theologisch, in: TRE 29 (1998), 270–279.

[89] Der Zugang zur Frage über Schleiermachers transzendentalpragmatische Handlungstheorie setzt am besten dort an, wo das Unverständliche am konsequentesten getilgt ist: beim Begriff Fest. Diesen Zugang wählt auch: JÜNGEL, Gottesdienst, doch ohne Hegels Kritik zu berücksichtigen.

[90] Zum Begriff ›liturgischer Augenblick‹: BADER, Abendmahlsfeier, 19f.

[91] SCHLEIERMACHER, Praktische Theologie, 737, vgl. 70–72; SCHLEIERMACHER, Christliche Sitte, Beilage A zu § 86.

[92] SCHLEIERMACHER, Christliche Sitte 671. Kunst ist strengere Form, Spiel ist freiere Form.

viduelle und Gemeinschaftliche, das Rezeptive und Spontane des religiösen Gefühls verschränken. Die Abendmahlsfeier ist jener Punkt in Schleiermachers Kultus- und Darstellungstheorie, an welchem er merkwürdig hyperbolisch wird. Er betrachtet die Abendmahlsfeier als den *»höchsten Gipfel des öffentlichen Gottesdienstes von jeher«* (G.L.CG § 139: 2,342), das ›innigste‹ Bindungsmittel brüderlicher Liebe, die ›größte‹ Kraft zur Erhaltung und Erhöhung der Seligkeit (ebd.). Sie ist der dichteste Moment[93] der Selbstdarstellung Jesu im rhetorischen und im mimetischen Darstellen der Gemeinde.

Offenbar ist Abendmahlsfeier nicht einfach nur quantitative Steigerung von Symbolisation und Darstellung und der in ihr wirksamen Oszillationen des ›religiösen Prinzips‹. Es ist deshalb charakteristisch, dass Schleiermacher seine Lehre vom Abendmahl in der Glaubenslehre mit der an dieser Stelle unvermuteten Frage eröffnet, wie sich die Abendmahlsfeier »als Bestandteil des öffentlichen Gottesdienstes von den andern Teilen desselben unterscheide« (CG § 139: 2,342, mit der Beantwortung dieser Frage beginnt § 139,2).

Warum soll die Frage des Übergangs vom Predigtgottesdienst zur Abendmahlsfeier doktrinal so grundlegend sein? Die Antwort: Gottesdienstlich-kultische Darstellung von Frömmigkeit als Bedeutung und als Bewegung (Rhetorik, Poesie, Musik) steigert sich an diesem Übergang nicht nur quantitativ, sondern geht über in ein qualitatives ›Maaß‹[94], in eine *»eigentümliche* Stärkung« des geistigen Lebens der Christen durch Darreichung von Leib und Blut Christi (CG § 139, Leitsatz: 2,340, Kursive HA).

Exkurs: Maß, zur Ethik als Rahmentheorie der Glaubenslehre

Maß ist »die normative Leitidee der Schleiermacherschen Ethik«; wir unterstellen sie »immer dann, wenn aus dem quantitativen Verhältnis des ›Mehr oder Weniger‹ Qualitatives soll folgen können«[95] Im Maß-Begriff der Ethik überkreuzen sich zwei Grundintentionen: »einerseits präsentiert die Ethik sich als eine auf die

---

[93]   Was dogmatische Reflexion den ›höchsten Punkt‹ nennt, nennt güterethische Beschreibung das ›innigste Bindungsmittel‹, und beides zusammen ist kraftmetaphysisch ›größte Kraft‹. Der an synästhetischen Phänomenen des Gottesdienstes orientierte Darstellungs-Begriff der Praktischen Theologie und Ästhetik erlaubt, von der Abendmahlsfeier als ›dichtestem Moment‹ zu sprechen. Vgl. Schleiermacher, Praktische Theologie, 142 (»tiefste Versenkung«). Zu Dichte als semiotischer Term der Beschreibung von Synästhesie, allerdings nur *mutatis mutandis* auf Schleiermacher anwendbar: Nelson Goodman, Sprachen der Kunst. Entwurf einer Symboltheorie, Frankfurt a.M. 1997.

[94]   »Das erste wodurch die Kunst sich in den Organen offenbart ist Maaß und davon geht alle Kunst aus«, Praktische Theologie: 737; vgl. weiter zum Begriff Maß, Christliche Sitte, 60–62.

[95]   Moxter, Güterbegriff, 214.

Herleitung eines Institutionengefüges abgestellte Institutionenlehre, andererseits als eine Thematisierung der natürlichen Einbindung in ursprüngliche Ganzheiten. Beide Intentionen [...] bedienen sich des Organismusgedankens, aber sie verleihen ihm einen unterschiedlichen Sinn.«[96] Ich folge hier dieser These Michael Moxters zur Ethik Schleiermachers, deren Charakter als Rahmentheorie für *Glaubenslehre* wie *Christlicher Sitte* über die Interpretation mitentscheidet. »Die normativen Ansetzungen der Ethik beruhen also nicht auf einer bloßen Oszillationstheorie natürlicher Bewegungen [...]. Daher operiert die Ethik in erster Linie nicht auf der Basis eines Lebensbegriffs, sondern unter der Leitfrage: ›wann ist etwas ein Für-sich-Sein?‹«[97] Die Oszillationstheorie, insbesondere die Oszillation zwischen organisierendem und symbolisierendem Handeln, überkreuzt mit der Oszillation von Allgemeinheit und Einzelheit, wird übersichtlich dargestellt in quadruplizitären Typen sittlichen Handelns (z. B. Gefühl), implizierter Anerkennungsverhältnisse (z. B. Offenbarung) und mitgesetzten Institutionen (z. B. Kirche/Kunst). Pointe des Übergangs von der Explikation des Anerkennungsmediums zur Explikation von Institution ist die Rekursivität: Das mit dem individuellen Symbolisieren (dem Sich-Offenbaren) gesetzte genuine Anerkennungsverhältnis (brüderliche Liebe) bedarf selbst der Dargestelltheit, eines Für-Sich, das in Bezug auf seine Sphäre ein Erzeugtes, aber zugleich Erzeugendes ist. Dieses Organisierte, ethisch Gewordene ist hier: die Kirche bzw. die Kunst. Die Ethik leitet daraus die Institution des Cultus ab. Sie bestimmt diesen Cultus als Kunstschatz einer Kirche.

Die Theologie der Abendmahlsfeier ist der Ort, an dem dieses Rekursivwerden der Darstellungstheorie, das Rekursivwerden von Offenbarung, das Rekursivwerden von Kultus als Kunstschatz zu leisten ist. Sie gibt Antwort auf die Frage: Wann und inwiefern ist Kirche ein Für-Sich-Sein? Dies ist Schleiermachers Version der Frage ›Abendmahl und Kirche‹[98]. Die Komplexität seines Frageansatzes ist bis heute kaum übertroffen. Damit zurück zum Beispiel: Abendmahlsfeier.

---

[96] Moxter, Güterbegriff, 219. Zentraler Text sind hier die §§ 63–70 der letzten Bearbeitung der Güterlehre in Schleiermachers Ethik (ed. Birkner), 269–272; sie folgen direkt den §§ 61–62 zu »Offenbarung«.

[97] Moxter, Güterbegriff, 228. Moxter zitiert aus der Anmerkung zur letzten Bearbeitung der Einleitung der Sittenlehre, welche den Güter-Begriff definitorisch klar zusammenfasst: »jedes Für-sich, das in Bezug auf seine ganze Sphäre ein Erzeugendes und Erzeugtes zugleich ist, ist ein Organisirtes, ethisch Gewordenes, ist ein Gut. Die Totalität des ethisch für-sich-Seienden also ist das System der Güter und der Organismus der Vernunft« (Ethik, ed. Birkner, 224).

[98] Michael Welker, Kirche und Abendmahl, in: Wilfried Härle (Hrsg.), Kirche (MJTh 8 = MThSt 44), Marburg 1996, 47–60; ders., Was geht vor beim Abendmahl? Gütersloh ²2004.

Im Essen und Trinken, Beten und Danksagen bildet Gemeinde die urbildliche Stiftung Jesu mimetisch-wiederholend ab. Diese abbildliche Darstellung ist aber keine identische Wiederholung. Sie ist produktives »Aus-Bilden eines Urbildes«[99], Ausbilden eines Kunstschatzes. Festliturgie ist Beispiel ausgebildeten Maßes und wäre als solche Beispiel ›kulturellen Gedächtnisses‹[100] (wozu allerdings die Theorie kulturellen Gedächtnisses nicht primär identitätspsychologisch zu bestimmen wäre). Als solches muß sie je neu tatsächlich gefeiert werden. Sie verlangt die Institution eines regelmäßigen Cultus.[101] Diese Theorie des zyklischen Cultus, des Sonntags und Festjahrs, bietet die Praktische Theologie. Die Theorie der Abendmahlsfeier müsste für beide grundlegend sein.[102]

Qualitativ besonderes Maß und qualitativ besonderer Zeitmoment der Abendmahlsfeier korrelieren darin, dass sich Gemeinde in der Abendmahlsfeier als schlechthin passiv selbst beschreibt (nicht primär: selbst erfährt) und sich im höchst produktiven Ausbilden als reines Organ mitdarstellt. Das Kennzeichen der Abendmahlsfeier, im Unterschied zu den anderen Momenten des Gottesdienstes, ist diese von der Oszillation zwischen Rezeptivität und Spontaneität kategorial unterschiedene Passivität, Rezeptivität, Organizität. Darin kommt zum Ausdruck, dass Kirche erzeugt ist: Im Mahl wird Kirche Selbstdarstellung Jesu als Organisiertes, und dies ist die eigentümliche Stärkung, die Christen beim Genuss des Abendmahls als Darreichen seines Leibs und Bluts erfahren.

Jetzt interessiert zunächst die Kehrseite dieses Übergangs: die ›Leichtigkeit‹[103] der Abendmahlsfeier. Leichtigkeit des eintretenden Festmoments, Leich-

---

[99]   Jüngel, Gottesdienst, 346.

[100] Jan Assmann, Das kulturelle Gedächtnis. Schrift, Erinnerung und politische Identität in frühen Hochkulturen, München 1992, 5.A. 2005.

[101] Ethik 1812/13 § 213 »Wie alles Wissen auf die Sprache, so lassen sich alle Actionen des subjectiven Erkennens auf die Kunst reduciren. Die höchste Tendenz der Kirche ist die Bildung eines Kunstschazes, an welchem sich das Gefühl eines jeden bildet, und in welchem jeder seine ausgezeichneten Gefühle niederlegt und die freien Darstellungen seiner Gefühlsweise, so wie sich auch jeder, dessen darstellende Production mit seinem Gefühl nicht Schritt hält, Darstellungen aneignen kann.« (122) Dieser Kunstschatz enthält konstitutiv bleibende und vergehende Werke. »Insofern der Kunstschaz eine reale Masse bildet, hat jeder jeden Augenblick Zutritt dazu. Für die Darstellung unter den vergänglichen Formen aber muß ein Zusammentreten, um das gemeinsame Leben auszusprechen und zu nähren, da sein; weshalb sich an jede Kirche ein Cultus anbildet.« (122)

[102] Tatsächlich verhält es sich anders, weil Schleiermacher zwar die sonntägliche Abendmahlsfeier postuliert, aber den faktischen Verhältnissen der preußischen Kirchen und Kleriker Rechnung trägt: Praktische Theologie, 142 f.

[103] Leichtigkeit des Abendmahlsfests (im Unterschied z.B. zur Kräftigkeit des Gottesbewusstseins Jesu in der kämpfenden Versöhnung) ist das Signalwort, auf das hier zu

tigkeit der Festfreude ist Kennzeichen besonderer Seligkeit. In solcher Seligkeit sind Sinnlichkeit und Zeitlichkeit nicht mehr gegensatzbestimmt, teils Schmerz, teils Freude, und also hindernd, sondern Anlass, sie rekursiv zu überwinden, zu überschreiten, Anlass einer Freude anderer Art: Festfreude.[104] Ist also solche Festfreude im Abendmahl in der Tat: Genuss *ohne allen Schmerz?*

III.2. Zwischenüberlegung

Wir sind erstmals an dem Punkt, an dem diese Frage auf der Ebene der Darstellungstheorie zu reformulieren ist.

In der sich einstellenden Festfreude, gleichsam im erzeugten und wiedergewonnenen Sabbatcharakter des Festmoments, geht das Darstellen der Gemeinde in Dargestelltsein seliger Erlösung über, welches Dargestelltsein bei Schleiermacher in der Regel christologisch bestimmt wird: als Selbstdarstellung Jesu.

Solches Übergehen ins Dargestelltsein ist aber auch selbst ein Darstellen der Kirche im Abendmahl. Erst durch diese Wendung wird Darstellen eigenartig rekursiv: Es ist Dargestelltsein (christologisch: fortgesetzte Selbstdarstellung Jesu) und – *sit venia verbo* – Darstellungsdarstellung (pneumatologisch: Darstellung Jesu durch den Geist am Darstellungshandeln der Kirche).

Für Schleiermacher soll also beides zugleich gelten und es lässt sich in seiner Lehre vom Abendmahl am klarsten analysieren: Das Abendmahl, wie die Taufe, sind fortgesetzte priesterliche Wirkungen Christi, »in Handlungen der Kirche

---

achten ist. Schon allgemein gilt von festlicher Gesellligkeit: »Es soll sich in der gesellligen Darstellung die Leichtigkeit des Lebens überhaupt offenbaren. Aber in dieser Offenbarung selbst ist eine Thätigkeit, die ihr natürliches Maß hat, und überschreitet sie dieses: so wird so wird sie Anstrengung und ruft die Unlust hervor.« (Christliche Sitte, 651) Vgl. insgesamt: Christliche Sitte, 631–667.

[104] Diese grundlegende Figur samt ihrer Aporie wäre in einer Interpretation von CG § 5 zu diskutieren. Dort formuliert Schleiermacher eine Bestimmung von Leichtigkeit endlicher Seligkeit auf einer Maximum-Minimum-Skala, ohne ihre genuine Repräsentation im unmittelbaren Selbstbewusstsein bestimmen zu können. So kommt es zur Verlegenheitsauskunft: »Denken wir uns aber die Schwierigkeiten (sc. des Hevortretens höheren Lebens) allmählich verschwinden, mithin die Leichtigkeit frommer Erregungen als beharrlichen Zustand [...], so daß im unmittelbaren Selbstbewusstsein dieses, dass die sinnliche Bestimmtheit Veranlassung wird zur zeitlichen Erscheinung des schlechthinnigen Abhängigkeitsgefühls, stärker hervortritt als der Gegensatz innerhalb des Sinnlichen selbst, und daher dieser mehr in die bloße Wahrnehmung übergeht: so ist dieses Fast-wieder-Verschwinden jenes Gegensatzes aus der höheren Lebensstufe ohnstreitig zugleich der stärkste Gefühlsgehalt derselben.« (CG § 5: 1,39).

eingehüllt und mit ihnen auf's innigste verbunden« (CG § 143: 2,366), durch welche priesterliche Handlung Jesus Christus die Lebensgemeinschaft des Einzelnen mit ihm durch *Wiedergeburt* konstituiert, und, in Handlungen der Kirche eingehüllt, fortsetzt *als Heiligung.*

Zugleich sind das Abendmahl, wie auch die Taufe, Handlungen, die »von der Kirche ausgehn und auf Handlungen derselben zurückgeführt werden, aber nur auf solche, die zugleich als Tätigkeiten Christi anzusehen sind, damit auf keine Weise Christus sich dabei leidentlich verhalte und gegen die Kirche im Schatten stehe. Und diese Gemeinschaftlichkeit ist die eigentümliche Natur beider Sakramente« (CG § 127: 2,281).

Die bemühten Abgrenzungen lassen erkennen: Erst an diesem Punkt wird Darstellung zu einem genuin pneumatologischen Begriff und Problem. *An der Valenz dieses pneumatologischen Begriffs von Darstellung und im Kern: von Darstellung als trinitarisch-pneumatologisch zu explizierender Repräsentation, bemisst sich, wie triftig Hegels Kritik ist. Dieses Problem kulminiert im Abendmahl als ›Sakrament‹, wobei der Begriff ›Sakrament‹ hier nur Platzhalter des Problems ist.*

Halten wir fest: Abendmahlsfeier ist bei Schleiermachers Inbegriff des Festes und wenn irgendein Fest, so ist die Abendmahlsfeier »der Inbegriff wiedergewonnener Kommunikation aller mit allen«.[105]

Der liturgische Gruß, ob Friedensgruß, ob Kuss, stellt in gewisser Weise exemplarisch dar, was Gruß als Inbegriff individueller Symbolisation wäre: wiedergewonnene Kommunikation aller mit allen. Daher am Übergang von den übrigen Momenten des Gottesdienstes zur Abendmahlsfeier die gehäuften Grußformeln, nochmals gesteigert am Übergang von Eucharistie zur Tischgemeinschaft. Liturgisch ist der Gruß zugleich epikletischer Moment und erfordert eine pneumatologische Beschreibung dessen, was die Gemeinde darin darstellt und was sich darin an ihr darstellt.

Worin unterscheidet sich die Abendmahlsfeier »als Bestandteil des öffentlichen Gottesdienstes von den andern Teilen desselben« (CG § 139: 2,342)? Eine erste Antwort lautet: Sie unterbricht nicht nur, wie jedes Fest, sondern sie unterbricht noch einmal die festliche Unterbrechung. Jedes Fest, jeder Gottesdienst unterbricht die Oszillation von Rezeptivität und Spontaneität, von Rezeptivität und Produktivität. Jeder Moment des Gottesdiensts stellt reine Rezeptivität dar, reines Hören. Aber dies wird in der Abendmahlsfeier rekursiv, Übergang von Handlungserfahrung ins Selbstverständnis als Kirche. Dieser Rekurs kann sich nur absichtslos einstellen. Abendmahlsfeier ist daher Gottesdienst in exemplarischer Leichtigkeit. Leichtigkeit wäre Maß absoluter Seligkeit. Aufs höchste gesteigert sind nicht nur die Spannungen von Produktivität und Rezeptivität in der Gemeinde, von Lokalität und Ökumenizität der Gemeinde, von Bruderliebe

---

[105] Hans-Georg Gadamer, Die Aktualität des Schönen. Kunst als Spiel, Symbol und Fest, Stuttgart 1986, 15.54.22; Bader, Abendmahlsfeier, 21.

und Menschheitsliebe als Gemeinde, von rhetorischer Rede und mimetischem Essen und Trinken, von sinnlicher Vereinzelung im Essen und Trinken und geistiger Darstellung und Kommunikation als Fest. Es schlagen vielmehr diese Spannungen um ins genuin qualitative Maß: die höchste, innigste, kräftigste, dichteste Feier des Abendmahls wird zum Abbild, in der das Urbild, die erlösende Liebe Christi, sich selbst ›unmittelbar und ungeteilt‹ darstellt.

Aber dies ist nicht selbstverständlich, sondern unselbstverständlich. Es ist unwahrscheinlich. Wahrscheinlich in diesem Für-Sich-Sein als Gottesdienst wäre z. B. eher das Ausufern des Oszillierens ins Maßlose, in Zungenrede und Glossolalie, ins Rasende (1Kor 14,23). Daher die paulinische Erinnerung an die Liebe als Maß des *sensus communis* (1Kor 12,31;13,1). Es ist allerdings derselbe Apostel, der das ganz gar und gar Verständliche, Leichte, die Kommunikation aller mit allen im Anruf des Vaters (Röm 8,12–17) als das Unaussprechliche (Röm 8,26f.) beschreibt, das an der Gemeinde zur Darstellung kommt. Genuss ohne allen Schmerz mag das Fest als dargestellte Erfahrung sein, nicht aber als Dargestelltsein im Geist.

Kirche in der Abendmahlsfeier ist jenes erzeugend-erzeugte Für-Sich-Sein, die dies Unwahrscheinliche im Sich-Einspielen von Bedeutung als Liturgie priesterlich treu zu bewahren hätte.

III.3. ›Einsetzung‹ des Abendmahls: Urbild und Abbild

In der Abendmahlsfeier stellt sich die für Religiösität und also auch für christliche Sitte und Frömmigkeit fundamentale Oszillation religiöser Produktivität (Priester) und Rezeptivität (Volk) *als Organ* der Liebe Christi dar. Das oszillierende Gegenüber von ›Amt‹ und ›Gemeinde‹ geht also insgesamt über in organische Darstellung.[106] In diesem Vorgang und Übergang wird Glauben als Hören auf das Evangelium als äußeres Wort zwar nicht ereignishaft vollzogen; dies bleibt auch für Schleiermacher unter dem Vorbehalt des *ubi et quando visum est Deo* (eine Wirksamkeit *ex opere operato* ist für Schleiermacher ein auszuschließendes Fehlverständnis). Der ›unverfügbare‹ Übergang ins Hören des Evangeliums im äußeren Wort ritueller Rede und Handlung (*fides ex auditu*) wird liturgisch *als solcher* zur Darstellung gebracht. Zur Darstellung kommt Dargestelltheit von Kirche als Selbstdarstellung Jesu. Schleiermacher formuliert dies charakteristisch urbildchristologisch, also unter Ausfall der pneumatologischen Dimension: Liebe Christi wirke durch die Einsetzungsworte, sodass der *in persona Jesu* rezitierte Text exemplarisch performativ werde: rituelle Rede *unmittelbar* als Rede Jesu (Stiftungswort). Dies mache die Abendmahlsfeier zum *organischen Fest par*

---

[106] Der *ordo ecclesiasticus* (von CA 14) geht über in organische Darstellung und dies ist der Vorgang des *ministerium ecclesiasticum als auditus Evangelii* (CA 5).

excellence und das rituelle Handeln, Beten, Essen, Trinken zur *Darstellung par excellence als* vertrauender Gehorsam. »Der Text ist in der Handlung«[107]. Nur wird dieser Text, der schon ganz und gar in der Handlung steckt und eigentlich selbstverständlich wäre, immer schon verstandene Praxis, als solcher explizit und die selbstverständliche Handlung unterbrechend rezitiert. Dieser Embolismus des rezitiertes Textes, die semantisch, syntaktisch und pragmatisch ungefüge Unterbrechung des eucharistischen Gebets durch die *in persona Christi* gesprochenen *verba testamenti*, ist selbst Darstellung: »Alle Wirkung geht also ohne besonderes Zutun irgendeines Einzelnen unmittelbar und ungeteilt von dem Worte der Einsetzung aus, in welchem sich die erlösende und gemeinschaftsstiftende Liebe Christi nicht nur darstellt, sondern immmer [sic!] aufs neue kräftig regt[,] und im vertrauenden Gehorsam, [sic! Komma streichen] gegen welches (sc. Wort) die Handlung selbst jedesmal vollzogen wird. Durch diese ungeteilte und ausschließende Unmittelbarkeit also und durch die damit zusammenhängende Unabhängigkeit seiner Wirkung von wechselnden persönlichen Zuständen und Verhältnissen unterscheidet sich das Abendmahl von allen andern gottesdienstlichen Elementen.« (CG § 139: 2,343 [Korrekturen nach der Ausgabe von 1821])

Die Rhetorik des Unmittelbaren changiert: Die abbildliche Feier scheint unmittelbar und ungeteilt mit der urbildlichen Einsetzung, dem letzten Mahl Jesu, zu koinzidieren. In dieser unmittelbaren Koinzidenz ist Abendmahlsfeier Darstellung des Bestehens von Kirche in ihrem Zusammensein mit der Welt nach ihrer Reinheit, Vollständigkeit und Selbigkeit par excellence. Kirche stellt sich in der Abendmahlsfeier als »das vollkommene Abbild des Erlösers« dar (CG § 125: 2,270). Sie wird durch den heiligen Geist beseelte Gemeinschaft (CG § 126: 2,274) und vollkommenes Abbild – und versteht sich in jedem Wiedergeborenen als solche.

III.4. Zwischenüberlegung

Tatsächlich ist diese Formulierung nach zwei Seiten hin defizitär oder reduktiv. Diese Reduktion wird deutlich, wenn man Schleiermachers Unmittelbarkeits-Topik wörtlich nimmt und sie zuspitzt. Pointiert, provokant und das Nachdenken anregend ist Otfried Hofius' Kommentierung jenes paulinischen Textes, der

---

[107] Praktische Theologie, 325 (dort bezogen auf die Kasualrede, die keines expliziten Bibeltextes bedürfe). Das Problem des, neuerdings exegetisch und liturgiehistorisch umstrittenen, kerygmatischen oder liturgisch-ätiologischen Status der *verba testamenti* in Urchristentum und Patristik lässt sich von daher lösen.

Ausgangs- und Angelpunkt der bisher vorgetragenen Abendmahlslehre Schleiermachers ist: 1Kor 10,16 f.[108]

> Der Segensbecher, den wir segnen, ist er nicht die Teilhabe an dem Blut Christi? Das Brot, das wir brechen, ist es nicht die Teilhabe an dem Leib Christi? Weil es ein Brot ist, sind wir, die Vielen, ein Leib, denn wir alle haben Anteil an diesem einen Brot.

Der paulinische Satz 1Kor 10,17: »Weil es *ein* Brot ist, sind wir, die Vielen, *ein* Leib, denn wir alle haben Anteil an diesem *einen* Brot« formuliere – so Hofius – eine zugespitzte Konsequenz des Vordersatzes 1Kor 10,16: »Es geht dem Apostel [...] um eine grundsätzliche *theologische* Aussage: Bei einem jeden Herrenmahl, wo immer und wann immer es gefeiert werden mag, handelt es sich um ein und dasselbe Brot – nämlich um eben jenes, das Jesus in der Nacht vor seinem Sterben den Jüngern dargereicht und von dem er erklärt hat: ›Das ist mein Leib, der für euch [hingegeben wird]‹ (1Kor 11,24b)[109]. Weil das Brot des Herrenmahls *dieses eine Brot* ist, deshalb sind ›wir alle‹, die es empfangen, ›ein Leib‹.«[110] Der Ausdruck ›ein Leib‹ hebe darauf ab, die Vielen, die das Mahl empfangen, als »ein Ganzes« zu kennzeichnen (vgl. 1Kor 12,13; Röm 12,5, mit weiteren Belegen aus der altgriechischen Literatur). Paulus spreche also an unserer Stelle keineswegs von der Kirche als dem »Leib Christi« und von der Eingliederung in den ekklesiologischen Christusleib. Es gehe um Explikation des paulinischen Seins-in-Christo, das an dieser Stelle – so assistiert Jürgen Roloff – geschichtlich-leibhaft fortinterpretiert werde, und also weder bereits um Kirche noch um die Differenz Kirche/Welt.[111]

III.5. Sätze über das Entstehen von Kirche – Anzeige eines Unverständlichen

Gesetzt für einen Moment, dass diese exegetischen Einsprüche aus Anlass von 1Kor 10,16 f nicht unberechtigt sind, würde Paulus dann theologische Aussagen formulieren, die im Rahmen der Glaubenslehre letztlich unverständlich blieben?

---

[108] OTFRIED HOFIUS, Gemeinschaft am Tisch des Herrn. Das Zeugnis des Neuen Testaments, in: DERS., Exegetische Studien, WUNT 223, Tübingen 2008, 203–217. Ich danke O. Hofius für die Einsicht in seinen Aufsatz noch vor seiner Publikation und für höchst anregende Gespräche zur neutestamentlichen Abendmahlstheologie an der *memoria mensae Christi* in Jerusalem.

[109] Mit Hinweis auf CHRISTOPH BURCHARD, The Importance of Joseph and Aseneth for the Study of the New Testament. A General Survey and a Fresh Look at the Lord's Supper, NTS 33 (1987) 102–134, 124.

[110] HOFIUS, Gemeinschaft, 209.

[111] JÜRGEN ROLOFF, Die Kirche im Neuen Testament, GNT 10, Göttingen 1993, 109.

Die Rede vom einen, einzigen und identischen Brot – so müssten wir im Sinn Schleiermachers entgegnen, und ich halte diese Kritik für triftig – verwechselt *ipse*-Identität mit *idem*-Identität. Das singuläre, unwiederholbare letzte Mahl Jesu und sein Brot ist in jeder nachösterlichen Wiederholung dasselbe, doch dasselbe Mahl und Brot anders. Tatsächlich ist die Rede vom ›unmittelbaren und ungeteilten Wirken Jesu im Abendmahl der Kirche eine façon de parler, um das Besondere, Einzigartige dieser vermittelten Darstellung hyperbolisch zu kennzeichnen, das Höchste des ausbildenden und abbildenden Darstellens der Kirche als urbildliche Selbstdarstellung Jesu. Im Anknüpfen und Fortsetzen der, vielleicht opaken, letzten Mahlhandlung Jesu drückt sich (ur)christliches Selbstbewusstsein als erlöstes, wiedergeborenes und gerechtfertigtes aus – und zwar aufs höchste, verbindlichste, kräftigste und dichteste. Selbstbeschreibung dieser Zeichenpraxis setzt daher Drittheit voraus und bringt sie hervor: »Wir« sind »Leib Christi« als »Kirche«, die als neues Gesamtleben im Geist immer schon da ist und sich von »Welt« unterscheidet.

Schleiermacher hat dies als Regel im Umgang mit exegetischen Kommentaren zu abendmahlstheologischen Formeln formuliert: »Wenn die Frage, um die es sich hier handelt, eine lediglich exegetische Frage wäre, so könnte die Glaubenslehre abwarten und das Ergebnis dann ebenso aufnehmen, wie andere eben deshalb nicht im vollen Sinn dogmatische Sätze, weil sie nicht Aussagen über unser unmittelbares Selbstbewußsein enthalten, sondern Tatsachen, welches wir auf Zeugnis annehmen [...]. Allein die Frage ist gar nicht rein exegetisch.« (CG § 140: 2,348). Auf die Frage, wie sich der Sinn der Spendeworte von der Gemeinschaft des einen (einzigen?) Brotes zur erwarteten geistigen Stärkung (»sind die vielen ein Leib«) verhält, sei daher zu antworten: »daß – gleichviel ob die schwierigen Worte des Erlösers mehr auf die leibliche Handlung oder mehr auf den geistigen Erfolg bezogen werden – jede Erklärung, die sich übrigens hermeneutisch geltend zu machen weiß, uns recht sein kann, sofern sie nur dem Gläubigen den Zusammenhang zwischen der Handlung und dem Erfolg nicht gefährdet.« (CG § 140: 2,349)

Damit scheint der schwierige erste Teil der paulinischen Formel im Rahmen der Glaubenslehre dogmatisch interpretiert. Allerdings wird der zweite Teil der paulinischen Formel umso unverständlicher: Was meint Paulus mit der Selbigkeit des Brotes, das im Abendmahl die vielen als ein Ganzes, als Leib Christi, hervorbringt, das (noch) nicht Kirche ist? Was ist ein christliches Selbstbewusstsein, das noch vor der Unterscheidung von Kirche und Welt ist? Gibt es ein Sein-in-Christo, das noch nicht Selbstbewusstsein von Kirche ist? Und inwiefern wäre dieses Sein-in-Christo als Selbstbewusstsein der Abendmahlspraxis implizit und an ihr theologisch zu beschreiben, als Beschreibung des *Entstehens* von Kirche in ihrem Sich-Einspielen vor allem Eingespieltsein?

Es spricht für die Leistungskraft (und die Biblizität) der Schleiermacherschen Glaubenslehre, dass in ihrem Rahmen mindestens die eben gestellten Fragen durchaus einen Platz und Ort haben. Allerdings nötigt die exegetische These umgekehrt zu Korrekturen erheblichen Ausmaßes an der ganzen Anlage der Abendmahlslehre und Kirchentheorie Schleiermachers. Sätze über das Abendmahl sind bei Paulus offenbar auch Sätze über das »*Entstehen* von Kirche«[112], während Schleiermacher sie ausschließlich unter der Überschrift einordnet: »Von dem Bestehen der Kirche in ihrem Zusammensein mit der Welt«[113]. Diese Korrektur setzt im übrigen die hermeneutische Regel außer Kraft, dass die Grenzen des Sinns der *verba testamenti* innerhalb der Grenzen des gegenwärtigen christlichen Selbstbewusstseins zu rekonstruieren sind.

III.6. ›ein Ganzes‹ des Reiches Gottes: Erwählung, Herrenmahl und Sätze über das Entstehen von Kirche

Der Sinn der *verba testamenti* lässt sich subjektivitätshermeneutisch nicht eingrenzen. Dogmatisch ist die Folge: Die Lehre vom Abendmahl ist nicht primär als Theorie immer schon verstandener Abendmahlspraxis der Kirche zu konzipieren, sondern primär als »Frage über die erste Erstehung dieser Erfahrung« (CG § 139: 2,340, dort die Reihenfolge umgekehrt). Die Lehre vom Abendmahl wird als Implikat der Lehre vom Entstehen von Kirche erst ethisch grundlegend bedeutsam, wenn Ethik, als Rahmentheorie der Glaubenslehre und Sittenlehre, die Frage nach dem Entstehen der Kirche im Rahmen der gesellschaftstheoretischen Güterlehre ist (›Entstehen‹ natürlich nicht primär historisch bestimmt, sondern im skizzierten Sinn als Frage nach dem ursprünglichen Sich-Einspielen von Bedeutung immer schon verstandener Praxis der Kirche als Darstellung). Erst unter dieser Frage würde also Lehre vom Abendmahl zur liturgischen Theologie.

Was ergibt sich, wenn das Entstehen von Kirche beschrieben wird als Implikat sich einspielender Praxis des Herrenmahls, worin sich alle Wiedergeborenen in der *Gemeinschaft der Gläubigen* keineswegs »immer schon finden« (CG § 113: 2,207)? Werfen wir einen flüchtigen Blick auf Schleiermachers Sätze über das Entstehen von Kirche in CG §§ 113 bis 120, um zumindest die Frage zu präzisieren.

CG § 113 Kirche als sich-organisierender Organismus: Der Übergang vom »Selbstbewußtsein des Christen als Bewußtsein göttlicher Gnade« zum »Selbstbewußtsein seines In-der-Welt-Seins« (»Von der Beschaffenheit der Welt bezüglich auf die Erlösung«) wird expliziert durch eine güterethische und kirchentheoretische Umformung einzelner Aspekte des *ordo salutis* (Wiedergeburt,

---

[112] CG 2,215, Überschrift über das erste Hauptstück, §§ 115–125, des zweiten Abschnitts: Von der Beschaffenheit der Welt bezüglich auf die Erlösung.

[113] CG 2,274, Überschrift zum zweiten Hauptstück, §§ 126–156, darin § 139–142: Vom Abendmahl.

Heiligung, Erwählung, Erleuchtung/Geistmitteilung). Rechtfertigung wird schon in dieser traditionellen Lehrform prozessualisiert und pragmatisiert (nicht psychologisiert). Genuin für Schleiermacher ist die güterethische und kirchentheoretische Umformung.

Entstehen und Bestehen christlicher Kirche ist ein Ausdifferenzierungsprozess *beständiger* Neuwerdung der Handlungssubjekte über dem religiösen Handeln (als Beispiel mag der Übergang der jüdischen Jünger Jesu zu Aposteln des Auferweckten über der Wiederaufnahme der Tischgemeinschaft des Irdischen gelten, in welcher Wiederaufnahme der Tempelkult sukzessive eliminierbar wird). Wiedergeburt und Heiligung, Erwählung und Geistmitteilung ist je spezifisch ein Aspekt der Umbesetzung vorangehender Handlungsketten und Institutionen eines Gesamtlebens, das jetzt »alt« bzw. »Welt« wird. Kirche ist sich organisierender Organismus der Wiedergeborenen (CG § 113: 2,208 f).

So erklärt sich, dass im Entstehen von innerer Glaubensgemeinschaft als Kirche zugleich der Gegensatz von Kirche und Welt entsteht, der für das Bestehen der Kirche so kennzeichnend ist (CG § 113: 2,209 f). Es ist dies der Gegensatz der *in* der Kirche neuwerdenden Welt als Ort von Vollkommenheit und Seligkeit und der *von* der Kirche unterschiedenen, noch nicht mit der Kirche geeinigten Welt. Diese Differenz Kirche/Welt sei Ausdruck der *Würde* Jesu (209).

So erklärt sich auch, dass Glaubensgemeinschaft als äußere und innere zu unterscheiden ist, sofern sich im Übergang zwischen der äußeren zur inneren Glaubensgemeinschaft der selbst undarstellbare Übergang der › Wiedergeburt‹ in und über dem Handeln darstellt (CG § 113: 2,207 f). Die widerfahrende Organisation der Einzelnen zum inneren Organismus der Glaubensgemeinschaft und des Organismus der Glaubensgemeinschaft je im Einzelnen sei Abbild und Fortsetzung der *Tätigkeit* Christi (209).

Der im Sich-Organisieren hervorgebrachte Gegensatz von christlicher Kirche/Welt muss aber überschreitbar bleiben, gerade weil er durch Wiedergeburt vermittelt ist, also durch ein Sein-in-Christo, das nicht identisch ist mit der Kirche: Es ist Sein im Leib Christi als ein Ganzes. D. h., in der Kirche muss es Handlungen geben, die mit der besonderen unveränderlichen ethischen Form »christliche Kirche« in den *besonderen, christlichen* Symbolisationen (Kanon und Dienst, Taufe und Abendmahl, Schlüsselamt und Gebet im Namen Jesu) zugleich das ›*Ganze*‹ des Reiches Gottes als Leib Christi mitdarstellen.

Ein Beispiel dafür, dass Schleiermacher sich diese Frage tatsächlich stellt, ist seine Explikation des christlichen Gottesdienstes in der »Christlichen Sitte«. Das Charisma der Liebe ist dort der besondere christliche *sensus communis* im Anerkennungsmedium Offenbarung. In der brüderlichen Liebe jedoch sei stets die menschheitliche Liebe mit darzustellen (CS 514 f).

CG §§ 114–116 Die Funktion von Sätzen über das Entstehen von Kirche: Der Prozess beständiger Neukonstitution des Gesamtlebens durch Jesus Christus (›Wiedergeburt‹) *im Fortsetzen und Abbildwerden seiner Tätigkeit durch die christ-*

liche Kirche (›Heiligung‹) macht das *Bestehen* der Kirche zum eigentlichen Inhalt des christlichen Selbstbewußtseins, bezogen auf Welt (CG § 114).

Welche Funktionen haben dann aber Sätze über das Entstehen (und Vollenden) der Kirche, wenn es nicht Sätze über historischen Anfang und Ende sind? Sätze über das Entstehen von Kirche explizieren ein spezifisches Bewusstsein, das den unerfahrbaren Übergang von äußerer zu innerer Glaubensgemeinschaft reflektiert: das Erwählungsbewusstsein, Mitgefühl der wenigen Erwählten mit den vielen Berufenen (CG 2,212).

Das Entstehen der Kirche, verstanden als Ursprung, nicht nur als historischer Anfang, ist jener Übergang, in dem aus Wiedergeborenen aufeinanderwirkende und miteinanderwirkende werden (CG § 115). Dieser Übergang ist mit der Wiedergeburt logisch eins, gleichwohl sind Wiedergeburt und Entstehen von Kirche zu unterscheiden. Wiedergeburt beschreibt konstitutionstheoretisch *Passivität*, Erwählung und Mitteilung des Geistes interaktionstheoretisch das Werden zum *selbsttätigen* Mitglied christlicher Kirche. Die Vermittlung beider im Willensbegriff (Wiedergeburt als ursprüngliche Willensbewegung) misslingt Schleiermacher allerdings und bleibt das Grundproblem der Rechtfertigungslehren nach Schleiermacher.

Das Entstehen der Kirche wird fortbestimmt als *Erwählung,* Aussonderung aus Welt durch die göttliche Weltregierung, und als *Mitteilung des Geistes*, welche der Grund für die *Stetigkeit* des Aufeinanderwirkens ist.

Zunächst zu letzterem: Stetigkeit des »Bewegenden und Treibenden« (CG 2,217), des Antriebs, macht Kirche eigentlich zu einer moralischen Person. Die Interpretation von Kirche als zusammengesetzte moralische Person enthält die Interpretationsanweisung, alles Handeln in ihr so zu verstehen, *als ob* das »Wollen des Reiches Gottes« diesen Organismus im Einzelnen und im Ganzen bildet und *als ob* dies das Sein Gottes in Christo in ihr ist.

»Dieses Wollen des Reiches Gottes also ist die Lebenseinheit des Ganzen und in jedem Einzelnen sein Gemeingeist; es ist aber in dem Ganzen seiner Innerlichkeit nach ein schlechthin kräftiges Gottesbewußtsein, mithin das Sein Gottes in demselben, bedingt aber durch das Sein Gottes in Christo.« (CG 2,220)

Die Aufgabe, Schleiermachers Lehre von der Mitteilung des Geistes zu interpretieren, würde einen eigenen Aufsatz erfordern. Mit diesem Topos tritt nämlich die Leitunterscheidung zwischen metatheoretischer ›Darstellung‹ (Dargestelltheit, Darstellungsdarstellung) und handlungstypischer ›Darstellung‹ (in Unterschied zur Wirkung) selbst in die Lehrbildung ein. Doch dies soll hier ausgespart bleiben.

CG §§ 117-120 Erwählung und Entstehen von Kirche: Auch Schleiermachers bahnbrechende Neufassung der Erwählungslehre kann hier nur gestreift werden. Erwählung zur Seligkeit der Gerechtfertigten wird expliziert als durch ein geschichtliches Gesamtleben vermittelte, einheitliche Handlung göttlicher Weltregierung und Königsherrschaft Christi (vgl. CG § 117). Sie impliziert nicht ewige

Verwerfung, sondern geschichtliches Übergehen (Röm 9–11 wird also sachgemäß interpretiert). Ist Erwählung Gottes vermittelt durch ein Gesamtleben, so leitet sie an, das Gefüge aufeinander zurückverweisender, bedingter Notwendigkeiten am Ort des Einzelnen *als* einzigen unbedingten göttlichen Ratschluss zu verstehen (CG § 120: 2,244.246). Organismus-Begriff und Kraft/Erscheinungs-Dialektik knüpfen hier an Leibniz universalistischen, negativ-metaphysischen und durch ein göttliches Weisheitsuniversum vermittelten Begriff der Freiheit Gottes an zugunsten eines nicht-anthropomorphen Begriffs von der freien göttlichen Gnadenwahl.

Die Lehre vom Herrenmahl wäre in diese Lehre vom Entstehen der Kirche als Lehre von der göttlichen Erwählung einzuzeichnen. Dies ist von Schleiermacher weder erkannt noch gewollt. Die zugrunde liegende Frage ist also: Stellt sich im Herrenmahl durch die Gemeinde und an der Gemeinde ein Erwählungsbewusstsein dar, welches auch Gedächtnis der Übergangenen und Hoffnung ihrer Erlösung mit dargestellt, Gedächtnis (wie Hoffnung) hier verstanden als sozialer Rahmen des kulturellen Gedächtnisses im Ritus[114]? Was meint: Dargestelltheit von Gemeinde als Leib Christi im Geist und durch den Geist, wenn die ›vielen‹ Leib Christi sind als ›ein Ganzes‹, ohne dass dies bereits in der Differenz von Kirche und Welt ethisch ausdifferenziert und in einem reflexiven Selbstbewusstsein der feiernden Gemeinde darstellt, aussagbar ist? Was meint: dies liturgisch-theologisch zu beschreiben, ohne in den Begriff zu flüchten? Die Ausbildung der rituellen Texte der *verba testamenti*, z. B. 1 Kor 10,16 f., bilden hier einen Ansatzpunkt.

Ein weiteres Beispiel bildet Mk 14,24: Das Selbstverständnis der inneren Glaubensgemeinschaft, die noch nicht Kirche ist, stellt sich als Bundesblutwort im exzeptionellen Rückgriff auf Ex 24,8 dar. Hier stellt sich Erwählung im Entstehen von Kirche dar, die noch nicht eingespielte Differenzen von Kirche/Welt; Kirche/Israel kennt.

Erwählungsgewissheit ist der Zustand des Bewusstseins vor der einsetzenden Differenz Kirche/Welt. Sie entspricht gerade nicht dem sozialpsychologischen Begriff partikular religiöser Identitätsbildung durch Exklusion, die immunisiert, oder auch durch Inklusion, die nivelliert.[115]

---

[114] ASSMANN, Kulturelles Gedächtnis, 45–48.56–59.

[115] Dieser Gedanke ist durchgeführt in: HEINRICH ASSEL, Geheimnis und Sakrament. Die Theologie des göttlichen Namens bei Kant, Cohen und Rosenzweig, FSÖTh 98, Göttingen 2001, 361–371. Dies ist kritisch gegen Assmanns Konzept kulturellen Gedächtnisses einzuwenden.

III.7. Synekdochische Kraft: Präsenz (*unio sacramentalis*) als Repräsentation (*manducatio spiritualis*)

Hyperbolische Festlichkeit des Abendmahls stellt die ›eigentümliche Wirkung‹ und Kraft in der Abendmahlsfeier dar: Kirche wird in der Abendmahlsfeier sinnfällige, innigste lokale Kopräsenz einer Gemeinde, die ans sinnliche Essen und Trinken gebunden ist, und Brot und Kelch irgendwie als Leib und Blut Jesu genießt, zugleich aber ökumenische Kirche, die ein menschheitlich-neues Gesamtleben mitdarstellt.[116] Die zwischen innigster ›brüderlicher‹ Verbindung und allgemeinster Ökumenizität und Menschenliebe oszillierende synekdochische Kraft ist jener Aspekt, der für Schleiermacher andere Aspekte erschließen soll. Insbesondere der Kern der reformatorischen Abendmahlskontroverse – der Dissens über Status und Ordnung der einzelnen Zeichen der *verba testamenti*[117] – soll so eingegrenzt und entschärft werden.

Auf die umstrittene Kernfrage, wie sich der Zeichenstatus der *praedicatio metaphorica* »Dies ist mein Leib«, wie sich Ding-Präsenz der *unio sacrementalis*, Person-Präsenz der Selbstdarstellung Jesu im Geist und geistliches Essen und Trinken verhalten, antwortet Schleiermacher mit der bereits bekannten, reduktiven Regel: »Und so werden wir auch über die erste (sc. Frage nach dem Status der *praedicatio metaphorica*) nur sagen können, daß – gleichviel ob die schwierigen Worte des Erlösers mehr auf die leibliche Handlung oder mehr auf den geistigen Erfolg bezogen werden – jede Erklärung, die sich übrigens hermeneutisch geltend zu machen weiß, uns recht sein kann, sofern sie nur dem Gläubigen den Zusammenhang zwischen der Handlung und dem Erfolg nicht gefährdet.« (CG § 140: 2,349).

Diese Interpretationsregel reguliert die Grenzen der Interpretation des letzten Mahls Jesu und seiner pluralen Tradition in der neutestamentlichen Paradosis. Die umstrittene und historisch teilweise opake Zeichenhandlung Jesu wird von vorneherein in den zeichentheoretischen Gesamtrahmen des zweiten Teils der Glaubenslehre eingestellt, also in den Gesamtrahmen einer trinitarischen variierten Dargestelltheit des Reiches Gottes am christlichen Selbstbewusstsein. Nur fortgestimmt zur exemplarischen Zeichenhandlung des Geistes am Zeichen Jesu kommt sie in Blick: ›letztes‹ Mahl und exemplarische ›Stiftung von Kirche‹ im Übergang von Jüngergemeinschaft zu apostolischer Kirche. Mahl ist Selbstdarstellung Jesu als ›Zeichen‹.

---

[116]   Zum Ineinander von brüderlicher und menschheitlicher Liebe im kultischen Darstellungshandeln der Gemeinde: Christliche Sitte, 513 f.

[117]   Die Doppelung von Brot- und Kelchhandlung; die Differenz der überlieferten Berichte; das Zeichen: »Das ist mein Leib« sind bei Schleiermacher opake Elemente: CG § 140: 2,352–355.

Dies ist ein prominentes Beispiel jener Interpretation, die Michael Moxter der Ethik Schleiermachers gibt: »Indem Schleiermacher den Güterbegriff einführt, interpretiert er die Handlung nicht mehr im Sinne eines Zweiten, Äußeren, in dem ein Inneres (etwa die Gesinnung) sozusagen einen ›Abdruck‹ hinterlässt, sondern als ein genuin Drittes, das weitere Handlungen zu seinen Interpretanten hat. Nur insofern das Gut weitere Handlungen bestimmt, ist es eine Darstellung sittlicher Handlungen.«[118]

Es gilt mithin Dreistelligkeit für Jesu letzte Mahlhandlung als Zeichen A in Relation zu einem Objekt B (›Reich Gottes‹): »Ein Zeichen ist irgendein A in einer Relation r zu einem B, seinem *Objekt,* wobei diese Relation r darin besteht, daß sie geeignet ist, etwas so zu bestimmen, daß es ein anderes C, den *Interpretanten* des Zeichens, hervorruft, der in der Relation r oder zumindest in einer analogen Relation zu B steht. Also schließt das Zeichen die Idee einer möglichen endlosen Folge von Interpretationen ein.«[119]

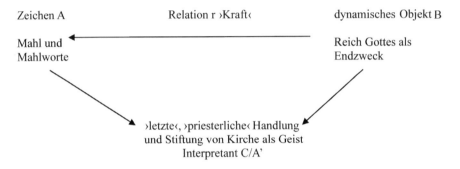

eröffnet Zeichenreihe A' in Relation r' zu B' usw., sodass C' erneut A'' wird.

›Gut‹ als Zeichen ist der Handlungs- und Interpretantenzusammenhang, in welcher sich die Relation r zwischen dem durch das höchste Gut sich selbst bestimmenden, letzten Willen Jesu und der Relation r' zwischen dem Interpre-

---

[118] MOXTER, Güterbegriff, 59 f., dort bezogen auf Schleiermachers frühe Interpretation des platonischen Güterbegriffs, der die Gesamtheit des Seienden als Abbild und Verähnlichung mit Gott als Aufgabe verstehe, sodass Güter als Zeichen eingeführt werden (152); vgl. STROH, Gottesdiensttheorie, 76 f. Anm. 164. Es sei für ein Zeichen als Zeichen wesentlich, dass »sein Einfluß niemals endgültig erlöschen wird. Insofern es einer Verhaltensgewohnheit, einem Gesetz oder einer Regel die Kraft verleiht, die diese befähigt, eine Handlung hervorzubringen« (CHARLES SANDERS PEIRCE, Semiotische Schriften, Bd. 1, hrsg. v. CHRISTIAN KLOESEL u. HELMUT PAPE, Frankfurt/M. 2000, 426).

[119] PEIRCE, Semiotische Schriften 1, 75, Einleitung: Helmut Pape.

tanten C, der wiederholten Handlung (A'), sowie dessen konkreten Zweck (B') insgesamt als ›Kraft‹ (r') darstellt, in welcher stets r wirksam bleibt.[120]

Legt man Wert auf Genauigkeit, so gilt: Die nachösterlich neu aufgenommene urchristliche Mahlpraxis ist zwar historisch der erste Interpretant. Jede nachösterliche Interpretation des letzten Mahls Jesu ist aber als Fortsetzung vermittelt durch den Geist, welcher der ursprüngliche und finale Interpretant ist.

Mit dem nachösterlich wiederholten Mahl tritt die Gemeinde in diese Dargestelltheit des letzten Mahls Jesu (z. B. als pneumatische Speise und pneumatischer Trank), sodass Abendmahl zum Ort der Mitteilung des Geistes wird (konstante Willensbestimmung der moralischen Person Kirche) und Gemeinde sich im Abendmahl in reiner Organizität darstellt (Willensausrichtung auf das Reich Gottes). In diesem, jetzt etwas weiter differenzierten Sinn ist die letzte Zeichenhandlung Jesu zugleich Stiftung Jesu und Stiftung der Gemeinde, über die der Geist ausgegossen (vgl. CG § 139.2).

Nur auf diesen Wirkungszusammenhang kommt es Schleiermacher an: Die Selbstdarstellung der Gemeinde *als* Gemeinde (als besonderer Organismus) für die »Welt« (als Aggregat) stellt Reich Gottes (als dynamisches Objekt) wirksam dar. Dieses Mahl ist nur zwischen mindestens zweien möglich, die jeder an dem anderen die ganze Gemeinde repräsentieren und gemeinsam die Gemeinde als Gemeinde für die Welt darstellen. Der Übergang zum Selbstverständnis als Kirche wird gerade im Abendmahl vollzogen. Abendmahlsfeier ist genuine Öffentlichkeit, welche »wir mit dem allgemeinen Namen des öffentlicher Gottesdienstes bezeichnen« (CG § 139,1; 2,341, erstmals an dieser Stelle eingeführt). Die Gemeinschaft der Glaubenden tritt ein in Öffentlichkeit, die nicht allein durch

---

[120] Die Funktion des Begriffs des höchsten Guts im zeichentheoretisch bestimmten Güterbegriff bestimmt Moxter als Implikat des Beschreibungstheorems: »Die Idee einer beschreibenden Entwicklung der ›ganzen Reihe der Veränderungen‹ bezieht sich auf ein Wissen um die Vollendung des ethischen Zustands, mit dem die Richtung angezeigt ist, in der weiteres Handeln erfolgen muss. Erst die ›absolute Vollendung des ganzen menschlichen Geschlechtes‹ würde die ethische und die empirische Naturbeschreibung zusammenfallen lassen.« (MOXTER, Güterbegriff, 63). Im Brouillon zur Ethik 1805 wird Beschreibung zur teilnehmenden Beschreibung, für welche die Differenz zwischen einer Betrachtung der dissoziierten Mannigfaltigkeit und einer Betrachtung unter der Einheit der Idee konstitutiv ist, die erst die Handlung als Handlung auszeichnet und nur unter Rekurs auf eine Innenperspektive zustande kommt. Diese Einheit der Handlung als Produkt des Zweckbegriffs ist aber nur in der Totalität aller Zweckbegriffe zu haben und diese Totalität ist der Begriff des höchsten Guts. »Der Zusammenhang zwischen Beschreibungsstandpunkt und Güterlehre ist also primär handlungstheoretisch motiviert: ohne Güterperspektive wären ›Handlungen‹ nur als Verursachungen von Veränderungen in der Körperwelt, aber nicht als *Handlungen* [...] zu verstehen.« (106)

sie begründet ist (Verein; Vertrag), aber auch nicht einfach gegeben, gestiftet ist (Heilsanstalt): Sie ist Organismus, erzeugt-erzeugendes Für-Sich.

Schleiermachers Abendmahlslehre widmet sich nur deshalb nicht dem Status der Zeichen der *verba Testamenti* und ihrer liturgischen Feier, weil er es für aussichtsreicher hält, sich in dieser ausweglosen Kontroverse auf den zeichentheoretischen Rahmen des Sich-Einspielens von Bedeutung zu konzentrieren, in dem allein es sinnvoll erscheint, nach der Bedeutung einzelner Zeichen (z. B. der metaphorischen Prädikation der *verba testamenti*) zu fragen. Dies auszuführen, bleibe der künftigen Bearbeitung überlassen.

Kritik darf sich nicht nur darauf beziehen, wie hier rituelle, linguistische und institutionelle Einzelzeichen interpretiert werden oder nonchalant übergangen werden. Sie muss den zeichentheoretischen Gesamtrahmen thematisieren. Schleiermachers Lehre vom Abendmahl ist theologische Zeichentheorie nach der Sakramentstheologie.

IV. Offene Fragen: Sakrament und Kirche, Geschmack und Repräsentation, Liturgie und Metapher

IV.1. Nach dem Sakrament: Dargestelltheit, Darstellungsdarstellung und Darstellung von Kirche im Abendmahl

Schleiermachers Ausführungen zu Taufe und Abendmahl[121] enden mit dem Vorschlag, auf einen allgemeinen Sakramentsbegriff zur »gemeinschaftlichen Bezeichnung dieser beiden Institutionen« (CG § 143: 2,365) zu verzichten (und womöglich den ostkirchlichen Begriff *mysterion* einzuführen). Die besondere Bedeutung von Taufe und Abendmahl, ihre Zusammengehörigkeit, erkläre sich richtiger daraus, dass sie »fortgesetzte Wirkungen [1821: Handlungen] Christi sind, in Handlungen der Kirche eingehüllt und mit ihnen auf das innigste verbunden, durch welche er seine hohepriesterliche Tätigkeit auf die Einzelnen ausübt, und die Lebensgemeinschaft zwischen ihm und uns[,] um derentwillen allein Gott die Einzelnen in Christo sieht, erhält und fortpflanzt« (366).

Diese These ist wenig präzise formuliert. Sie postuliert aber, wie wir jetzt am Ende sagen können, eine Neubearbeitung der Abendmahlslehre im Rahmen einer Kulturtheorie (Ethik) als Handlungs-, Güter-, Darstellungs- und Zeichentheologie. Nicht Verzicht auf semiotische Theoriebildung in der Theologie von Abendmahl und Taufe, sondern das Gegenteil ist der Fall: ihre Forcierung. Die Elimination des allgemeinen Sakramentsbegriffs schafft einer Lehrbildung Platz, die Abendmahl und Taufe als besondere Darstellung der Kirche interpretiert, auch hier pointiert als innigste Verbindung von kirchlichem Handeln und ho-

---

[121] CG §§ 136–143.

hepriesterlichem Wirken Jesu. Was könnte Taufe und Abendmahl dann als zusammengehörige und besondere Darstellungen erweisen, im Unterschied zu anderen kirchlichen Handlungsweisen (Gebet im Namen Jesu, Predigt und Absolution), seien es auch für die Selbigkeit der »Kirche« in ihrem Unterschied zur »Welt« konstitutive Darstellungshandlungen? Es ist ihre besondere Rekursivität: die Darstellung der einzelnen im ›Fest‹ des Abendmahls wird Darstellungsdarstellung von Kirche als *beständig schon gegebener* Lebensgemeinschaft mit Christus im Geist oder, *was offenbar dasselbe ist,* als reines Organ des hohepriesterlichen Wirkens Jesu, das, *sich fortsetzend,* diese Lebensgemeinschaft erhält und fortpflanzt. Im Abendmahl wird Mahl als Fest und *als Organismus* ebenso begangen wie hervorgebracht.[122] Und es wird als Organismus *beschreibbar.* Der damit eingenommene Beschreibungsstandpunkt ist in gewisser Weise in der Tat jener, »um derentwillen allein Gott die Einzelnen in Christo sieht.« (s. o.)

Vom pneumatologischen Begriff der Dargestelltheit, also des *opus operatum a Christo,* und der Darstellung von Kirche im Abendmahl ist ein Begriff der Darstellungsdarstellung zu gewinnen, eines *opus operatum a Spiritu Sancto,* nicht: *ab ecclesia* im Abendmahl.[123]

IV.2. Sinnlicher Geschmack und Repräsentation

Schleiermachers Begriff gottesdienstlicher Darstellung enthält eine kritische Auseinandersetzung mit dem augustinischen Verähnlichungsaxiom im Begriff von *sacramentum.*[124] Repräsentation ist bei ihm von Verähnlichung im Ansatz verschieden. Schleiermachers Urbild-Abbild-Relation ist keine Verähnlichungsfigur, sondern eine trinitarisch-pneumatologische Repräsentationsfigur. Aber dies ist bei ihm nicht konsequent durchgeführt. Tatsächlich liegen Neuansatz und Reminiszenzen des platonischen Verähnlichungsaxioms an einigen wichtigen Stellen im Streit miteinander und sind nicht wirklich ausgeglichen. Diese These soll an einem Beispiel erläutert werden.

---

[122]   § 209 der Ethik 1812/13: »Das Wesen der Kirche besteht in der (1) organischen Vereinigung der unter demselben (2) Typus stehenden Masse zur (3) subjektiven Thätigkeit der erkennenden Function (1816/17: bezeichnenden Function) unter (4) dem Gegensaz von Klerus und Laien.« (Ethik, ed. Birkner, 121).

[123]   Einsicht in dieses zwischen katholischen und evangelischen Abendmahlslehren strittige Problem verdanke ich Josef Wohlmuth. Was als Problem strittig ist, ist als gemeinsame Frage zu akzeptieren.

[124]   Zu Augustin, insbesondere zu Augustins *doctrina christiana:* Heinrich Assel, Art. Wort und Sakrament, in: RGG⁴ 8 (2005), 1710–1712.

Das die Oszillation von Lust/Unlust vermittelnde, rein in sich bleibende Gefühl tritt selbst in psychische Erfahrung als Zeichen, sei es als sprachliches, sei es als nichtsprachliches, so »daß zwischen den Momenten der Lust und der Unlust Momente der Befriedigung nothwendig eintreten, daß aber in diesen nicht absolute Seligkeit gesezt sein kann, sondern nur relative, die Impuls sein, und in Handeln ausgehen muß.« (CS 48)

Schleiermacher exponiert diesen handlungsgenerierenden Differenzimpuls in einer duplizitären Formel: Handeln werde »Darstellung und Ausdruck«. Der Differenzimpuls erzeuge eine Tätigkeit mit einer duplizitären Bestimmung:

> 1) die, daß sie *reiner Ausdrukk* ist, und darin ist die Wirksamkeit negirt, weil nur damit das Streben dargelegt wird, den Moment zu fixiren;
> 2) die, daß sie rein *darstellendes Handeln* ist, d. h. keinen anderen Zwekk hat, als das eigene Dasein für andere aufnehmbar zu machen, womit ebenfalls alle eigentliche Wirksamkeit ausgeschlossen ist, die nur von Lust oder Unlust ausgehen kann. (CS 50)

Ausdruck ist Repräsentation, die bestrebt ist, die Differenz von absoluter und endlicher Seligkeit *als Differenz* zu fixieren, und zwar als Differenzmoment auszudrücken. Es ist dies eine Tätigkeit, die dann in der Praktischen Theologie der allgemeinen Theorie des Festes wie auch der Theorie des Sonntags und des christlichen Festjahrs zugrunde liegt. Wir sahen, dass ›Unterbrechung‹ durch das Fest zur Unterbrechung dieser Unterbrechung durch den sonntäglichen Gottesdienst als Abendmahlsfeier fortbestimmt werden muss. Hier ist ein Begriff von Repräsentation als Übersetzungsleistung angelegt. Er ist offen für eine trinitarisch-pneumatologische Bestimmung:

> Das Kommen des Geistes vollzieht sich als Erinnerungsarbeit, als Vergegenwärtigung, die zugleich ein Distanzbewußtsein schafft. [...] Die Affirmation des Gekommenseins gewinnt ihre Kraft in der Abwesenheit des Gekommenen – wie sich die Stärke des Geistes nach Hegel an der Negativität manifestiert, die dieser festzuhalten vermag. [...] Der Geist ist als Einheit von Vater und Sohn der konkrete Unterschied beider, und zugleich läßt er etwas (die Geschichte Jesu) für ein anderes (für die Gemeinde) sein. In diesem Sinn fällt die Darstellung des Todes Jesu als Versöhnung in der Tat ins Selbstbewußtsein der Gemeinde.[125]

Hegels Kritik an einem Genuss ohne allen Schmerz würde damit hinfällig. Doch dies wird durchkreuzt durch eine andere Linie.

---

[125]   MICHAEL MOXTER, Kultur als Lebenswelt. Studien zum Problem einer Kulturtheologie, Tübingen 2000, 392.

Darstellung ist im Abendmahl der *sensus communis* der brüderlichen und menschheitlichen Liebe. Die Reflexion auf den sinnlichen, niederen Geschmack als *sensus communis* entfällt völlig. Weniger noch als Kants Interpretation des Geschmacks als Abstraktionsvorgang sinnlicher Empfindung in die Ansinnung eines ästhetischen *sensus communis* ist Schleiermachers Darstellungsbegriff am sinnlichen, niederen Geschmack orientiert. Gottesdienst im engeren Sinn ist in der »Christlichen Sitte« konzipiert als freie Herrschaft des Geistes über Fleisch. Er müsse so unsinnlich wie möglich sein. Zwar sei auch psychische Organisation, Vernunft und Wille, *Fleisch*. Aber an ihnen zuerst sei die Herrschaft des *Geistes* darzustellen. Das *Geistverwandteste* am Leiblich-Sinnlichen habe daher im christlichen Gottesdienst den Prinzipat im Ausdruck der Organizität, also Sprache und Wort. Daher das Übergewicht von Rhetorik, Gesang und Musik im Gottesdienst gegenüber Mimik oder gar sinnlichem Geschmack (CS, 538–540). Die wirksame Selbstdarstellung Jesu im Wort, am wirksamsten im Embolismus rein rezitierter Paradosis, stellt diesen Prinzipat des Worts dar. Doch im Begriff der Geistverwandtschaft erliegt Schleiermacher einem unbegriffenen Verähnlichungsaxiom, gegen das sich Hegels Kritik zu Recht richtet.[126]

IV.3. Brotwort und Kelchwort: Weder Deutung noch Stiftung Jesu, sondern Stiftung des Geistes und liturgische Metapher

Das eliminierte Unverständliche des Abendmahls als Ritus korreliert mit dem eliminierten Unverständlichen der *verba testamenti*. Diese duplizitäre Grenze bleibt als Rest in der Abendmahlslehre Schleiermachers, verstanden als hervorragendes Beispiel seiner Darstellungstheorie.

Eliminiert ist das in noch so sublimer Festlichkeit immer noch Opake der ›rituellen‹ (oder im allgemein-religionsgeschichtlichen Sinn ›sakramentalen‹) *koinonia* mit Leib und Blut Jesu. Der Einwand, dass Schleiermacher auf dem Stand damaliger religionsgeschichtlicher Erforschung zu wenig davon wusste, lässt sich damit kontern, dass er unabhängig vom historischen Kenntnisstand nichts wissen konnte. Mit Schleiermacher verschwinden endgültig heuristische Begriffe des Rituellen aus der evangelischen Theologie.[127] Damit bleibt auch sein Begriff vom Liturgischen reduktiv.

Eliminiert ist das im noch so schlichten Vorgang der Rezitation der *verba testamenti* Unverständliche. Ist doch der gehorsam rezitierte und darstellend inszenierte Text tatsächlich ein Konstrukt. Vor allem aber ist er belastet durch die

---

[126] Gerade hier lag der Fortschritt Hegels in der Phänomenologie: RINGLEBEN, Im Munde zerronnen, 176 f.

[127] Schleiermacher schließt die lange Reihe defizitärer Theoriebildung zum Abendmahl als Ritus im Protestantismus ab, vgl. BADER, Art. Ritus.

strittige Unterscheidung von liturgischer Wiederholung *als* Gedächtnis und ursprünglich letztem Mahl Jesu *als* Stiftung im Brotwort: Das ist mein Leib, und im Becherwort: Das ist mein Blut. Schleiermacher wusste von den christologischen Problemen der innerprotestantischen Grundlagenkrise des Abendmahlsstreits zu viel, um sich der Mühe einer *grundlegenden semiotischen, pneumatologischen Bearbeitung* dieser *christologischen* Aporie der reformatorischen Abendmahlskontroversen zu unterziehen.

Was hier zu leisten gewesen wäre, soll hier nur thetisch behauptet werden: Weder handelt es sich bei den *verba testamenti* um eine Deutung des irdischen Jesus mittels einer konventionellen Metapher (Zwingli) noch um eine (inkarnationstheologisch zu explizierende) Stiftung des Gottmenschen Jesus, sondern um die ursprüngliche Stiftung des Geistes, der Jesu Tod zum Opfer im Geist macht und das letzte Mahl zur liturgischen Metapher. Hier meldet sich das Recht der traditionellen Vorrangstellung des Abendmahls als Zeichen des Geistes vor der Kirchentheorie. Es zeigt sich darin aber auch die Legitimität des Schleiermacherschen Ansatzes gegenüber Hegel, die Kirchentheorie als Handlungs-, Güter- und Darstellungstheorie zu konzipieren, ein Ansatz, der allerdings im skizzierten Sinn in der Form liturgischer Theologie fortzuführen wäre.

> Wenn es [...] richtig ist, die in der Liturgie geschehene Leistung als metaphorische Leistung zu beschreiben, dann lehrt vor allem Nietzsches Lesart der Metapher, daß diese sich vollzieht primär als Gleichsetzen des Nicht-Gleichen, und je weiter sie dies treibt, um desto sprachlicher wird sie. Es ist die metaphorische Leistung der Abendmahlsfeier, dass in ihr das Nicht-Gleiche, Leib Jesu und Brot, Blut Jesu und Wein, gleichgesetzt wird trotz manifester Nicht-Gleichheit. Also wäre naheliegenden Versuchen, zwischen Leib und Brot, noch mehr zwischen Blut und Wein geistreich gleitende Analogien herzustellen, gerade der Riegel vorgeschoben. Die eigentliche Pointe ist die Nicht-Gleichheit, Brot als metaphorisches Fortlassen von Leib, Wein als metaphorisches Auf-Abstand-Kriegen des Blutes [...]. Daraus ergibt sich die Formel: Die liturgische Metapher vollzieht Nicht-Entsprechung als vollgültige Entsprechung [...] nicht einfach aufs Geratewohl, sondern aufgrund einer bleibenden Stiftung.[128]

---

[128]   BADER, Abendmahlsfeier, 131.

Umfassende Bildung
Schleiermachers Bildungstheorie und ihre Gegenwartsrelevanz

Vasile Hristea

Kaum ein anderer Begriff ist in der didaktischen und erziehungswissenschaftlichen Diskussion der vergangenen Jahrzehnte so umstritten gewesen wie der Begriff »Bildung«. Während dabei manche Stimmen sogar für seine Streichung aus der Fachsprache plädierten, warnten andere vor den Konsequenzen einer Preisgabe des Bildungsbegriffs und forderten eine erneuerte Bildungstheorie[129]. Dass währenddessen diese andauernde Auseinandersetzung um die Bildung als ein Hinweis auf ihre Unersetzbarkeit gedeutet wurde, mag beim Ernst der Lage wie ein kleiner Trost wirken[130]. Heute ist die Lage keineswegs übersichtlicher. Während die »Digitale Bildungsrevolution« hoffnungsvoll »Harvard für alle« verspricht,[131] werden woanders die Funktionalisierung, die Kompetenz- und Effizienzorientierung sowie die Ökonomisierung als degenerierende Erscheinungen der Bildung angeprangert.[132]

Allerdings ließen sich diese Beobachtungen gewissermaßen auch aus der Sicht Jugendlicher und damit aus der Sicht derer, die vor allem an der Bildung interessiert sind, bestätigen. In einem berühmt gewordenen Tweet beschwerte sich 2015 die 17-jährigen Schülerin Naina aus Köln über die Einseitigkeit ihrer Bildung und erntete mit ihrem Votum eine breite Zustimmung von Gleichgesinnten in den Sozialmedien[133].

---

[129] Vgl. Ursula Frost, Einigung des geistigen Lebens. Zur Theorie religiöser und allgemeiner Bildung bei Friedrich Schleiermacher, 1991, 13.

[130] Vgl. Frost, Einigung des geistigen Lebens, 12.

[131] Jörg Dräger, Ralph Müller-Eiselt, Die digitale Bildungsrevolution. Der radikale Wandel des Lernens und wie wir ihn gestalten können, 2015, 47.

[132] Vgl. Joachim Kunstmann, Subjektorientierte Religionspädagogik. Plädoyer für eine zeitgemäße religiöse Bildung, 2018, 37 ff.

[133] Vgl. Süddeutsche Zeitung online: http://www.sueddeutsche.de/news/bildung/schulen-schuelerin-loest-mit-tweet-diskussion-ueber-schulbildung-aus-dpa.urn-newsml-dpa-com-20090101-150113-99-09103 (Zugriff 13.02.2019).

Nicht ohne Verwunderung hört man davon, dass an deutschen Schulen das Fach *Glück* eingeführt werden soll mit den »zentralen Bausteinen: Seele und Körper, Motivation und Leistungsorientierung« sowie »eine Vorstellung von ›Ich‹ und der Gemeinschaft«[134]. Darüber hinaus werden positives Denken, gute Gefühle, Motivation[135] und möglicherweise die Bestimmung von Sinnzusammenhängen und Horizontvorstellungen für die heranwachsenden jungen Menschen angestrebt. Stimmt diese Vermutung, so scheint es so zu sein, dass Bildungstheorien immer noch einen Orientierungswert haben, zumal die Frage nach dem Glück eine Sache ist, die, falls sie nicht in vollkommener Gleichgültigkeit oder blankem Egoismus versickern will,[136] selbst theoriebildend ist.[137] Könnte eine solche überzeugende Bildungstheorie jetzt aber »jenseits der Metaerzählungen«[138] (Lyotard) noch gefunden werden? Wie kann eine Theorie der Bildung in unserer postmodernen Gegenwart aussehen, die zwischen modernem Universalismus und postmodernem Partikularismus, zwischen Eigenem und Fremdem, Körper und Seele vermitteln soll? Und vor allem, wie könnte eine solche Theorie aussehen, deren Gegenstand – die Bildung – weder spezifisch bürgerlich noch politisch, sondern primär theologisch ist?[139]

Die hier vertretene Ansicht ist, dass sich eine solche Theorie möglicherweise gewinnbringend an der Bildungstheorie Schleiermachers orientieren kann. Daher lohnt es, sich auf der Suche nach einem konstruktiven Beitrag noch einmal auf Schleiermachers Auffassung zur Bildung zurückzubesinnen, wenn man sich mit diesem Klassiker der Pädagogik die grundsätzliche Frage stellen will: »Was sollen wir nun aus dem Menschen machen?«[140] Entgegen den idealistischen Systementwürfen beginnt der philosophische Ansatz Schleiermachers nicht mit der Wissenschaftslehre – also mit Lyotard gesprochen: nicht bei der Vernunftspekulation eines Metasubjekts, das die Universität bewohnt fern von den positiven Wissenschaften und vom Volk[141] – sondern bei einer »unmittelbaren

---

[134]   Vgl. JOCHEN SCHÖNMANN, Neues Schulfach »Glück«. Die fröhlichen Schüler von Heidelberg, in: Spiegel Online,12. Sept. 2007.

[135]   Vgl. SCHÖNMANN, Neues Schulfach Glück.

[136]   Vgl. P. V. ZIMA, Moderne/Postmoderne, 2014, 357 ff.

[137]   Vgl. M. STEINMANN, Glück II: Philosophisch, in: RGG⁴ 3, 1016–1018; D. LANGE, Glück IV: Ethisch, in: RGG⁴ 3, 1020–21.

[138]   J.-F. LYOTARD, Das postmoderne Wissen. Ein Bericht, Herausgegeben von P. ENGELMANN, 1986, 103; 112.

[139]   Vgl. Reinhart Koselleck, zit. bei CHRISTIAN ALBRECHT, Bildung in der Praktischen Theologie, 2003, 20.

[140]   SCHLEIERMACHER, Pädagogik, (1820/21), 2008, 75.

[141]   Vgl. LYOTARD, 103.

Anschauung«[142], welche aber jedem zugänglich ist. Im Folgenden soll die Bildungstheorie Schleiermachers anhand der *Reden* und seiner *philosophischen Ethik* skizziert werden (1), um im Anschluss daran über ihre Relevanz für uns in der Postmoderne nachzudenken (2).

I. Die Bildungstheorie Schleiermachers

In ihren charakteristischen Grundzügen lässt sich Schleiermachers Bildungstheorie ausgehend von seiner Auffassung der Religion, so wie sie in seinen *Reden* dargestellt wird, am besten rekonstruieren. In der Betrachtung der Religion greift Schleiermacher auf ein Verständnis des Lebens als das Resultat der Interaktion zweier »Urkräfte«[143] zurück, eines beständigen Aneignens und Abstoßens[144]. Dieses Verständnis des Lebens setzt er im speziellen Kontext seiner Ausführungen in den Reden als »unabänderliches Gesetztes« und damit als allgemeinen Konsens voraus. Alles Leben stellt er sich dementsprechend als das Zusammenspiel von entgegengesetzten Kräften vor – eine »durstige« und eine »rege«, oder ein *Aneignen* und ein *Abstoßen*. Das *Aneignen* sieht Schleiermacher als ein Bestreben, alles in sich zu ziehen.[145] Das *Abstoßen* beschreibt er als die Sehnsucht, sein eigenes Inneres auszudehnen und damit alles zu durchdringen[146]. Das eine genießt das, was sich zu ihm hinbeugt[147], das andere ist voller Drang nach Außen gerichtet, um alles zu erfüllen[148]. Niemals, so Schleiermacher, komme die eine dieser Kräfte ohne die andere zum Vorschein, wennschon es möglich sein könne, dass die eine Kraft durchaus stärker als die andere in Erscheinung tritt. Dieses Spannungsverhältnis der beiden Kräfte des Lebenskontinuums charakterisiere auch jede menschliche Seele, deren individuelle Verfasstheit folglich ein Produkt dieser entgegengesetzten Kräfte ist. Als Abhängigkeit und Freiheit, als Passivität und Aktivität, als Sichselbstnichtsogesetzthaben und Sichselbstsetzen wird demnach die Differenz zwischen Welt und Selbst, oder von Natur und Vernunft, als diese alles bestimmende Lebenspolarität bewusst.

---

[142] F. D. E. SCHLEIERMACHER, Über die Religion. Reden an die Gebildeten unter ihren Verächtern, Hrsg. v. H.-J. ROTHERT, 1958/70 [PhB 255], 33. (Künftig: Reden).

[143] Reden, 3.

[144] Vgl. Reden, 3.

[145] Vgl. Reden, 4.

[146] Vgl. Reden, 4.

[147] »Jener ist auf den Genuß gerichtet, er strebt die einzelnen Dinge an, die sich zu ihm hinbeugen, er ist gestillt so oft er eines von ihnen ergriffen hat, und wirkt nur mechanisch immer auf das nächste«, Reden, 4.

[148] Vgl. Reden, 4.

Vor dem Hintergrund dieser Lebensbetrachtung, die sich wie ein roter Faden durch sein ganzes Leben hindurch zieht, wird Schleiermacher in späteren Werken, wie etwa in seiner *Psychologie,* das Ich als »Einheit im Wechsel der Erscheinungen«[149] näher beschreiben. Dabei beschreibt das Ich ein Sich-selbst-Fühlen im Prozess des Bestimmtwerdens durch anderes, also ein passives Erleiden oder ein Aposteriori und gleichzeitig einen Prozess aktiver Selbstsetzung oder ein Apriori. Weil bei Schleiermacher der Ausdruck ›a priori‹ nicht die Reichweite des Geltungsanspruchs eines Erkenntnisinhalts, sondern die Gegebenheitsweise eines Erkenntnisgegenstandes bezeichnet, zeigt sich, dass das Ich nicht spekulativ gesetzt wird[150]. Als diejenige Tätigkeit, welche allem Wissen ohne Unterschiede zugrunde liegt, wird das Ich dementsprechend als eine Gegebenheit innerhalb des Lebens erachtet. Somit entspricht der Teilungsgrund der Lebensfunktionen der Grundstruktur des menschlichen Daseins als Wechsel von Tun und Leiden, Selbsttätigkeit und Empfänglichkeit. Die beiden konkurrierenden Dimensionen des Lebens – *aufnehmend* und *ausströmend* – sieht Schleiermacher damit weiter in der Einheit des Selbstbewusstseins verbunden, indem »unser ›Ich-sagen‹ einschließt, dass wir uns irgendwie – durch anderes bestimmt – finden«[151]. Vom Ich her gesehen erscheint das Leben als diejenige höchste Lebensinstanz, die in der leib-seelischen Einheit sämtliche untergeordnete Lebensstufen wie das vegetative und das tierische Leben voraussetzt und einschließt.

Nun ist diese alles bestimmende Polarität des Lebens für Schleiermacher religiös begründet[152]. Sie entspricht einem ewigen Gesetz der Gottheit:

> Ihr wißt, dass die Gottheit durch ein unabänderliches Gesetz sich selbst genötigt hat, ihr großes Werk bis ins Unendliche hin zu entzweien, jedes bestimmte Dasein nur aus zwei entgegengesetzten Kräften zusammenzuschmelzen, und jeden ihrer ewigen Gedanken, in zwei einander feindseligen und doch nur durch einander bestehenden und unzertrennlichen Zwillingsgestalten zur Wirklichkeit zu bringen.[153]

Der religiösen Fundierung des polar verfassten Lebens entspricht, dass die Religion in den Reden als Bildungsfaktor betrachtet wird. Dies bezeugt der Redner

---

[149]   F. SCHLEIERMACHER, Psychologie (1818), in: L. GEORGE (Hrsg.), Friedrich Schleiermacher's literarischer Nachlaß. Zur Philosophie, 1862, 6. Band (SW III/6), 415.

[150]   Vgl. E. HERMS, Die Bedeutung der ›Psychologie‹ für die Konzeption des Wissenschaftssystems beim späten Schleiermacher, in: DERS., Menschsein in Werden, 2003, 184 ff.

[151]   Schleiermacher zit. bei E. HERMS, Die Bedeutung der »Psychologie«, 185.

[152]   Vgl. H. FISCHER, Schleiermachers Theorie der Bildung, in: J. OCHEL (Hrsg.), Bildung in evangelischer Verantwortung auf dem Hintergrund des Bildungsverständnisses von F.D.E. Schleiermacher, 2001, 134.

[153]   Reden, 3.

selbst folgendermaßen: »Religion war der mütterliche Leib, in dessen heiligem Dunkel mein junges Leben genährt und auf die ihm noch verschlossene Welt vorbereitet wurde, in ihr atmete mein Geist, ehe er noch seine äußeren Gegenstände, Erfahrung und Wissenschaft, gefunden hatte, sie half mir, als ich anfing, den väterlichen Glauben zu sichten und das Herz zu reinigen von dem Schutte der Vorwelt, sie blieb mir, als Gott und Unsterblichkeit dem zweifelnden Auge verschwanden, sie leitet mich ins tätige Leben, sie hat mich gelehrt, mich selbst mit meinen Tugenden und Fehlern in meinem ungeteilten Dasein heilig zu halten, und nur durch sie habe ich Freundschaft und Liebe gelernt.«[154]

Deutlicher wird Schleiermachers Auffassung der Bildung als religiöse Bildung aber entlang der Beschreibung der Wirkung des Universums auf den Einzelnen: »Alles Anschauen gehet aus von einem Einfluss des Angeschaueten auf den Anschauenden, von einem ursprünglichen und unabhängigen Handeln des ersteren, welches dann von dem letzteren seiner Natur gemäß aufgenommen, zusammengefasst und begriffen wird«[155]. Dementsprechend ist die Anschauung der kontinuierliche Einfluss des ununterbrochen tätigen Universums auf den Betrachtenden. Alles, jede Form, jedes Wesen, jede Begebenheit, die angeschaut wird, veranschaulicht dieses andauernde Handeln des Angeschauten auf den Anschauenden. Als Passivität und Erfahrung des Handelns des Universums – »Anschauen will sie das Universum, in seinen eigenen Darstellungen und Handlungen will sie es andächtig belauschen, von seinen unmittelbaren Einflüssen will sie sich in kindlicher Passivität ergreifen und erfüllen lassen«[156] – ist die Religion eine Erfahrung des Ganzen. Jede Begebenheit und jedes Einzelne wird damit ein Teil des Ganzen, und alles Beschränkte erscheint als eine Darstellung des Unendlichen. Diese Erfahrung des Ganzen, die in der Schau einem teilhaftig wird, macht das Wesen der Religion aus: »Alle Begebenheiten in der Welt als Handlungen eines Gottes vorstellen, das ist Religion, es drückt ihre Beziehung auf ein unendliches Ganzes aus [...]«.[157] Die Bestimmung der Religion als Erfahrung des Universums beschreibt Schleiermacher weiter nun als »die unmittelbare Wahrnehmung«,[158] der zentrale Aspekt seiner Religionsauffassung. In der *Glaubenslehre* wird diese Unmittelbarkeit der Gotteserfahrung als die Gleichzeitigkeit von Gottesbewusstsein und unmittelbarem Selbstbewusstsein betrachtet. »Das Gemeinsame aller noch so verschiedenen Äußerungen der Frömmigkeit, wodurch diese sich zugleich von allen anderen Gefühlen unterscheiden, also das sich gleiche Wesen der Frömmigkeit, ist dieses, dass wir uns unsrer selbst als schlechthin abhängig, oder, was dasselbe sagen will, als in

---

[154] Reden, 8.
[155] Reden, 31.
[156] Reden, 28.
[157] Reden, 32.
[158] Reden, 33.

Beziehung mit Gott bewusst sind«.[159] Dementsprechend sind Gottesbewusst-sein und unmittelbares Selbstbewusstsein so miteinander verbunden, dass der Mensch nicht seiner selbst bewusst werden kann, ohne sich gleichzeitig – als schlechthinniges Abhängigkeitsgefühl – Gottes bewusst zu werden. In diesem Sinne wird auch nachvollziehbar, warum Schleiermacher von einer »ursprüng-lichen Offenbarung Gottes an den Menschen«[160] spricht.

Für die Untersuchung der Bildungstheorie Schleiermachers ist diese Beob-achtung vor allem deshalb von Bedeutung, weil sie an dieser Stelle ein erstes Wesensmerkmal seiner Bildungsauffassung in den Vordergrund rückt: entgegen den Bildungstheorien der Aufklärung vertritt Schleiermacher die Auffassung, dass nicht der Mensch sich bildet, vielmehr aber, dass er *gebildet wird*. Die re-ligiöse Anlage, welche sich in jedem Menschen befindet, wird durch das an-dauernde Wirken des Universums gebildet. In den Reden heißt dies: »Das Uni-versum bildet sich seine Betrachter und Bewunderer«.[161]

Aus dieser Sicht wird auch gut verständlich, wieso Schleiermacher »die Wut des Verstehens«[162] der Aufklärer und Pädagogen, die zu verständigen Menschen erziehen wollten, kritisiert. In deren angeblich guten Absichten verdecken sie gerade, in ihrem vermeintlichen Wissen, jede religiöse Regung. Sie verdecken mit voreiligen Erklärungen, anstatt vielmehr die menschliche Veranlagung frei zu legen und damit zum Wesen der Religion heranzuführen. Der religiöse Sinn kann angeregt und befördert werden; alles andere ist im Wesen eine Einwirkung des Universums auf den Einzelnen.[163] Aber die religiöse Bildung soll die Menschen nicht vereinzeln. Die vom Universum gebildeten Menschen teilen sich mit, werden kommunikativ und stiften Gemeinschaft. »Indem Jeder nur mit dem Nächsten in Berührung steht, aber auch nach allen Seiten und Richtungen einen Nächsten hat, ist er in der Tat mit dem Ganzen unzertrennlich verknüpft«[164].

Die charakteristische Bildungsauffassung Schleiermachers wird in seiner *phi-losophischen Ethik* wiederaufgenommen und komprehensiv und differenziert ge-staltet. Der Gegenstand der Ethik ist die umfassende Beschreibung des mensch-lichen Handelns[165]. Wie sollen aber »alles im Leben vorkommende menschliche

---

[159] F. SCHLEIERMACHER, Der christliche Glaube nach den Grundsätzen der Evangelischen Kirche im Zusammenhange dargestellt, Band 1, hrsg. v. M. REDEKER, 1960, 23. (Künftig: GL 1).

[160] GL 1, 30.

[161] Reden, 79.

[162] Reden, 80.

[163] Reden, 82.

[164] Reden, 104.

[165] F.D.E. SCHLEIERMACHER, Ethik (1812/13) mit späteren Auffassungen der Einleitung, Güterlehre und Pflichtenlehre, auf der Grundlage der Ausgabe von O. Braun, heraus-gegeben und eingeleitet von H.-J. BIRKNER, 1990, 6. (Künftig: Ethik).

Handeln«[166] und die Weise seiner Vollendung von der Ethik beschrieben werden? Weil dementsprechend dieses Unternehmen nicht als Beschreibung des isolierten Handelns des Einzelnen gelingen kann, sieht Schleiermacher in der Vernunftmäßigkeit des Handelns die angemessenste Formel der Ethik.[167] Die Vernunftmäßigkeit des Handelns beschreibt das Leben der Vernunft unter dem Aspekt ihres Gegensatzes zur Natur so, dass der Gegenstand der Ethik allgemein formuliert als das »Handeln der Vernunft auf die Natur«[168] bestimmt werden kann.

Dabei versteht Schleiermacher aber *Vernunft* und *Natur* nicht als reine Begriffe.[169] Mit dem Begriff *Vernunft* meint er die menschliche Vernunft, welche im Bewusstsein, als der höchsten Form des seelischen Lebens, gipfelt. Darüber hinaus wird die Rede von *Vernunft* präzisiert, indem Schleiermacher sagt, dass die Vernunft als Objekt der Ethik immer eine Persönlichkeit meine und zwar eine hin zur Gemeinschaft geöffnete Persönlichkeit.[170]

Dasselbe trifft auf den Begriff *Natur* zu, wobei die Natur zum einen das Ganze der irdischen Natur repräsentiert,[171] und zum anderen die irdische Natur unter dem Aspekt ihrer höchsten Entwicklung als die Vernunftbegabung darstellt[172].

Mit diesen zusätzlichen Präzisierungen wird schließlich deutlich, dass Vernunft und Natur zwar in einem Gegensatz erscheinen, aber dieser Gegensatz erstens kein absoluter ist und zweitens als das Ineinander von geistigem und dinglichem Sein in der Einheit des Selbstbewusstseins zu begreifen ist. *Dieser Gegensatz von Geist und Natur ist also im Dasein des Menschen gegeben.* Darum ist der Mensch ein Eins-Sein beider und zugleich Resultat einer Entwicklung des Geistigen im Dinglichen. Der Mensch steht als vernünftiges Wesen der Natur gegenüber und ist gleichzeitig Teil der Natur[173]. Aus dieser Grundperspektive des im Menschsein erscheinenden Ineinanders von Vernunft und Natur lässt sich folglich bei Schleiermacher die Ethik als Handeln der Vernunft auf die Natur verstehen.

Darüber hinaus wird auch nachvollziehbar, wie seine Bestimmung der Ethik als Beschreibung des endlichen Seins unter der Potenz der Vernunft, diese als eine der Physik entgegengesetzten Wissenschaft erscheinen lässt, während die Physik als Handeln der Natur auf die Vernunft beschrieben wird.[174] Denn die Zweigliederung der Realwissenschaften Natur (Physik) und Vernunft (Ethik)

---

[166] Ethik, 6.

[167] Ethik, 7.

[168] Ethik, 7.

[169] Ethik, 13.

[170] Ethik, 7.

[171] Ethik, 231.

[172] Ethik, 13.

[173] Vgl. Theodor Holzdeppe Jørgensen, Das religionsphilosophische Offenbarungsverständnis des späten Schleiermachers, 1977, 19 ff.

[174] Ethik, 7.

entspricht dem obersten Gegensatz von Vernunft und Natur, vom Denken und Sein, so wie es sich im Bewusstsein manifestiert; darauf zu verzichten würde bedeuten, auf das Bewusstsein zu verzichten. Darum stellt sie die allgemeinste Bedingung aller Wissenstätigkeit dar.[175] Aus dieser Betrachtung wird ersichtlich, warum die Ethik zentrale Bedeutung in Schleiermachers Wissenschaftssystem beansprucht und warum sie einen Schlüssel zum Verstehen seines Werkes darstellt.[176]

Dabei entspricht diese Beschreibung des Menschen als des Ineinanderseins von Vernunft und Natur seiner Betrachtung des Menschen als ein *In-der-Welt-sein*. Ähnlich wie im Falle des Begriffspaares Vernunft–Natur kann für Schleiermacher über die *Welt* nicht anders gesprochen werden, als der *Welt, die dem Menschen gegeben ist*.[177] Unser Selbstbewusstsein ist immer schon das Bewusstsein eines *In-der-Welt-Seins*. Wir sind in der Welt in derselben Weise, wie wir mit den anderen sind, sodass die Welt nicht nur unseren Lebensraum, sondern auch den Möglichkeitsraum unseres Werdens darstellt. Somit schließt sie das physische Werden unter allen seinen Differenzierungen ein.[178]

Weil unter diesem Aspekt die Geschichte der Menschheit als ein fortschreitender Prozess der Beherrschung der Natur durch die Vernunft – von einem Minimum zu einem Maximum des Gewordenen bis hin zum höchsten Gut – verstanden wird[179], nimmt die Ethik selbst als Beschreibung der Wirksamkeit der Vernunft auf die Natur nicht nur die Züge einer *Kosmologie* an, sondern auch die Züge einer *Theorie der Geschichte*. Die Weltgeschichte ist dementsprechend ein Prozess der Formung der Natur durch die Vernunft und als solche ist sie letztendlich *Kulturgeschichte*. Damit werden bei Schleiermacher Naturbeherrschung, Sittlichkeit und Kulturgeschichte als eins gedacht.[180]

Währenddessen trägt dieses umfangreiche Handeln der Vernunft auf die Natur aber eine doppelte Ausprägung in sich, die Schleiermacher mit dem Begriffspaar *Organisieren – Symbolisieren* beschreibt. Organisieren nennt er das Handeln der Bildung der Natur im menschlichen Dasein zum Organ der Vernunft. Gleichzeitig ist das Handeln der Vernunft auf die Natur aber auch ein Einprägen derselben in Zeichen und Symbolen und heißt darum *Bezeichnen* oder *Symbolisieren*. Weil das Symbolisieren aber immer auf die Natur angewiesen ist, ist dieses Handeln durch Schleiermacher als ein Handeln der Vernunft an der Natur durch

---

[175] Vgl. H.-J. BIRKNER, Schleiermachers christliche Sittenlehre im Zusammenhang seines philosophisch-theologischen Systems, 1964, 33.

[176] Vgl. a. a. O., 36.

[177] Vgl. E. HERMS, Schleiermachers Erbe, in: DERS., Menschsein im Werden. Studien zu Schleiermacher, 210.

[178] Vgl. a. a. O., 211.

[179] Ethik, 13 ff.

[180] HERMS, 210 ff., H.-J. BIRKNER, Schleiermachers christliche Sittenlehre, 38.

die Natur[181] charakterisiert worden. Die beiden Aspekte des Handelns werden leibhaft erlebt. Die menschliche Natur ist ein Organisiertsein oder ein Organismus für die Vernunft in der Form des Bewusstseins. Einmal hervorgebracht oder gebildet, prägt sie sich ein und somit bildet die Vernunft ihr Handeln an dem und durch den menschlichen Leib erkennbar ab. Die symbolisierende Tätigkeit setzt somit die organisierende voraus und ist ihrerseits durch diese bedingt. Die Leiblichkeit ist das Ausdrucksmedium der Vernunft.[182]

Die beiden Aspekte des Vernunfthandelns, Organisieren-Symbolisieren, werden weiter auch im Zusammenspiel von *Individualität* und *Gemeinschaft* beschrieben. Aus diesem Grund kann Schleiermacher das sittliche Handeln unmöglich nur unter dem Gesichtspunkt der Individualität beschreiben und stellt es folglich in fließenden Übergängen zwischen überwiegender Individualität und überwiegender Gemeinschaft dar, so wie es das folgende Schema zeigt.

	Organisieren oder bildende Tätigkeit	Symbolisieren oder bezeichnende Tätigkeit
Individuelle Tätigkeiten	Individuelles Organisieren	Individuelles Symbolisieren
Gemeinsame Tätigkeiten	Identisches Organisieren	Identisches Symbolisieren

Wie dieser schematischen Darstellung entnommen werden kann, differenziert Schleiermacher das als Organisieren und Symbolisieren bereits beschriebene Handeln ferner zwischen einem *identischen* und einem *individuellen* Aspekt. Dabei wird mit der Identität der gesellschaftliche Aspekt des Handelns repräsentiert, während mit der Individualität sein unübertragbarer Charakter[183] beschrieben wird. Während das *identische Organisieren* die gleiche Weise der gesellschaftlichen Interaktion wie Recht, Teilung der Arbeit, Tausch der Erzeugnisse, Geld usw. bezeichnet[184], verwirklicht sich das *individuelle Organisieren* in allen Erscheinungen der individuellen Lebensführung mit Haus und Hof[185] und der freien Geselligkeit.[186] Als *Identität* ist das *symbolisierende Handeln* Denken und Sprache und manifestiert sich vor allem in der Gemeinschaftsform Wissenschaft.[187] Das *individuelle Symbolisieren* äußert sich u. a. als Kunst und als Religion, welche aber Regungen des unmittelbaren Selbstbewusstseins dar-

---

[181] Ethik, 233.

[182] Vgl. Jørgensen, Das religionsphilosophische Offenbarungsverständnis, 27.

[183] Vgl. E. Herms, Schleiermachers Bildungsbegriff und seine Gegenwartsrelevanz, in: ders., Menschsein im Werden. Studien zu Schleiermacher, 2003, 251.

[184] Ethik, 39 ff.

[185] Ethik, 47.

[186] Ethik, 49.

[187] Ethik, 52–61.

stellen. Anhand dieser Unterscheidungen und Entgegensetzungen soll nach Schleiermacher das Ganze des menschlichen Lebens in Handlungsräumen wie Familie, Staat, Akademie und Kirche als ein komplexes Zusammenspiel von Identität und Differenz, Eigentümlichem und Gemeinschaft beschrieben werden. Nichts von dem, was das menschliche Handeln ausmacht, soll außerhalb des Gebietes der Ethik bleiben.[188] Insofern stellt die Ethik Schleiermachers eine umfassende Theorie der Kultur dar. Ihr zufolge ist die Menschheitsgeschichte ein umfassender Werdegang, welcher seine Vollendung im höchsten Gut als die annährend restlose Beherrschung der Vernunft durch die Natur oder Maximum des Gewordenen finden soll.[189] Doch während die philosophische Ethik dieses Handeln nur formell beschreibt, findet es seine tatsächliche Erfüllung aus der Sicht der *Christlichen Sittenlehre,* welche sich als ein empirisches Korrelat zur philosophischen Ethik verhält.[190] Ihr zufolge ist das sittliche Handeln eine Auswirkung des Gottesbewusstseins im Menschen und stellt somit ein Werden des Reichs Gottes in der Welt des Menschen dar. Die scheinbare Identifikation von Reich Gottes und Kultur, die Schleiermacher kritisch vorgehalten wurde, soll, wie H.-J. Birkner meint, nicht als Identifikation, sondern als durch das Christentum entbunden verstanden werden.[191] Darin ist H.-J. Birkner zuzustimmen, denn eine Umwandlung der Welt in der Kraft des Geistes kann sich nicht anders als kulturell auswirken.

II. Zur Relevanz der Bildungstheorie Schleiermachers in der Postmoderne

Schleiermacher legt in seinem theologischen und philosophischen Werk eine Bildungstheorie vor, deren Gegenstand weit über die spezifischen Erwartungen und Fragestellungen der Pädagogik oder der Erziehungswissenschaften hinausgeht. In ihrem gedanklichen Umfang und in ihrem Anspruch ist sie den großen idealistischen Systementwürfen gewachsen[192] und besticht dabei durch Originalität. Ansetzend beim Selbsterleben und dem Selbstreflektieren des Menschen als dem Erschließen der idealen und realen Tiefe des Seins, beschreibt sie ein umfassendes und zielstrebiges geschichtliches Werden, dessen Ender-

---

[188] Vgl. Hans-Joachim Birkner, 46; Walter Jaeschke / Andreas Arndt, Die Philosophie der Neuzeit 3, Teil 2: Klassische deutsche Philosophie von Fichte bis Hegel, in: Wolfgang Röd (Hrsg.), Geschichte der Philosophie, Band IX, 2, 2013, 135f.

[189] Ethik, 13;16.

[190] Hermann Fischer, Friedrich Schleiermacher, München 2001, 118.

[191] H.-J. Birkner, Schleiermachers christliche Sittenlehre, 92.

[192] Vgl. E. Herms, Die Bedeutung der ›Psychologie‹, 196f.

gebnis die Einheit von Vernunft und Natur oder die Realisierung des Reichs Gottes in der Lebenswelt des Menschen darstellt.

Dem Christentum kommt vor diesem Hintergrund eine besondere Rolle zu: Da es der höchsten Bestimmtheit des unmittelbaren Selbstbewusstseins entspricht, ist das Christentum selbst Aspekt und Vollendung dieser Bildung. Weil es selbst einer Bestimmtheit des Gottesbewusstseins entspricht, steht das Christentum bei aller seiner Besonderheit grundsätzlich in einer Haltung der Offenheit und der Verbundenheit zu den anderen Religionen, die ihrerseits als spezifische Bestimmungen des Gottesbewusstseins verstanden und gewürdigt werden können.[193]

Als Bildung des Selbstbewusstseins lässt die Bildungsauffassung Schleiermachers zwei Grundaspekte in ihrem Zusammenspiel durchblicken: Das *Gebildetwordensein* und das *Bilden des geistigen Lebens* als ein freies, selbstbewusstes und zielorientiertes. Die Bildung des Einzelnen wird somit vor dem Hintergrund vorausgegangener Generationen und vielfältiger Voraussetzungen hervorgebracht und alsbald als individuelle und aktive Fortsetzung betrachtet. Erscheint damit die Bildung des Einzelnen in einem umfassenden kosmologischen und geschichtlichen Zusammenhang, so wird sie weiter als individuelle Lebensgestaltung und damit verbunden im umfassenden Sinne als Gestaltung der vielfältigen gesellschaftlichen Wirklichkeit beleuchtet. Der Möglichkeitsraum geschichtlichen Werdens wird so betrachtet innerhalb eines kosmischen Werdens und in Hinblick auf ihr Ziel eingebettet[194].

Freilich ist die Frage nach der Relevanz dieser Theorie in unserer Gegenwart Gegenstand vielfältiger Reflexionen.[195] Die Beantwortung dieser Frage hängt aber zum Teil auch davon ab, wie wir unsere postmoderne Gegenwart beschreiben würden. Betrachtet man unsere Gegenwartskultur als im Grunde orientierungs- und kritiklos, lediglich auf »Fakten« konzentriert und auf die Wissenschaft als letzte Begründung, oder sieht man die hemmungslose Ökonomisierung unserer Lebensverhältnisse und Denkweisen, so wird vor dem Hintergrund der Bildungstheorie Schleiermachers auch immer deutlicher, wie eingeschränkt und einseitig unsere gegenwärtigen Bildungsprozesse bei aller Explosion des Wissens und der der Information ablaufen.[196]

Wird damit unverkennbar, wie Selbstbestimmung, Mitbestimmung oder Solidarität als echte Bildungsziele verdrängt oder verkannt werden, wie Erziehungsbegriffe angepasst und reduziert werden oder wie ein technologisch verkürztes Lernverständnis zunehmend zum Maßstab wird, so will man auf die

---

[193]   Vgl. E. HERMS, Schleiermachers Erbe, 223–225.

[194]   Vgl. E. HERMS, Schleiermachers Bildungsbegriff, 241.

[195]   Vgl. u. a. J. OCHEL (Hrsg.), Bildung in evangelischer Verantwortung auf dem Hintergrund des Bildungsverständnisses von F.D.E. Schleiermacher, 2001.

[196]   Vgl. E. HERMS, Schleiermachers Bildungsbegriff, 241 f.

klassischen Bildungstheorien und damit auch auf Schleiermachers Bildungstheorie zurückgreifen in der Hoffnung auf eine Berichtigung.[197]

Währenddessen beeinflusst der Partikularismus in zunehmendem Maße nicht nur die Bildungs-, sondern die Lebensverhältnisse selbst, indem entsprechend neue Definitionen und Konnotationen auftreten und damit Objekte wie Demokratie, Kunst oder Glück und Unglück neu definiert und verstanden werden.[198] Damit verbunden ist eine Umwertung der Werte spürbar: »Der Mensch steht somit in einem gebrochenen Verhältnis zum Guten. Zwar will er durchaus noch das Gute. Aber er will es nicht immer, nicht zu jeder Gelegenheit. Er kann es nur gelegentlich wollen, wenn ihm danach zumute ist. Von ihm zu verlangen, das Gute immer zu wollen, letztlich das höchste Gute als vollkommenes Endziel anzustreben, verkennt das flüchtige Wesen des Menschen, das solch ein Streben nach Stabilität verfehlt. Im Grunde kann man heute nicht mehr wirklich gut sein, ohne auch ein lebendiger und nicht nur ein moralischer Mensch zu sein, der ebenfalls neue Sinnlichkeit entwickelt hat und der zugleich immer ein anderer ist, eben ein flüchtiger, der zur selben Zeit, vor allem aber in verschiedenen Lebensabschnitten immer wieder etwas anderes sein will«.[199]

Wird eine solche Umwertung der verbindenden Werte als Schwäche und Müdigkeitserscheinung der traditionellen ethischen Orientierungen »am Ende der großen Erzählungen« erkannt, so geht man indessen doch davon aus, dass innerhalb der posttraditionalen Gesellschaft nicht allein der Individualismus, sondern auch neue Formen zwischenmenschlicher Beziehungen vorstellbar wären. Sollte es wirklich so sein, dass zwischen erzwungener Mobilität und Abnahme der traditionellen Bindungen wie Ehe, Familie und Beruf andere Interaktionsformen, etwa die Freundschaft oder Solidarität, an Bedeutung gewinnen,[200] so könnte das weiterhin Schleiermachers ethischer Vernunft und der Auffassung, dass die Menschlichkeit als freie Geselligkeit auch über den Anderen entfaltet wird, entsprechen. Ohnehin ist seine Beschreibung der Selbsterfahrung als Sichselbstnichtsogesetzthaben[201] die Beschreibung einer umfassenden Alterität.

---

197   Vgl. F. SCHWEITZER, Bildung V. Praktisch-theologisch und pädagogisch, in: RGG 1, 1584 f.
198   Vgl. P. V. ZIMA, Moderne/Postmoderne, 395 ff.
199   H.-M. SCHÖNHERR-MANN, Postmoderne Perspektiven des Ethischen. Politische Streitkultur, Gelassenheit, Existentialismus, 1997, 171.
200   Vgl. H.-M. SCHÖNHERR-MANN, Postmoderne Perspektiven, 171 ff.
201   Vgl. GL 1, 24.

Contra Schleiermacher

Gehört Schleiermacher in den Kanon christlicher Theologen?

Sven Grosse

I. Die Ursachen der Schleiermacher-Renaissance

Friedrich Daniel Ernst Schleiermacher (1768–1834) ist in unserer Gegenwart im Bereich der deutschsprachigen evangelischen Theologie der beherrschende Theologe, nicht nur in der Disziplin der Systematischen Theologie, sondern auch der Praktischen, nicht nur in der akademischen Theologie, sondern auch in den Kirchen. War sein Einfluss im 19. Jahrhundert schon groß und bestimmend, war sein Einfluss um 1910 noch größer,[202] so hat er etwa seit den 1990er Jahren in dem genannten Bereich an Geltung gewonnen, die schon uniformierend genannt werden muss. Als wichtigste Ursache für diese Schleiermacher-Renaissance hat Ulrich Barth, ein hervorragender Vertreter derselben, die Unzulänglichkeit der vorangehenden Epoche der Theologie genannt, in welcher Schleiermacher vorwiegend Ablehnung gefunden hatte. Diese Epoche sei bestimmt gewesen durch

> einen exklusiven Theologiebegriff, der, um möglichen Fremdbestimmungen und Verwechselbarkeiten bereits in der Wurzel entgegentreten zu können, sich konsequent abkoppelte von allem, was zuvor als anthropologische Grundlagen oder gesellschaftliche Rahmenbedingungen von Christentum namhaft gemacht wurde. [...] Kirchliche Lehre sollte sich allein aus der Selbsterzeugung des ihr eigentümlichen Gegenstands aufbauen. Als Symbol dafür fungierte ein extrem hochstufiger Offenbarungsbegriff.[203]

---

[202] »Schleiermacher ist um 1910 viel allgemeiner studiert, verehrt und fruchtbar gemacht worden als um 1830, wo er außerhalb seines engsten Kreises mit Theologen wie Daub, Marheineke, Bretschneider u. a. ohne Bedenken in einem Atemzuge genannt wurde.«, KARL BARTH, Die protestantische Theologie im 19. Jahrhundert. Ihre Vorgeschichte und ihre Geschichte, 3. Aufl. Zürich 1960, 379.

[203] ULRICH BARTH, Begrüßung und Einführung in den Kongreß, in: 200 Jahre ›Reden über die Religion‹. Akten des 1. Internationalen Kongresses der Schleiermacher-Gesellschaft, Halle 14.–17. März 1999, hrsg. v. ULRICH BARTH u. CLAUS-DIETER OSTHÖVENER, Berlin/ New York 2000 (Schleiermacher-Archiv 19), 8.

Ulrich Barth gesteht dieser Position zu, die Angriffe der totalitären Systeme des 20. Jahrhunderts recht gut abgewehrt zu haben, doch seien ihre Schwächen zutage getreten, »als es galt, unter neuen, eher normaleren Bedingungen sich wieder der kulturellen und gesellschaftlichen Wirklichkeit zu öffnen und das lebensweltliche Vorkommen von Religion gedanklich zu integrieren und konstruktiv zu gestalten.«[204] Dies sei aber bereits in einer nach wie vor unüberbotenen Weise durch Friedrich Schleiermacher geschehen, weshalb es nun gelte, von ihm sich orientieren zu lassen.[205]

Diese Überlegungen Ulrich Barths machen einige Voraussetzungen. Eine ist, dass es den Theologen auf der einen und der anderen Seite – auf der einen Seite Schleiermacher und seinen neuen Verehrern, auf der anderen Seite sei Karl Barth genannt – um dasselbe gegangen sei: dieselbe Theologie, derselbe Glaube, dieselbe Kirche. Kirche und Theologie existieren unter sich wandelnden Bedingungen. Es gibt weniger normale Bedingungen: hier ist an die Herausforderung durch die Totalitarismen des 20. Jahrhunderts zu denken, und »eher normalere«. Unter den anomalen Bedingungen sei eine Theologie – nun zwar nicht »wahr« – aber doch funktionsmäßig effektiv mit einem »hochstufigen Offenbarungsbegriff«. Dadurch konnten diese Herausforderungen »im wesentlichen ohne größere innere Beschädigungen überstanden« werden.[206] Diese Bedingungen seien aber eben nicht die der Normalität. Unter mehr oder weniger normalen Bedingungen müsse eine Theologie das Recht erhalten, die das Eigentliche, eben das der »Norm« Entsprechende des Christentums zur Geltung bringe.

2. Der Kanon der christlichen Theologie

Schleiermacher wird also mit den ihm verwandten Theologen in einen »Kanon« der Theologie eingereiht zusammen mit seinen Kritikern im mittleren 20. Jahrhundert, und auch zusammen mit den Theologen, welche in der Zeit vor ihm die Theologie der Kirche prägten, z. B. Irenaeus von Lyon, Athanasius, Augustin, Anselm von Canterbury, Thomas von Aquin, Martin Luther usw.[207]

---

[204]   Ebd.

[205]   »Daß gerade Schleiermacher in den Vordergrund der Debatte gerückt ist, hängt sicherlich damit zusammen, daß es ihm gelang, ein Maximum an zeitdiagnostischer Präzision, kulturhermeneutischer Weite und gedanklicher Begründungsleistung zu erzielen. Sein philosophisch-theologisches Gesamtsystem hat auch unter den gewandelten Bedingungen der Gegenwart nichts an theoretischer und praktischer Orientierungskraft verloren.«, a. a. O., 10.

[206]   A. a. O., 8.

[207]   Siehe nur die Auswahl in dem Buch, das ebendiesen Titel trägt: Kanon der Theologie. 45 Schlüsseltexte im Portrait, hrsg. v. Christian Danz, Darmstadt 2009.

Genau diese Voraussetzung ist aber nun in Frage zu stellen. Gehört Schleiermacher genauso wie Augustin und Martin Luther, aber auch wie Karl Barth zu einem Kanon der christlichen Theologie – ohne dass dieser Begriff überdehnt und in sich widersprüchlich wird und seinen Sinn verliert?

Ich will für diesen Begriff eines Kanons der christlichen Theologie davon ausgehen, dass das, was christlich ist, sich aus der Bibel begründen lassen muss. Die Theologen, welche hier als beispielhafte Vertreter dieses Kanons genannt wurden, haben dies selbst getan. Ich will zudem davon ausgehen, dass als maßgebliche Auslegungen der Bibel in den Fragen, wie man sich Gott und wie man sich Jesus Christus zu denken hat, die Dogmen der Alten Kirche – wie auf den Konzilien von Nicaea, Konstantinopel, Ephesus, Chalcedon formuliert – zu gelten haben. Die Reihe der klassischen Vertreter einer durch die Bibel und durch diese Konzilien bestimmten Theologie bildet eine Tradition, die bis einschließlich der Reformation und der altprotestantischen Epoche – mit der Möglichkeit einer Fortsetzung in die Gegenwart und in die Zukunft. Mit dieser theologischen Tradition setzt Schleiermacher sich auch in seiner Glaubenslehre immer wieder ausdrücklich auseinander. Dabei versteht es sich, dass es zwischen diesen Theologen Unterschiede geben mag; dass auch der eine gegen den anderen gestritten hat. Und doch gibt es unter diesen Theologen Einigkeit, worin die wesentlichen Stücke des christlichen Glaubens bestehen und wie man über sie zu denken hat; die Konflikte, die es zwischen ihnen gab, lassen sich nur unter der Voraussetzung dieser Gemeinsamkeiten überhaupt begreifen und eine nachträgliche Reflexion über den Konflikt kann auch dessen Lösung finden, indem aufgezeigt wird, wie verschiedene Aspekte dieser Gemeinsamkeiten von dem einen mehr, von dem anderen weniger betont und weiter durchdacht worden sind.[208]

Es soll sich zeigen, ob Schleiermacher mit diesen Theologen in einen Kanon der Theologie hineingehört oder nicht. Ich gehe zunächst einmal beschreibend und vergleichend vor. Sobald man die Begründbarkeit durch die Bibel und, bezogen darauf, die Übereinstimmung mit dieser klassischen Tradition, als Kriterium der Wahrheit ansieht, entscheidet sich daran auch, ob Schleiermacher die Wahrheit lehrt. Dieser Frage soll nun nachgegangen werden, vor allem in Überlegungen zu seinem Hauptwerk in ausgereifter Gestalt, der Glaubenslehre in der zweiten Auflage von 1830/31.

---

[208] Als Beispiel dafür kann man gerade die Differenz zwischen Thomas von Aquin und Martin Luther betrachten, vgl. die Beiträge zu: Thomas von Aquin 1274–1974, hrsg. v. Ludger Oeing-Hanhoff, München 1974, und: Aquinas among the Protestants, hrsg. v. David van Drunen u. Manfred Svensson, Hoboken, NJ, 2017.

III. Das Eigentümliche des Christentums: Die Erlösung

Als erstes ist zu sehen, worin Schleiermacher das eigentümliche Wesen des Christentums sieht. Er bestimmt dabei Erlösung als zentralen Begriff. Er spricht in den Prolegomena, in § 4, von dem Gemeinsamen der verschiedenen Äußerungen von Frömmigkeit, also Religion, und bestimmt es als dieses, »daß wir uns unsrer selbst als schlechthin abhängig, oder, was dasselbe sagen will, als in Beziehung mit Gott bewußt sind.«[209] Das Eigentümliche des Christentums bestehe dann darin, dass alles in ihm »bezogen wird auf die durch Jesum von Nazareth vollbrachte Erlösung.«[210] Schleiermacher meint darin, das allen Gemeinschaften, die sich christlich nennen, Gemeinsame gefunden zu haben.

Schleiermacher analysiert den Begriff der Erlösung, dass mit ihm ein vorhergehender schlechter Zustand und ein nachfolgender besserer (er schreibt nicht: guter) Zustand gesetzt sei und fährt fort: »der schlechte Zustand [kann] nur darin bestehn, daß die Lebendigkeit des höheren Selbstbewußtseins [das eben das Bewußtsein der schlechthinnigen Abhängigkeit ist] gehemmt oder aufgehoben ist, so dass [...] fromme Lebensmomente wenig oder gar nicht zustande kommen.«[211] Dafür könne man die Ausdrücke »*Gottlosigkeit* oder besser *Gottvergessenheit*« gebrauchen. Doch »dürfen wir uns doch dies nicht als eine gänzliche Unmöglichkeit der Belebung des Gottesbewußtseins denken.« Grund dafür sei erstens, dass man diesen Zustand dann gar nicht als einen üblen fühlen könne. Zweitens, dass ansonsten, »würde, um diesen Mangel aufzuheben, dann eine Umschaffung im eigentlichen Sinne erfordert werden« und diese Vorstellung sei »in dem Begriff der Erlösung nicht enthalten.«[212] Zu dem Begriff eines *Gegensatzes* zwischen dem schlechten und dem besseren Zustand könne man nun nur so kommen, dass man erklärt, in dem schlechten Zustand, im Zustand der Erlösungsbedürftigkeit also, wäre das »sinnliche Selbstbewußtsein«, das Bewußtsein von der Welt in ihrer Unterschiedenheit, stärker sein als das höhere Selbstbewußtsein, im Zustand der Erlösung umgekehrt dieses stärker als jenes. Es ginge also im Zustand der Erlösungsbedürftigkeit nicht darum, dass »das schlechthinnige Abhängigkeitsgefühl Null sei, sondern nur, daß es in irgendeiner Beziehung den Moment nicht dominire«.[213]

Eine so beschriebene Erlösung, ein Übergang von einem Zustand, in dem die Seele des Menschen von seinem Weltbewusstsein dominiert ist, in einen solchen, in dem sie von seinem Bewusstsein schlechthinniger Abhängigkeit dominiert ist,

---

[209]   CG, KGA I.13/1, 32,13–15 / Redeker 1, 23.

[210]   CG, Leitsatz zu § 11, KGA I.13/1, 93,18 f / Redeker 1, 74.

[211]   CG, § 11.2, KGA I.13/1, 96,10–14 / Redeker 1, 77, die Analyse des Begriffs »Erlösung« auf KGA I.13/1, 95–97 / Redeker 1, 76 f.

[212]   CG, § 11.2, KGA I.13/1, 96,20–22 / Redeker 1, 77.

[213]   CG, § 11.2, KGA I.13/1, 97,16–18 / Redeker 1, 78.

geht nun, Schleiermacher zufolge, von Jesus von Nazareth aus.[214] »Der Erlöser nimmt die Gläubigen in die Kräftigkeit seines Gottesbewußtseins auf, und dies ist seine erlösende Tätigkeit.«[215]

Resümieren wir diese Erörterungen Schleiermachers, in denen er die Weichen seiner Glaubenslehre stellt. Er meint, in allen Formen von Religion (»Frömmigkeit«) würde es ein gleiches geben, aufgrund dessen sie unter diesen einen Begriff gestellt werden könnten, nämlich das Gefühl der schlechthinnigen Abhängigkeit, welches von einem begrifflichen und in diesem Sinne gegenständlichen Bewusstsein von einem »Gott« streng unterschieden werden müsse.[216] Unter manchen Menschen – es fragt sich, ob Schleiermacher überhaupt an alle Menschen denkt – gebe es einen Zustand, in dem dieses Gefühl von dem Weltbewusstsein des Menschen dominiert und darum gehemmt würde. Wiederum bei manchen Menschen innerhalb dieser Gruppe – man muss auch hier fragen, ob Schleiermacher auch an die ganze Gruppe denkt – komme es zu einem Erstarken von jenem Gefühl. Schleiermacher nennt dies »Erlösung«. Nun kann man diese Erlösung auf verschiedene Ursachen zurückführen. Dementsprechend gibt es verschiedene Erlösungsreligionen. Unter diesen gibt es nun eine, in welcher nicht nur Jesus von Nazareth irgendeine Rolle spielt, sondern eben diese, dass er der Mensch ist, dessen Gefühl der schlechthinnigen Abhängigkeit erstens völlig ungetrübt ist und zweitens sich belebend auf andere Menschen auswirkt.[217] Eben deswegen wird er ihr »Erlöser« genannt und eben deswegen ist es berechtigt, von einer bestimmten Erlösungsreligion zu sprechen, welche »Christentum« genannt wird.

Man muss sich fragen, ob das in allen Erscheinungen, die »Religion« genannt werden, Gleiche und Wesentliche darin besteht, dass es ein solches Gefühl der schlechthinnigen Abhängigkeit gibt. Die Religionswissenschaft hat Schleiermachers Bestimmung längst hinter sich gelassen[218]. Konkreter muss man sich

---

[214] Ausgeführt CG, § 11.4, KGA I.13/1, 98–100 / Redeker 1, 79–81.

[215] CG, § 100, KGA I.13/2, 104,6–8 / Redeker 2, 90.

[216] CG, § 4.4, KGA I.13/1, 39 / Redeker 1, 29. Schleiermacher spricht hier, offensichtlich in Blick auf Hegel, von einem »vollkommen begriffenen ursprünglichen, d. h. von allem Gefühl unabhängigen« Begriff »von Gott« und meint, dies sei »etwas, womit wir es in der christlichen Glaubenslehre niemals können zu tun haben, weil es selbst offenbar genug nichts unmittelbar mit der Frömmigkeit zu tun hat.« KGA I.13/1, 39,16 f., 23–25.

[217] Siehe etwa den Leitsatz zu § 88: »In diesem auf die Wirksamkeit Jesu zurükkgehenden Gesammtleben wird die Erlösung durch ihn bewirkt vermöge der Mitteilung seiner unsündlichen Vollkommenheit.« KGA I.13/2, 21,22–25 / Redeker 2, 18.

[218] »Mit einer immer vertiefteren Kenntnis von außereuropäischen Glaubenssystemen, die man unbefangen glaubte, als religiös klassifizieren zu können, mußte deutlich werden, daß weder ein deistischer noch einer Schleiermacherscher Religionsbegriff in der Lage waren, die Vielfalt der religiösen Erscheinungen zu erfassen.« Die Religionsbestimmung

fragen, ob verschiedene Erlösungsreligionen, etwa der Buddhismus und das Christentum, hinlänglich als solche dadurch bestimmt seien, dass es in ihnen darum gehe, aus einer solchen Unterlegenheit des Gefühls der schlechthinnigen Abhängigkeit in eine Überlegenheit desselben zu gelangen. Ich will die Frage der nicht-christlichen Religionen hier auf sich beruhen lassen und mich allein dem Christentum zuwenden. Die Überprüfung von Schleiermachers Zugehörigkeit zum Kanon christlicher Theologen anhand seiner Wesensbestimmung des Christentums als erstem Stück führt weiter zu der zweiten Frage, was er als häretisch beurteilt und was für ihn überhaupt Häresie ist. Denn wenn man angibt, was das wesentlich Christliche ist, dann schließt man auch eine Stellungnahme zu dem ein, was beansprucht, christlich zu sein, es aber nicht ist.

IV. Die Häresien

Schleiermacher hat selbst den Begriff des Häretischen oder des Ketzerischen zunächst einmal im deskriptiven Sinne gebraucht: es ist das dem eigentümlich Christlichen gegenüber Fremde:

> so wird doch Jeder nur das häretisch nennen in dem Gebiet der christlichen Lehre, was er aus seiner Vorstellung von dem eigenthümlichen Wesen des Christenthums nicht erklären, und nicht als zusammenstimmend damit denken kann, sofern es nämlich sich selbst dennoch für christlich ausgibt, und auch von Andern dafür will gehalten sein.[219]

Eine Wertung kommt hier nur in der Weise hinein, dass es als krankhaft angesehen wird, wenn in einem Gemeinwesen sich ein fremdes Element findet. Innerhalb eines Gemeinwesens, in das es hineinpasst, würde hingegen die Anwesenheit dieses Elements nicht als Anzeichen einer Krankheit bewertet werden.[220]

Schleiermacher findet dann zwei Paare von Häresien, die systematisch von der Grundformel abweichen, die er dem Christentum gegeben hat:

Schleiermachers erwies sich als »empirisch nicht vermittelbar«, Günter Kehrer, Art. Religion, Definitionen der, in: Handbuch religionswissenschaftlicher Grundbegriffe, Bd. 4 (1998), 421.

[219] CG, § 21.1, KGA I.13/1, 153,4–9 / Redeker 1, 127 f.

[220] »[...] wenn in einem republikanischen Staat Bürger aufstehn mit monarchischen Gesinnungen und umgekehrt: so sehen wir dies als eine Krankheit des Ganzen an.« CG, § 21.1, KGA I.13/1, 152,22–153,2 / Redeker 1, 127.

Wenn nun das eigenthümliche Wesen des Christenthums darin besteht, daß alle frommen Erregungen auf die durch Jesum von Nazareth geschehene Erlösung bezogen werden müssen: so wird häretisches entstehen können auf eine zwiefache Weise [...] es wird aber entweder die menschliche Natur so bestimmt, daß genau genommen eine Erlösung nicht vollzogen werden kann, oder der Erlöser auf eine solche Weise, daß er die Erlösung nicht vollziehen kann. Jeder von diesen beiden Fällen aber kann wieder auf eine zwiefache Weise eintreten. Nämlich was das erste betrifft, wenn die Menschen sollen erlöst werden, so müssen sie eben sowol der Erlösung bedürftig sein als auch fähig sie anzunehmen.[221]

Innerhalb dieser Disjunktion *A* ergibt sich somit der Fall *Aa:*

Wenn nun die Erlösungsbedürftigkeit der menschlichen Natur, d. h. die Unfähigkeit derselben, das schlechthinige Abhängigkeitsgefühl allen menschlichen Zuständen einzubilden, auf eine solche Weise schlechthinig gesezt wird, daß dabei die Fähigkeit, erlösende Einwirkungen aufzunehmen, in der That verschwindet, so daß sie nicht zugleich erlösungsbedürftig ist und auch fähig, Erlösung aufzunehmen, sondern lezteres erst nach einer gänzlichen Umschaffung: so ist dadurch zugleich die Grundformel aufgehoben.[222]

Diesen Fall nennt Schleiermacher den des *Manichäismus.* Der Fall *Ab* wird folgendermaßen konstruiert: in diesem »ist alsdann die Erlösungsbedürftigkeit wenigstens insofern Null, als sie nicht mehr das Bedürfniß eines einzelnen Erlösers ist, sondern nur für jeden in einem schwachen Moment das Bedürfniß eines anderen, wenn auch nur in diesem Moment, was die Hervorrufung des Gottesbewußtseins betrifft, stärkeren Individuums, und als mithin die Erlösung nicht das Werk eines einzelnen zu sein braucht, sondern ein gemeinsames Werk aller an allen, woran höchstens Einige vor Andern immer in einem höheren Grade Theil haben.«[223]

Dieses nennt Schleiermacher den *Pelagianismus.*

Die Disjunktion *B* entwickelt Schleiermacher in Bezug auf die Person des Erlösers, bei welcher es »auf der einen Seite nothwendig« ist, »daß er sich eines ausschließenden und eigenthümlichen Vorzugs vor allen Anderen erfreue, auf der andern Seite aber muß auch eine wesentliche Gleichheit zwischen ihm und Allen stattfinden, weil sonst, was er mittheilen kann, nicht dasselbe sein könnte, als was sie bedürfen.«[224] Fall *Ba* ist dann der *Doketismus:*

---

[221] CG, § 22.2, KGA I.13/1, 156,8–22 / Redeker 1, 130.
[222] CG, § 22.2, KGA I.13/1, 156,24–157,1 / Redeker 1, 130 f.
[223] CG, § 22.2, KGA I.13/1, 157,10–18 / Redeker 1, 131.
[224] CG, § 22.2, KGA I.13/1, 157,23–27 / Redeker 1, 131.

Und zwar, wird der Unterschied Christi von den Erlösungsbedürftigen so unumschränkt gesetzt, daß eine wesentliche Gleichheit damit unvereinbar ist: so verschwindet auch sein Antheil an der menschlichen Natur in einen bloßen Schein, mithin kann auch unser Gottesbewußtsein als etwas wesentlich verschiedenes nicht von dem seinigen abgeleitet sein, und die Erlösung ist auch nur ein Schein.[225]

Im entgegengesetzten Fall *Bb* ist die Gleichheit so groß, dass »und wäre es auch als schlechthin Kleinstes, auch in ihm zuletzt Erlösungsbedürftigkeit mitgesetzt« ist. Diese Häresie nennt Schleiermacher »die nazoräische oder ebionitische«[226].

Vergleichen wir nun Schleiermachers Bestimmung des wesentlich Christlichen und des Häretischen mit dem oben beschriebenen Kanon der christlichen Tradition und beginnen mit der grundlegenden biblischen Darstellung, so sehen wir, dass diese nach Schleiermacher manichäisch genannt werden müsste. Denn die Bibel spricht davon, dass der Mensch in Christus eine neue Schöpfung wird (2Kor 5,17) und bringt dies auf den Begriff der Wiedergeburt (Joh 3,5). Wird dies hier unmittelbar auf die Seele des Menschen bezogen, so gilt dies auch vom Leib. Denn die Erlösung des Menschen, so wie sie die Bibel beschreibt, ist unvollständig ohne die Auferstehung des Leibes (1Kor 15,19 usw.).

Fahren wir fort mit der Entfaltung der biblischen Grundlegung durch die Tradition, so ist zu fragen, wie es sich mit den vier Grundhäresien, deren Namen Schleiermacher aufgreift, historisch verhält. Augustin bestimmt in seiner Auseinandersetzung mit dem Manichäismus dessen Lehre so, dass »der Mensch von dem Fürsten der ewigen Finsternis durch eine Vermischung beider Naturen, die immer bestanden haben, einer guten und einer bösen, geschaffen worden sei.«[227] Erlösung ist für den Manichäismus das Herauslösen der guten Seele aus dem Leibe.[228] Das Christentum hingegen sagt, »daß die menschliche Natur, von dem guten Schöpfergott gut geschaffen, aber durch die Sünde verdorben wurde, Christi als des Arztes bedürfe.«[229] Die Vergebung und Reinigung von der Sünde

---

[225] CG, § 22.2, KGA I.13/1, 157,31–158,3 / Redeker 1, 131.

[226] CG, § 22.2, KGA I.13/1, 158,18 f / Redeker 1, 132.

[227] »Ab aeternarum principe tenebrarum de commixtione duarum naturarum, quae semper fuerunt, una bona et una mala, hominem creatum«, De nuptiis et concupiscentia II, iii,9, CSEL 42, 260,21–23, dt. Übers.: Sankt Augustinus, Lehrer der Gnade. Lat.-dt. Gesamtausgabe seiner antipelagianischen Schriften (ALG), hrsg. v. ADALBERO KUNZELMANN U. ADOLAR ZUMKELLER, Bd. III, Würzburg 1977, 117.

[228] »Der Manichäer, der sagt, dem Menschen sei eine böse Natur beigemischt, aus dieser wenigstens die gute Seele von Christus gerettet wissen will«, a.a.O., ALG III, 118 / »ut Manicheus, qui homini commixtam dicit esse naturam malam, uelit saltem saluari a Christo animam bonam«, CSEL 42, 261,19–21.

[229] »Catholici dicunt humanam naturam a creatore deo bono conditam bonam, sed peccato uitiatam Christo medico indigere« a.a.O., CSEL 42, 260,18 f / ALG III, 117.

ist die Umerschaffung, die zur Erlösung des Menschen nach der klassisch christlichen Auffassung stattfinden muss. Der historische Manichäismus hingegen lehrt gar keine Umerschaffung, sondern ein Herauslösen der guten Seele aus der schlechten Natur, aus welcher der gegenwärtige Mensch miterschaffen ist.

Betrachten wir näher die Lehre von der Sünde, so sehen wir, dass Schleiermacher nicht so weit gehen will zu sagen, dass durch die Sünde dem Menschen die Fähigkeit, die Erlösung in sich aufzunehmen, genommen worden sei.[230] Diese Aussage schließt zwei Möglichkeiten in sich ein. Im ersten Fall handelt es sich darum, dass die Identität des unerlösten und des erlösten Menschen gegeben sein muss. Es wird nicht ein *anderer* anstatt des unerlösten Menschen neu geschaffen. Im zweiten Fall handelt es sich darum, dass der Mensch in der Sünde noch die Fähigkeit hat zu erkennen, dass er in der Sünde ist und Christus in sich wirken zu lassen. Schleiermacher lässt erkennen, dass er auch an die zweite Möglichkeit denkt[231]. Augustinus vergleicht hingegen den Menschen in der Sünde mit einem Kranken, der nicht einsieht, dass er krank ist und darum den Arzt zurückweist, der ihn heilen will. Zu seiner Heilung gehört also zunächst, dass der Arzt in ihm bewirkt, dass er seine Krankheit entdeckt[232]. Jesus sagt zu den Pharisäern, die ihn wegen der Heilung eines Blindgeborenen tadeln: »Wäret ihr blind, so hättet ihr keine Sünde; nun ihr aber sprecht: ›Wir sind sehend‹, bleibt eure Sünde.« (Joh 9,41, vgl. V. 39). Sich für sehend zu halten, ist Blindheit. Die Heilung fängt damit an, einzusehen, dass man blind ist.

Wenden wir uns der anderen Disjunktion zu. Das, was die Kirchenväter in der historischen Auseinandersetzung den sogenannten Ebionäern vorzuwerfen hatten, war u. a. dieses, dass Jesus von ihnen lediglich als ein Mensch gedacht wurde: »er war der Sohn Josefs und Marias, nicht anders gezeugt als alle übrigen Menschen. Und er war allen überlegen an Gerechtigkeit, Klugheit und Weisheit.«[233] Von einer Erlösungsbedürftigkeit Jesu sprechen sie offenbar nicht. Diese

---

[230] Siehe dazu auch CG, § 70.2, KGA I.13/1, 423–425 / Redeker 1, 371 f.

[231] Siehe die bereits oben genannte Stelle CG, § 11.2, in welcher Schleiermacher fordert, dass die »Gottvergessenheit« »als ein übler Zustande gefühlt werden« können müsste: KGA I.13/1, 96,16. 19 f. / Redeker 1, 77, und die Stelle in CG, § 70.2: »wenn man die lebendige Intussuszeption [Insichaufnehmen] will Anfang der Mitwirkung nennen, so würden wir, daß die Erbsünde den Menschen auch an allem Anfangen und Mitwirken in geistigen Dingen hindere, nicht unbedingt zugeben.«, KGA I.13/1, 425,8–11 / Redeker 1, 372.

[232] Augustin, De civitate Dei, X, 29.

[233] »Fuisse autem eum Ioseph et Mariae filium similiter ut reliqui homines, et plus potuisse iustitia et preudentia et sapientia ab omnibus.« Irenäus von Lyon, Adversus haereses I, 26,1, in der Ausgabe Fontes Christiani 8, übers. v. NORBERT BROX, Freiburg/Br. u. a. 1993, 314. Irenaeus stellt hier die Lehre Kerinths dar. Von den Ebionäern sagt er I, 26,2, dass sie mit den rechtgläubigen Christen darin übereinstimmt, dass die Welt vom wahren

Position stimmt gerade mit der Schleiermachers überein: Jesus ist lediglich ein Mensch, der den anderen in dem überlegen ist, was sie zu ihrer Erlösung brauchen.

Betrachtet man Schleiermacher von den historischen Frontstellungen des Christentums her, dann steht er mit seiner Ablehnung einer Neuschöpfung des Menschen dem Pelagianismus nahe und mit seiner Auffassung von Christus als einem bloßen Menschen ist er Ebionäer. Allerdings hat seine Auffassung von Erlösung eine bezeichnende Gemeinsamkeit mit den Doketisten, denn wie bei diesen spielt der Leib Jesu keine Rolle bei der Erlösung.

V. Die Christologie

Gehen wir nun dazu über, wie Schleiermacher positiv das Christentum bestimmt hat: durch die beherrschende Beziehung »auf die durch Jesum von Nazareth vollbrachte Erlösung«. Wie denkt er sich nun Jesus von Nazareth? Schleiermacher kann sich nicht dazu durchringen, zu sagen, dass Gott Mensch geworden sei, so dass Jesus Christus Gott und Mensch zugleich ist. Er versucht, den Begriff einer Menschwerdung Gottes beizubehalten, indem er ihn umdeutet:

> Insofern nun alle menschliche Thätigkeit des Erlösers in ihrem ganzen Zusammen-hang von diesem Sein Gottes in ihm abhängt und es darstellt, rechtfertigt sich der Ausdrukk, daß in dem Erlöser Gott Mensch geworden ist, als ihm ausschließend zukommend, wie auch jeder Moment seines Daseins, soweit man ihn isolieren kann, ein neues solches Menschwerden und Menschgewordensein Gottes darstellt, weil immer und überall alles menschliche in ihm aus jenem göttlichen wird.[234]

Der Ausdruck »Menschwerdung Gottes« wird aber hier, genau besehen, verfehlt, denn in ihm geht es nicht darum, dass *der Mensch* oder das Menschliche aus dem Göttlichen »wird«, was Schleiermacher wiederum nur so verstehen kann, dass er die schlechthinnige Abhängigkeit des Menschen von Gott damit aus-drücken will, die in dem höheren Selbstbewußtsein des Menschen gegeben ist. Der Ausdruck meint vielmehr, dass *mit Gott* etwas wird, nämlich, indem er

---

Gott gemacht worden sei, sie über den Herrn aber so redete wie Kerinth. Kerinth, nach der hier zitierten Stelle, fügt eine Lehre von dem »Christus« hinzu, welcher sich nach der Taufe auf Jesus niedergelassen habe, sich aber nicht wirklich mit ihm vereinigt habe, so dass bei der Kreuzigung Jesus von »Christus« wieder verlassen worden sei. Diese Lehre scheint zu implizieren, dass diese Welt nicht vom wahren Gott erschaffen sei. Die Übereinstimmung zwischen den Ebionäern und Kerinth geht demnach nur so weit, dass sie Jesus für einen bloßen Menschen halten.

[234] CG, § 96.3, KGA I.13/2, 69,24–70,4 / Redeker 2, 58.

Knechtsgestalt annimmt, wie ein anderer Mensch wird, sich selbst erniedrigt bis zum Tod am Kreuz (Phil 2,6–8, vgl. Joh 1,14).

Betrachten wir noch genauer die Formel »Sein Gottes in Christo«: »Der Ausdruck ›Sein Gottes in irgend einem anderen‹ kann immer nur das Verhältnis der Allgegenwart Gott zu diesem anderen ausdrücken.« Es gibt »insofern kein Sein Gottes in irgend einem einzelnen Ding, sondern nur ein Sein Gottes in der Welt.«[235] Schleiermacher will nun dieses »Sein Gott in etwas« doch auf Jesus Christus konzentrieren:

> Ja, wir werden nun rükkwärtsgehend sagen müssen, wenn erst durch ihn das menschliche Gottesbewußtsein ein Sein Gottes in der menschlichen Natur wird, und erst durch die vernünftige Natur die Gesammtheit der endlichen Kräfte ein Sein Gottes in der Welt werden kann, daß er allein alles Sein Gottes in der Welt und alle Offenbarung Gottes durch die Welt in Wahrheit vermittelt, insofern er die ganze neue eine Kräftigkeit des Gottesbewußtseins enthaltende und entwikkelnde Schöpfung in sich trägt.[236]

Das ist in der Tat das Höchste, was Schleiermacher innerhalb seiner Konzeption von Christus zu sagen weiß und worin er der klassischen Christologie am nächsten kommt. Doch auch hier ist zu bedenken, dass das Gottesbewusstsein in keinem Menschen auf Null herabsinken kann, eben weil er ein Mensch ist. Christus hat für Schleiermacher diese Stellung, weil Christus das Maximum eines Gottesbewusstseins hat, das in jedem Menschen, auch »in dem ersten Adam« vorhanden war, wenngleich als etwas unzureichendes, nur »als Ahndung eines Besseren« anhebendes[237]. Es bleibt also dabei: Jesus von Nazareth ist lediglich Mensch; auch das »Sein Gottes in ihm« ist qualitativ dasselbe wie es in jedem anderen Menschen ist, eben weil er ein Mensch ist. Die klassische christliche Lehre, dass Jesus Christus als Gott Gottes Sohn ist, von Wesen her Gott, *consubstantialis patri* – wie das Konzil von Nicaea lehrte –, und dass er als Mensch in der *unio hypostatica* in eine Einheit mit Gott aufgenommen ist, die von keinem Menschen sonst erreicht wird, auch nicht von denen, die er kraft ihres Glaubens an Sohnes Statt annimmt (Joh 1,12; Röm 8,29) – wie das Konzil von Chalcedon lehrte –, wird hier nicht erreicht.

---

[235] CG, § 94.2, KGA I.13/2, 55,8–10 / Redeker 2, 45.

[236] CG, § 94.2, KGA I.13/2, 56,14–21 / Redeker 2, 46.

[237] »War die in dem ersten Adam geschehene Mittheilung des Geistes an die menschliche Natur eine unzureichende, indem der Geist in die Sinnlichkeit versenkt blieb, und kaum auf Augenblikke als Ahndung eines besseren ganz hervorschaute, und ist das schöpferische Werk erst durch die zweite gleich ursprüngliche Mittheilung an den zweiten Adam vollendet [...]« CG, § 94.3, KGA I.13/2, 58,11–6 / Redeker 2, 48.

VI. Das Kreuz Christi

Wenden wir uns nun dem Kreuzestod Christi zu, dem Ereignis, durch welches, gemäß den biblischen Aussagen, auf welchen die klassische christliche Tradition aufbaut, die Erlösung vollzogen wurde (1 Petr 1,18 f.; Röm 3,25 f.; 4,25; Mk 10,45 usw.) und das darum das Zentrum der christlichen Botschaft ist (1 Kor 2,2). Schleiermacher behandelt ihn nach dem Schema der überlieferten altprotestantischen Dogmatik unter der Rubrik des hohenpriesterlichen Amtes Christi[238]. Beim tätigen Gehorsam Christi spricht Schleiermacher von der »vollkommenen Erfüllung des göttlichen Willens« durch Christus und hebt hervor, dass »durch sein [Christi] Leben in uns der Trieb auch in uns wirksam ist, so daß wir in diesem Zusammenhang *mit ihm* auch Gegenstände des göttlichen Wohlgefallens sind.« Damit will er den »Sinn jenes oft mißverstandenen Ausdrukks« deuten, »daß Christi Gehorsam unsere Gerechtigkeit sei, oder daß seine Gerechtigkeit uns zugerechnet werde.«[239] In der Tat ist davon z. B. in Röm 3,24–28; 2 Kor 5,21 die Rede. Diese Gerechtigkeit Christi ist aber unsere Gerechtigkeit schon bevor und ohne dass die Menschen, die sie empfangen, mit Christus und durch ihn beseelt anfangen, den Willen Gottes zu erfüllen. Christus versöhnt die sündigen Menschen mit Gott, als sie noch Gottes Feinde waren (Röm 5,6–11). Diese Gerechtigkeit existiert unabhängig davon, dass sich Menschen von ihr erfassen lassen. Glaube ist gerade das Annehmen dieser Gerechtigkeit, die von außen kommt und allein durch Christi Tat Gültigkeit hat.

Wenn es um den leidenden Gehorsam geht, tritt der Unterschied zwischen Schleiermachers Umdeutung und der biblischen Darlegung noch schärfer hervor. Hier geht es eigentlich erst um den Tod Christi. Schleiermacher kann strenggenommen nur von einer Erlösung durch das Leid Christi sprechen, indem er dieses zu einem Mitleid mit der Sünde umdeutet.[240] Christi »Mitgefühl mit menschlicher Schuld und Strafwürdigkeit« ist »der motivirende Anfang der Erlösung«; »die größte Steigerung eben dieses Mitgefühls« war »die unmittelbare Begeisterung zu dem größten Moment in dem Erlösungsgeschäft«, womit Schleiermacher wohl den Tod Christi meint. Dieses »Erlösungsgeschäft« überwindet die Sünde, löst damit auch den Zusammenhang der Sünde mit dem Übel – d. h. dem Strafleiden – und »so kann man [...] sagen, daß durch das Leiden Christi

---

[238] Der Lehrsatz zu § 104, in dessen Analyse, Zurechtrückung und Kommentierung Schleiermacher seine eigene Position darlegt, lautet: »Das hohepriesterliche Amt Christi schließt in sich seine vollkommene Gesetzerfüllung oder seinen thätigen Gehorsam, seinen versöhnenden Tod oder seinen leidenden Gehorsam, und die Vertretung der Gläubigen beim Vater.« KGA I.13/2, 133,10–14 / Redeker 2, 118.

[239] CG, § 104.3, KGA I.13/2, 137,42–138,1 / Redeker 2, 123 (Hervorhebung S.G.).

[240] So schon § 104.1.: »[...] das Leiden kann nur begleitend sein, und nur in dem Mitgefühl der Sünde seinen Grund haben [...]« KGA I.13/2, 135,3 f. / Redeker 2, 120.

die Strafe hinweggenommen worden sei«[241]. Der Tod Christi ist aber nur darum Höhepunkt des »Erlösungsgeschäfts«, weil hier der Kontrast zwischen dem unerschütterlichen Gefühl der schlechthinnigen Abhängigkeit und dem Leid am größten ist. Dadurch wird jenes hervorgehoben und in maximaler Weise uns anschaulich:

> Denn in seinem durch die Beharrlichkeit hervorgerufenen Leiden bis zum Tode erscheint uns die sich selbst schlechthin verläugnenden Liebe; und in dieser vergegenwärtigt sich uns in der vollständigsten Anschaulichkeit die Art und Weise, wie Gott in ihm war, um die Welt mit sich zu versöhnen, so wie auch am vollkommensten in seinem Leiden, wie unerschütterlich seine Seligkeit war, mitgefühlt wird.[242]

Schleiermacher beeilt sich auch hier, »Mißverständnisse« abzuweisen, die nichts anderes sind als das Verständnis, welches die Bibel selbst und die klassische christliche Theologie vom Leiden und Sterben Christi haben: »als habe er die Strafe getragen, nämlich als sei sein Leiden gleich gewesen der Summe von Übeln, welche das Maß der Strafe für die Sünden des menschlichen Geschlechts ist«. Dieses Missverständnis werde noch vollendet durch die Annahme, »daß Christus auch die erste und unmittelbarste [Strafe für die Sünde] nämlich den göttlichen Zorn über die Sünde, als ihn treffend und auf ihm ruhend soll empfunden haben.«[243] Schleiermacher begründet seine Kritik so: »Denn diese Theorie hebt auf der einen Seite alle menschliche Wahrheit in dem menschlichen Bewußtsein Christi auf, wenn er, was der Natur der Sache nach nur Mitgefühl in ihm sein konnte, als sein persönliches Selbstbewußtsein gehabt haben soll« – nämlich die Gottverlassenheit der Sünde. Schleiermacher fügt darum noch in einer Fußnote hinzu, wie sehr es ihn gefreut habe, in einem zeitgenössischen Andachtsbuch gelesen zu haben, dass Mt 27,46 – »Mein Gott, mein Gott, warum hast du mich verlassen!« – nicht »als eine Beschreibung Christi von seinem eigenen unseligen Zustande anzusehen« sei »sondern nur als den in bezog auf das Folgende angeführten Anfang des Psalms [Ps 22].«[244]

Warum dieses Abwehren angeblicher Missverständnisse und das Zurechtbiegen durch Umdeutungen, was im Grunde nur ein Aneinander-Vorbeireden ist? Hier berühren wir den Nerv der Schleiermacherschen Theologie. Der Rahmen, innerhalb dessen Schleiermacher alles denkt, ist das Gefühl der schlechthinnigen Abhängigkeit. Dieses gehört zum Wesen des Menschen. Der Mensch kann sich selbst nicht entweichen. Dieses Gefühl ist somit immer in ihm. Darum ist er auch

---

[241] CG, § 104.4, KGA I.13/2, 141,16–25 / Redeker 2, 126f.

[242] CG, § 104.4, KGA I.13/2, 142,7–13 / Redeker 2, 127f.

[243] CG, § 104.4, KGA I.13/2, 144,8–11 / Redeker 2, 129.

[244] CG, § 104.4, KGA I.13/2, 144,26–29 / Redeker 2, 130.

immer mit Gott verbunden. Das Problem kann für ihn nur darin bestehen, dass sein Weltbewusstsein stärker ist als sein Gottesbewusstsein.

Es soll nun keineswegs in Abrede gestellt werden, dass es etwas in der menschlichen Seele gibt, worin der Mensch als Mensch immer mit Gott verbunden ist. Die alte Philosophie und Theologie sprach von der Synderesis (Syntheresis) als einer Ausrichtung eines jeden Menschen auf Gott hin. Diese erlischt auch bei den Menschen in der Hölle nicht.[245] In den biblischen Darlegungen und der ihr folgenden Theologie ist es indes von entscheidender Bedeutung, *welche Stellung* der Mensch zu Gott einnimmt. Das entscheidet auch darüber, welche Stellung er zu seinem konstanten anthropologischen Verbundensein mit Gott einnimmt.

Luther hat gesagt, dass durch die Syntheresis der Mensch ein Bewusstsein von Eigenschaften hat, die Gott zuzuschreiben sind, dass er aber durch die Sünde einem anderen Wesen als Gott diese Eigenschaften zuschreibt.[246] Dies ist ein solcher Akt des Stellungnehmens: der Mensch nimmt Stellung gegen Gott. Steht er gegen Gott (Röm 8,7), so steht er im Bereich der Sünde und ihn trifft die Verdammung Gottes und der Fluch. Vertraut er auf Gott, liebt und fürchtet er ihn, steht er im Bereich des Heiligen. Das, wovon die Bibel spricht, ist, dass Gott in der Person des Sohnes, des ewigen Wortes von dem Bereich des Heiligen in den Bereich des Fluches tritt (Joh 1,14; Phil 2,6–8; Gal 3,13). In diesem Bereich sind alle Menschen befangen (Röm 3,9). Darum ist es Gott allein, der, wenn er Mensch wird, hier Befreiung schaffen kann. Er trägt in seinem Leiden und Sterben die Gottverlassenheit und Verdammung des Menschen (Jes 53,4f. 10; 1Petr 2,24

---

[245]   Dies kann bei Bonaventura als Willensbestrebung zum Guten hin, bei Thomas als ein Grundsatz der praktischen Vernunft, dass das Gute zu tun sei, bestimmt werden, s. Bonaventura, In II Sent. di.39, a.2, q.1–3; IV, di.50, pars 2, art.2, q.2; Thomas von Aquin, S.Th. I, q.79, a.12f; I–II, q.94, a.2. Die Synderesis ist als *scintilla animae* auch ein Schlüsselbegriff der mystischen Theologie Meister Eckharts oder Gersons, vgl. Friedhelm Krüger, Art. Gewissen III, TRE 13 (1984), 219–221; Sven Grosse, Heilsungewißheit und Scrupulositas im späten Mittelalter, Tübingen 1994 (Beiträge zur historischen Theologie 85), 60–63. – Zur Übereinstimmung mit Schleiermachers Gefühl kann diese Gemeinsamkeit – die allgemeine, bleibende Ausrichtung von Gott hin – genügen. Bei Schleiermacher wird der Begriff durch die Diskurse der nachkantischen Philosophie geprägt. Damit ergibt sich die Verortung in einem Zwischenraum zwischen Ethik und Metaphysik und die Betonung der Nicht-Gegenständlichkeit des Wohers dieser Abhängigkeit, s. die Beiträge von Harald Seubert und Daniel von Wachter in diesem Band.

[246]   Luther bringt dies in die Form eines praktischen Syllogismus. Der Obersatz kann demnach so formuliert werden: »Derjenige, der allmächtig, ewig, gerecht, gut usw. ist, muß verehrt werden.« Der Untersatz identifiziert dieses Wesen, das allmächtig usw. ist, mit einem vorgestellten und wirklich existierenden Seienden, das nicht Gott ist. Darum ergibt sich die Conclusio, dass dieses als Gott zu verehren ist: Römerbriefvorlesung, zu Röm 1,20, WA 56, 176,14–177,33 / BoA 225,6–226,12.

usw.). Darum ist es der leidende Gehorsam Christi, durch den unmittelbar die Erlösung geschieht. Sie geschieht für Menschen, die Gott abweisen. Deswegen kann die Erlösung nicht schon in dem Mit-Christus-Sein der erlösten Menschen geschehen. Dieses ist, wenn der Heilige Geist sündige Menschen erfasst, erst die Folge der Erlösung, die *in* Christus *für* sie geschehen ist. Es ist darum für die klassische Theologie gerade notwendig zu lehren, dass Christus »den göttlichen Zorn über die Sünde, als ihn treffend und auf ihm ruhend« nicht nur empfunden hat, sondern tatsächlich von ihm getroffen wurde, und der Aufschrei des Gekreuzigten, wie ihn Mt 27,46 wiedergibt, ist der natürliche Ausdruck dieser Realität. Die anselmische Satisfaktionslehre, mit der, in ihrer altprotestantischen Rezeption, Schleiermacher sich in § 104.3–4 auseinandersetzt, ist nichts als eine mögliche treffende Darlegung dieser Realität.

Der biblische Begriff von Erlösung setzt somit einen Rahmen, der weiter ist als der Schleiermachers. Erlösung betrifft nicht nur das Innenleben des Menschen, sondern auch die Stellung, die er gegenüber Gott und gegenüber sich bezieht. Sie betrifft auch etwas Objektives: den Zustand, den der Mensch durch dieses Stellungnehmen herstellt. Erlösung ist schließlich etwas, das in Jesus Christus stattfindet, bevor es in der einzelnen Seele eines Menschen stattfindet. In ihm, dem schöpferischen Wort, ist alles menschliche Leben enthalten (Joh 1,3–5), darum findet in ihm auch die Neuschöpfung statt (2Kor 5,14–17). Damit wird der objektive Zustand des Menschen verändert, bevor noch der Heilige Geist sein Inneres wandelt. Was nun das Innenleben des Menschen betrifft, so ist es in diesem Rahmen möglich, konsequent Feindschaft des Menschen gegen Gott und nicht nur eine »Gottvergessenheit« zu denken, aber auch, in einem scharfen Gegensatz, nicht bloß ein »Besseres« gegenüber einem Schlechten, sondern das neue Einwurzeln von Vertrauen auf Gott im Menschen und Liebe zu ihm.

Das Quasi-Pelagianische und das Quasi-Ebionäische an Schleiermacher ergibt sich aus dieser Einengung auf Dimensionen des Gefühls der schlechthinnigen Abhängigkeit. Das Quasi-Pelagianische: weil innerhalb dieses Gefühls nur ein Mehr oder Weniger oder das Verhältnis zu der anderen Bewusstseinsform des sinnlichen Gefühls, des Weltbewusstseins, eine Rolle spielen kann. Ein Gegensatz, in dem auf der einen Seite Feindschaft gegen Gott, Knechtschaft unter Sünde – und damit Unfähigkeit, nicht zu sündigen – ›Zustand der Trennung von Gott‹ und des Verdammtseins stehen, auf der anderen Seite Vertrauen und Liebe zu Gott, Freiheit zum Leben nach dem Willen Gottes, Freispruch von der Verdammung, kann hier nicht aufkommen. Das Quasi-Ebionäische: weil es keine engere Verbindung zu Gott geben kann als die durch das Gefühl der schlechthinnigen Abhängigkeit gesetzte. Dieses Gefühl setzt aber Gott lediglich als den, der das Woher dieses Gefühls ist (§ 4.4.). Anders als so kann sich Gott gar nicht zeigen. Damit ist auch ausgeschlossen, dass er auf die Seite des Menschen treten könnte. Erlösung kann dann nur so durch einen Menschen kommen, indem dieser nichts ist als ein Mensch, so wie die Ebionäer es sich vorstellten. Das, was diesen Menschen gegenüber den anderen, die durch ihn erlöst werden, hervorhebt, kann dann auch nichts anderes sein als ein Maximum an Gefühl der schlechthinnigen Abhängigkeit, das sich kräftigend auf die anderen auswirkt. Was Erlösung sein kann, wird von dem Begriff des Gefühls der schlechthinnigen Abhängigkeit her konstruiert. Jesus von Nazareth wird in diese Konstruktion eingefügt. Anders, als sich aus dieser Konstruktion ergibt, kann er gar nicht Erlöser sein.

Die Christologie der klassischen christlichen Theologie ergibt sich nun gerade aus der biblischen Darlegung von Gottes Erlösungshandeln am Kreuz. Das »Cur Deus homo?« wird eben dadurch erhellt. Weil die Sünde so total ist und alle Menschen erfasst, kann es nur *Gott* sein. Weil die Sünde aber den Menschen betrifft, muss es *der* Gott sein, der *Menschheit* angenommen hat. Christus erweist sich als derjenige, der Gott und Mensch zu zugleich ist, weil er durch den Kreuzestod die Menschheit von ihrer Sünde erlöst.

Gott zeigt sich in diesem Erlösungsgeschehen auch als einer, der zugleich an drei verschiedenen Stellen steht, an jeder ganz Gott ist – und auch ganz als Gott gedacht werden muss –, aber an jeder Stelle verschieden. An jeder Stelle wendet sich Gott einer der anderen Stellen zu. Jesus Christus am Kreuz ist Gott (Mk 15,39), der Vater, von dem er in gewisser Weise verlassen ist, weil er selbst sich unter den Fluch begeben hat, ist Gott (Mt 27,46). Er ist aber doch noch immer Jesu Vater: in seine Hände befiehlt er seinen Geist (Lk 23,46), und dieser Geist ist auch ganz Gott: Gott in dem schwebenden Zusammenhang zwischen dem Sohn, der von seinem Vater verlassen und zugleich dessen Willen ganz hingegeben ist, und dem Vater, der, selbst unerreichbar durch die Sünde, ganz Erbarmen und ganz seinem Sohne treu ist. Die nicaenische Trinitätslehre ergibt sich aus der Erhellung dieses dreifachen Stellungbeziehens Gottes.

VII. Die Trinitätslehre

Vergleichen wir dies mit der Schleiermacherschen Auffassung von der Trinität. Für Schleiermacher gehört es zur christlichen Theologie, von Gott zu sprechen, sodann von Christus und dem »Sein Gottes in Christo« und schließlich von »dem Gemeingeist der Kirche«, da diese »Träger und Fortbeweger der Erlösung durch Christum« sind[247]. Trinität wird also ganz auf das Gefühl der schlechth-

---

[247] »Wesentlich ist an unserer Darstellung in diesem Teile die Lehre von der Vereinigung des göttlichen Wesens mit der menschlichen Natur, sowohl durch die Persönlichkeit Christi als durch den Gemeingeist der Kirche, mit welchem die gesamte Auffassung des Christentums in unserer kirchlichen Lehre steht und fällt. Denn ohne ein Sein Gottes in Christo anzunehmen, könnte die Idee der Erlösung nicht auf diese Weise in seiner Person

innigen Abhängigkeit bezogen. Wir haben bereits gesehen, dass das »Sein Gottes in Christo« von keiner anderen Art ist als das Sein Gottes in jedem menschlichen Bewusstsein. Auch mit dem »Gemeingeist der Kirche« als dem Sein Gottes in der Seele der in der Kirche Vereinigten kann es sich nicht anders verhalten. Schleiermacher wehrt darum ganz konsequent einer Verlagerung dieser Unterscheidungen von der Ebene des menschlichen Bewusstseins in das ewige, abgesehen von diesem Sich-Ausdrücken im menschlichen Bewusstsein vorgestellten Wesen Gottes[248]. Selbst wenn die in diesem Sinne aufgefasste Trinitätslehre unmittelbar in der Bibel offenbart wäre, würde sie, genauso wenig wie die Auferstehung und die Himmelfahrt Christi ohne Belang für den christlichen Glauben sein[249]. Er weist dann auf die Schwierigkeiten – er meint, Unmöglichkeit – hin, diese immanente Trinität so zu denken, dass jede der drei Personen dem Wesen Gottes gleich sei und umgekehrt und dass jede der drei Personen den anderen gleich sei (§ 171) und skizziert schließlich mit demonstrativer Nonchalance eine Neufassung der Trinitätslehre, wobei er der sabellianischen, also modalistischen Fassung den Vorzug einräumt vor der athanasianischen, nicaenischen (§ 172). Die Möglichkeit, die sich Schleiermacher auf diese Weise aus dem Weg räumt, ist diese, dass der Mensch sich eingestehen müsste, dass es Gott außerhalb seines Eingebundenseins in das menschliche Selbstbewusstsein gibt, und es genau dieser Gott ist, der sich seiner Rettung annimmt.

Führen wir hingegen die oben angesetzte Skizze, die von der Erlösung durch den Kreuzestod Christi ausgeht, weiter, so sehen wir, dass schrittweise der

---

konzentriert werden. Und wäre nicht eine solche Vereinigung auch in dem Gemeingeist der Kirche, so könnte auch diese nicht auf welche Weise der Träger und Fortbeweger der Erlösung durch Christum sein.« CG, § 170.1, KGA I.13/2, 514,22–515,8 / Redeker 2, 458 f.

[248] »daß man beide Vereinigungen [Gott in Christo und Gott in der Kirche] auf eine schon unabhängig von denselben und auf ewige Weise in dem höchsten Wesen selbst gesezte Sonderung zurükkführt und dann, nachdem man das zur Vereinigung mit Jesu bestimmte Glied dieser Sonderung mit dem Namen Sohn bezeichnet hatte, auch dementsprechend den Vater als eine solche Sonderung sezen zu müssen glaubte [...]« CG, § 170.2, KGA I.13/2, 516,13–18 / Redeker 2, 459 f.

[249] »Ginge nun dieses aus den Aussagen Christi und der Apostel über ihn und den Heiligen Geist mit solcher Bestimmtheit hervor, daß wir es auf ihr Zeugniß annehmen müßten: so wäre dann die Trinitätslehre die völlige Ausbildung einer Lehre von dieser Art und wir nähmen sie an als Zusammenstellung der Zeugnisse über eine übersinnliche Thatsache, aber eben so wenig eine Glaubenslehre in dem ursprünglichsten und eigentümlichsten Sinne des Wortes, wie die Lehre von der Auferstehung und Himmelfahrt Christi; und auch darin diesen ähnlich, daß unser Glaube an Christum und unsere Lebensgemeinschaft mit ihm dieselbe sein würde, wenn wir auch von dieser transcendenten Thatsache keine Kunde hätten, oder wenn es sich mit derselben auch anders verhielte.« CG, § 170.3/ KGA I.13/2, 517,32–518,10 / Redeker 2, 461.

Mensch in diese Dreiheit Gottes hineingenommen wird, in der jede der drei Personen Gottes eine Perspektive auf jeweils die beiden anderen hat und sie damit die Bezogenheit auf das menschliche Selbstbewusstsein überschreitet: Die Schöpfung ist der erste Schritt dieses Hineingenommen-Werdens, die Menschwerdung des Sohnes der zweite, die Vollendung in der Herrlichkeit, auf die hin der Geist führt, der letzte Schritt. Die von Schleiermacher aus der Aufklärungstheologie hervorgeholten Einwände gegen die klassische Trinitätslehre haben ihren Grund gerade darin, dass der Mensch hier damit zu tun hat, daß nicht nur seine Perspektive auf Gott, sondern auch die Perspektiven der drei göttlichen Personen aufeinander existieren.[250] Und gerade diese werden für sein Heil von wesentlicher Bedeutung.

VIII. Auferstehung und Himmelfahrt

Entsprechendes ist nun auch über Auferstehung und Himmelfahrt im Sinne der Bibel und der klassischen christlichen Tradition zu sagen. Mit der Auferstehung Jesu wird erst der Sieg Gottes über den Tod vollendet bzw. es zeigt sich, dass der Tod Christi keine Niederlage gegen die Sünde, sondern ein Sieg Gottes gewesen ist. Zugleich wird die neue Schöpfung geschaffen, an welcher Anteil gewinnen muss, wer errettet werden will (2Kor 5,17). Deswegen kann in einem doppelten Hendiadyoin der Tod Christi mit der Überwindung der Sünde und seine Auferstehung mit der Rechtfertigung verknüpft werden (Röm 4,25). Schleiermacher will die Geltung dieser Stelle sogleich einschränken dadurch, dass er auf 1Kor 15,13.16 verweist, wo der Apostel die Auferstehung Jesu »als eine Gewährleistung für unsere eigene Auferstehung anführt«, sodass sie »keineswegs in einem ausschließlichen Zusammenhange mit den eigentümlichen Sein Gottes in Christo« zu denken sei.[251] Aber die biblische Darstellung hat eben gar nicht als Fokus das »eigentümliche Sein Gottes in Christo«, wie es auf das Gefühl der schlechthinnigen Abhängigkeit in den menschlichen Seelen einwirkt, sondern

---

[250] Karl Barth stellt der Vermittlung, die Schleiermacher zwischen dem Sein Gottes in Christo und dem Sein Gottes in der Kirche herstellt – beide fallen, wie wir gesehen haben, in dieselbe Kategorie –, die klassische trinitarische Vermittlung entgegen: »Die einzige Vermittlung, die dort [in der Reformationstheologie] in Betracht kommt, ist die Erkenntnis des Vaters im Sohne durch den Geist in der strengen unaufhebbaren Entgegenstellung dieser ›Personen‹ der Gottheit. Diese Vermittlung ist als Modus *menschlicher* Erkenntnis nicht verständlich zu machen.« – und ein solches Verständlichmachen – oder Einordnen in die Kategorien der eigenen Bewusstseinsbildung – braucht es, wie Barth anschließend unterstreicht, auch nicht, wenn das Anliegen der Theologie gewahrt bleiben soll: KARL BARTH, Die protestantische Theologie, 415 (Hervorhebung S.G.).

[251] CG, § 99.1, KGA I.13/2, 95,31–96,3 / Redeker 2, 82f.

sie spricht von den Stationen der Geschichte Christi, aus denen sich ergibt, worin das Heil des Menschen besteht. So ist die Auferstehung Christi sowohl für die Rechtfertigung des Menschen von Belang wie auch als Erstling der allgemeinen Totenauferstehung. Desgleichen die Himmelfahrt: sie ist tatsächlich, wie Schleiermacher sagt, zu beziehen auf »die über allen Conflict hinausgehobene eigenthümliche und unvergleichliche Würde Christi«,[252] aber diese Würde besteht dann eben auch real darin, dass Christus den Seinen vorangeht in den Bereich der neuen Schöpfung, der als solcher für die Sinne der alten Schöpfung nicht mehr erfassbar ist.

IX. Die Bibel

Schleiermachers Bemerkungen über Auferstehung, Himmelfahrt und die Trinität zeigen auch, dass für ihn die Bibel letztlich keine Geltung hat. Seine Bibelzitate sind auch in der Tat nicht mehr als sparsam verteilte Dekorationsstücke. Es mag etwas in der Bibel ausgesprochen sein, es mag sogar als »übersinnliche Tatsache« existieren: wenn es für den Glauben, und das soll heißen, letztlich für das unmittelbare Gottesbewusstsein keine wesentliche Bedeutung hat und auch wegfallen könnte, dann wird es auch so behandelt, als ob es nicht wäre. Im Rahmen dieser normativen Bezogenheit auf das Gefühl der schlechthinnigen Abhängigkeit stehen auch die Aussagen Schleiermachers über die Normativität des Neuen Testaments. Er bemerkt dabei, diese Normativität sei nicht so zu versehen, »als ob alle spätere Darstellung gleichmäßig müßte aus dem Kanon abgeleitet werden und in ihm schon dem Keime nach enthalten sein.« Schleiermacher meint nämlich, dass aufgrund der Ausgießung des Heiligen Geistes – d. h. der durch Jesus vermittelten Ausweitung eines kräftigeren Gefühls der schlechthinnigen Abhängigkeit – »kein Zeitalter [der Kirche] ohne eine eigenthümliche Ursprünglichkeit christlicher Gedanken« sei. Es ginge letztlich nur darum, dass jedes »Erzeugniß des christlichen Geistes« nur dann als rein angesehen werden könne, wenn »es mit jenen ursprünglichen Erzeugnisses in Uebereinstimmung steht«, und diese Übereinstimmung ist durch die Bezogenheit auf das Gefühl reguliert.[253]

---

[252] CG, § 99.1, KGA I.13/2, 95,23 f. / Redeker 2, 82.
[253] CG, § 129.2, KGA I.13/2, 323,16–21 / Redeker 2, 291.

X. Das Wort und die Ungegenständlichkeit der Gottesbeziehung im Gefühl der schlechthinnigen Abhängigkeit

Hier stoßen wir wieder an einen Punkt, an dem sich das Christentum der klassischen Tradition von Schleiermachers Auffassung grundlegend unterscheidet. Die klassische christliche Theologie spricht von Gott und einem Handeln Gottes so, dass Gott dem Menschen und überhaupt der Welt *gegenüber*tritt. In diesem Sinne ist Gott »Gegenstand« – gewiss nicht in dem Sinne, dass der Mensch sich von Gott distanzieren und sich Gottes Handeln und Reden wirklich entziehen könnte. Mit dem Gegenübertreten von Gott und Mensch, in welchem Gott am Menschen handelt und zum Menschen spricht, ist indes eine Unterschiedenheit zwischen Gott und seiner Schöpfung, in welche auch der Mensch gehört, gesetzt. Diese Unterschiedenheit ist etwas unhintergehbares. Es gibt keine letzte Einheit, welche Gott und die Schöpfung umfasst (Jes 55,8 f.). Gott bezieht Menschen in sein Handeln ein, indem er durch das Sprechen von Menschen zu Menschen spricht. Das ist das Wort Gottes, welches normativ die Heilige Schrift der Bibel ist, aber auch, durch dieses reguliert und aus ihm sich speisend, die Verkündigung der Kirche. In diesem Wort eröffnet sich Gott selbst den Menschen. Glaube ist Anerkennen der Wahrheit, die in diesem Wort ausgesprochen wird, und Vertrauen darauf. Der Glaube entsteht aus dem Wort, in dem Gott Menschen anredet. Dieser Glaube ist Glaube an das Wort Gottes, darin aber Glaube an Jesus Christus selbst und Glaube an das heilschaffende Handeln Gottes (Röm 10,17; Röm 10,11 / Jes 28,16; Röm 10,9 f.). Wir haben also einen klar geordneten Zusammenhang in einer Reihenfolge, die von oben nach unten geht: Gott in seinem Sein, welches unhintergehbar unterschieden von dem Sein des Menschen ist – Gottes Handeln – Gottes Reden: sein Wort – der Glaube des Menschen an Gottes Wort.[254]

Schleiermacher hingegen erklärt, dass das Wort bzw. die Vorstellung »Gott« »nichts anders ist als nur das Aussprechen des schlechthinigen Abhängigkeitsgefühls, die unmittelbarste Reflexion über dasselbe«. Denn es verhält sich so, dass »die schlechthinige Abhängigkeit die Grundbeziehung ist, welche alle anderen in sich schließen muß. Der lezte Ausdrukk schließt zugleich das Gottesbewußtsein so in das Selbstbewußtsein ein, daß beides, ganz der obigen Aus-

---

[254] Es ist dem Vergleich zwischen der klassischen christlichen Theologie und der Schleiermachers, die hier durchgeführt werden soll, dienlich, das »Wort« im Gegenüber zu Schleiermachers Auffassung hier konkret als das Wort zu bestimmen, in dem Gott selbst spricht und sich und sein Tun dem Hörenden mitteilt. Es ist also diesem Zweck nicht so sehr dienlich, das Wort erst einmal als »Grundtatsache des Geistes« »im allgemeinen Sinne« zu nehmen, wie dies EMIL BRUNNER in seiner Schleiermacher-Kritik tat: Die Mystik und das Wort. Der Gegensatz zwischen moderner Religionsauffassung und christlichem Glauben dargestellt an der Theologie Schleiermachers, Tübingen 1924, 89.

einandersezung gemäß, nicht voneinander getrennt werden kann. Das schlechthinige Abhängigkeitsgefühl wird nur ein klares Selbstbewußtsein, indem zugleich diese Vorstellung [nämlich von Gott] wird.«[255]

Es gibt also eine letzte Einheit, die Gott – von dem nur als »Vorstellung«
geredet werden kann – und das menschliche Ich übersteigt. In einer ersten
Reflexion macht sich der Mensch diese Einheit bewusst und unterscheidet dabei.
Erst in dieser Reflexion denkt er Gott und – in klarer Weise – sein eigenes Ich, und
zwar so, dass sie aufeinander bezogen, als aufeinander bezogen aber auch unterschieden sind: eben Gott als der, von dem er völlig abhängig ist, und sich selbst.
Es gibt also wohl Transzendenz – wie sie sich in Jes 55,8 f. ausgedrückt findet –
und Gott ist, auf dieser Stufe der ersten Reflexion, scharf vom Menschen und
von der Welt unterschieden. Doch diese Unterscheidung ist etwas, worüber man
hinausgehen kann. Aus diesem Grunde ist mit der Vorstellung »Gott« auch kein
Gegenstand zu denken. Diese Vorstellung ist nur eine Analyseprodukt. Was
analysiert wird, ist ein basales Gefühl im Menschen – wobei der Mensch, das
»Ich«, keinen Vorrang hat gegenüber Gott. Er wird sich im klaren Sinne seiner
selbst auch erst bewusst im Gegenüber zu Gott. »Glaube« kann dann verstanden
werden als das sich seiner selbst bewusste Bezogensein des Menschen auf Gott
und ist selbst abgeleitet aus diesem sich entfaltenden, in Reflexion übergehen-
den Gefühl.[256] Man sieht, dass das Wort, welches in der klassischen christlichen
Theologie das von Gott gesetzte Bindeglied ist zwischen Gott und seinem Handeln
einerseits, dem Menschen andererseits, bei Schleiermacher eine völlig andere
Stellung bekommen muss. Es kann für ihn nur etwas Uneigentliches, etwas
Sekundäres, um nicht zu sagen: Tertiäres, sein. Es kann nur dazu dienen, auf das
Primäre zurückzukommen, nämlich auf das schlechthinnige Abhängigkeitsge-
fühl.

Setzt die klassische christliche Theologie Gott als den Heiligen Geist, das
Wort Gottes und den Glauben so zueinander in Beziehung, dass der Heilige Geist
den Menschen antreibt, sich an das Wort zu hängen, und dieses Hängen eben
»Glauben« genannt wird und damit der Mensch sich als abhängig vom Wort
Gottes erweist, so hat hingegen bei Schleiermacher das, was er »Glaube« nennt,
die Priorität gegenüber dem Wort und das Gefühl wiederum die Priorität gegenüber dem Glauben. Um es noch sehr dezent auszudrücken: »Das Wort ist hier
in seiner Selbständigkeit gegenüber dem Glauben nicht so gesichert, wie es der

---

[255] CG, § 4.4, KGA I.13/1, 39,28 f.; 40,7–13 / Redeker 1, 29 f.

[256] Siehe die Definitionen Schleiermachers: Diese Gewissheit »daß durch die Einwirkung Christi der Zustand der Erlösungsbedürftigkeit aufgehoben und jener [Zustand
schlechthinniger Leichtigkeit und Stetigkeit frommer Erregungen] herbeigeführt werde«
»ist eben der Glauben an Christum.« Und: »Glauben an Gott, der nichts anders war als die
Gewißheit über das schlechthinnige Abhängigkeitsgefühl als solches«, CG, § 14.1, KGA
I.13/1, 115,10–12; 116,3–5 / Redeker 1, 94 f.

Fall sein müßte, wenn diese Theologie des Glaubens eine wirkliche Theologie des Heiligen Geistes wäre.«[257]

XI. Die Wahrheit

Bedenken wir schließlich noch dieses: In der klassischen christlichen Theologie wird ein großer Zusammenhang von Aussagen entworfen: über Gott, sein Sein und seine Eigenschaften, sein Handeln, seine Menschwerdung, sein Wort, den Menschen, die Kirche, das Wirken der Sakramente usw. Alle diese Aussagen sind als Aussagen über die Realität gemeint, von denen sie sprechen und sie erheben den Anspruch, *wahr* zu sein. Es sind, wie man sieht, nur zu einem kleinen Teil Aussagen über das Innere der gläubigen Menschen. Aber alle diese Aussagen beanspruchen, wahr zu sein, als gültig, auch wenn Menschen nicht den Glauben haben, in dem sie diese Aussagen als wahr anerkennen.

Bei Schleiermacher hingegen sind alle Aussagen, die er in seiner Glaubenslehre entwickelt, auch wenn er sie ihrem Stoff nach der klassischen Dogmatik entnimmt, Aussagen über das christlich fromme Selbstbewusstsein. Es müssen »alle Säze der Glaubenslehre als solche Formeln« aufgestellt werden, die Formeln »für einen bestimmten Gemüthszustand« sind[258]. Sie sind »Auffassungen der christlich frommen Gemüthszustände in der Rede dargestellt.«[259] Diese Bestimmtheit des Gefühls, des unmittelbaren Selbstbewusstseins ist aber von seinem Wesen her kein Wissen.[260] Es wird also gar nicht beabsichtigt, etwas über diese Gegenstände auszusprechen, sondern über bestimmte Zustände oder Aspekte des frommen Selbstbewusstseins, welches in sich völlig ungegenständlich ist.

»Wahrheit« lässt sich dann nur aussagen, inwiefern die Aussagen der Glaubenslehre diese Zustände oder Aspekte richtig wiedergeben. Gegenüber

---

[257] KARL BARTH, Die protestantische Theologie, 422.

[258] CG, § 30.1, KGA I.13/1, 194,1–3 / Redeker 1, 163. Vgl. den Leitsatz von § 31: »Die oben angegebene Eintheilung [der Sätze der Glaubenslehre als Sätze über das menschliche Selbst, über Gott und über die Welt] wird also nach allen diesen drei Formen der Reflexion über die frommen Gemüthserregungen vollständig durchzuführen sein, und zwar so, daß überall die unmittelbare Beschreibung der Gemüthszustände selbst zu Grunde gelegt wird.« KGA I.13/1, 196,5–9 / Redeker 1, 165.

[259] Leitsatz zu § 15, KGA I.13/1, 127,11–13 / Redeker 1, 105. Dazu, Redeker 1, 105, Fußnote **: An Lücke: »die Sätze (sind) nur das Abgeleitete und der innere Gemütszustand das Ursprüngliche.«

[260] Leitsatz zu § 3: »Die Frömmigkeit [...] ist rein für sich betrachtet weder ein Wissen noch ein Thun, sondern eine Bestimmtheit des Gefühls oder des unmittelbaren Selbstbewußtseins.«, KGA I.13/1, 19,16–20.3 / Redeker 1, 14.

anderen Frömmigkeitsformen, sprich: Religionen, kann das christlich fromme Selbstbewusstsein keineswegs Wahrheit beanspruchen. Schleiermacher sagt zwar, dass diejenigen »Gestaltungen der Frömmigkeit, in welchen alle frommen Gemütszustände die Abhängigkeit alles Endlichen von e i n e m Höchsten und Unendlichen aussprechen, d.i. die monotheistischen,« die »höchste Stufe« einnehmen.[261] Zum Monotheismus gehören außer dem Christentum noch das Judentum und der Islam. Das Christentum ist jedoch gemäß Schleiermacher »die reinste in der Geschichte hervorgetretene Gestaltung des Monotheismus.«[262] Dies ist für Schleiermacher aber, wie wir gesehen haben, nur möglich zu behaupten, weil er das Christentum entsprechend umformt: die wesentliche Beteiligung des Leibes Christi an der Erlösung übergeht, die Gott-Menschheit Christi leugnet, die Trinitätslehre zurückstellt, auf eine Addition von Momenten des christlichen frommen Selbstbewusstseins reduziert und eine modalistische Variante nahelegt. Bei alledem ist auch nicht eine *Wahrheit* des Christentum gegenüber den anderen Religionen oder sonstigen konkurrierenden Vorstellungen in der Menschheit gemeint, sondern nur ein historisch relatives – grundsätzlich überholbares – Maximum an Reinheit im Vergleich mit dem Ideal des Gefühls der schlechthinnigen Abhängigkeit, das sich mehr oder minder stark in allen positiven Religionen ausprägt.

XII. Fazit

Wir können hier innehalten und müssen nicht noch an anderen Lehrstücken den Vergleich zwischen Schleiermachers Glaubenslehre und dem Kanon der klassischen christlichen Theologie durchführen. Es ist hinreichend deutlich geworden, dass Schleiermacher nicht in ihn hineingehört. Die Ausarbeitung der biblischen Darlegungen hat in der klassischen Tradition zu durchgehend anderen Ergebnissen geführt als zu dem, was Schleiermacher lehrt. In der Voraussetzung, dass

---

[261] Leitsatz zu § 8, KGA I.13/1, 64,22 –65,3 / Redeker 1, 51 (Hervorhebung F.S.).

[262] CG, § 8.4, KGA I.13/1, 70,27 f. / Redeker 1, 56. Als Grund dafür gibt Schleiermacher an, dass das Judentum »durch die Beschränkung der Liebe des Jehovah auf den Abrahamitischen Stamm noch eine Verwandtschaft mit dem Fetischismus« habe, der Islam hingegen »durch seinen leidenschaftlichen Charakter und den starken sinnlichen Gehalt seiner Vorstellungen [...] doch einen starken Einfluß jener Gewalt des Sinnlichen auf die Ausprägung der frommen Erregungen« zeige, »welche sonst den Menschen auf der Stufe der Vielgötterei festhält.«, KGA I.13/1, 70,13–16. 20–24 / Redeker 1, 56. Unter »Fetischismus« versteht Schleiermacher »den eigentlichen Gözendienst«, der »Gözen nur einen Einfluß« zuschreibe »auf ein beschränktes Gebiet von Gegenständen oder Veränderungen«, »über welches hinaus sein eigenes Interesse und Mitgefühl sich nicht erstreckt.«, CG, § 8.1, KGA I.13/1, 65,7–13 / Redeker 1, 51.

die Theologie sich in der Auswahl ihrer Themen und in deren inhaltlicher Bestimmung an die Bibel halten müsse, in der Auffassung, worin Erlösung besteht, in der Überzeugung von der Gott-Menschheit Christi, also der Zwei-Naturen-Lehre, wie sie die Konzilien von Ephesus und Chalcedon maßstabsetzend gelehrt haben, in der Trinitätslehre, wie sie von den Konzilien von Nicaea und Konstantinopel formuliert wurde, in der Überzeugung von dem Kreuzestod Christi als einem zentralen Heilsereignis und von der realen Auferstehung Christi und allem weiteren mehr scheidet sich der Kanon christlicher Theologie von Schleiermacher. Es ist hier nicht bloß davon zu reden, dass in einem Lehrstück eine abweichende Lehre vorliegt, die durch ihren Zusammenhang mit anderen Lehrstücken diese auch gefährden kann. Es handelt sich darum, dass *alles* in seinem Wesen verändert worden ist.

Karl Barth hat keineswegs zu viel behauptet, wenn er sagte, dass das Resultat von Schleiermachers Theologie »die entscheidende Voraussetzung aller christlichen Theologie in Frage stellte in einer Weise, wie es seit den Tagen der alten Gnosis vielleicht nicht wieder geschehen war« und »daß in ihrem Ansatz, in dem Gegenüber von Gott und Mensch eine Dunkelheit Platz gegriffen hat, in der alle erkennbaren Zeichen darauf hindeuten, daß hier der Mensch insofern allein auf dem Platz geblieben ist, als er allein hier Subjekt, Christus aber sein Prädikat geworden ist.«[263] Wenn man sich zu der alten, klassischen Tradition des Christentums bekennt, dann kann man Schleiermachers Begriff von Erlösung nur als eine »greuliche Irrlehre« bezeichnen, welche »für sich allein genügen würde, die ganze Schleiermachersche Glaubenslehre schlechterdings unannehmbar zu machen«,[264] dann muss man von einer »Entartung der protestantischen Theologie« sprechen.[265]

Schleiermacher und eine an ihm orientierte Theologie können also nicht für dasselbe Christentum sprechen wie diese klassische Tradition. Man kann nicht sagen, für ein und dasselbe, das sich einmal in schwierigeren, vor allem politisch-weltanschaulich schwierigen Zeiten befindet und dann wieder in »eher normaleren«, würde in jenen Zeiten »ein extrem hochstufiger Offenbarungsbegriff« jedenfalls bestimmte Funktionen erfüllen, in diesen Zeiten dann nicht mehr, so dass eine schleiermacherische Theologie dann besser an der Tagesordnung wäre.[266] Denn hier wird eine Identität vorausgesetzt, die gar nicht gegeben ist.

Es zeugt von einer tiefen Verkennung reformatorischer Theologie, ausgerechnet diese auf eine Linie mit Schleiermacher zu stellen. So etwa, wenn behauptet wird, »die Unterscheidung der Religion von Metaphysik und Moral, von

---

[263]   KARL BARTH, Die protestantische Theologie, 424.

[264]   KARL BARTH, Die Theologie Schleiermachers. Vorlesung Göttingen Wintersemester 1923/24, hrsg. v. Dietrich Ritschl, Zürich 1978 (Karl Barth Gesamtausgabe II/5), 425.

[265]   A. a. O., 461.

[266]   ULRICH BARTH, Einführung, 8.

Spekulation und Praxis« würde »eine genuin reformatorische Einsicht zur Geltung« bringen, »die seit Luthers ›Heidelberger Disputation‹ zum *character indelibilis* jeder sich recht verstehenden evangelischen Theologie gehört.«[267] Oder gar, Schleiermacher sei »ein Erbe reformatorischer Theologie« in gerade dem Sinne, daß diese »die paulinische Feststellung ernst nimmt, daß der Glaubende ein μὴ ἐργαζόμενος (Röm 4,5) ist.«[268] Die Berufung auf die Heidelberger Disputation ist besonders abwegig, weil Luther dort der *theologia gloriae* eine *theologia crucis* gegenüber stellt.[269] Schleiermacher kann gar keine *theologia crucis* im Sinne Luthers denken, weil diese die Gott-Menschheit Christi voraussetzt und das Kreuz Christi als entscheidendes Heilsereignis behauptet. Es ist wirklich *Gott*, der am Kreuz gestorben ist. Schleiermachers Theologie ist demgegenüber eine konsequente *theologia gloriae*. Und Glaube ist bei Paulus und den ihm in der Tat folgenden Reformatoren keineswegs so vom Tun unterschieden wie bei Schleiermacher, weil bei Schleiermacher »Glaube« eine Entfaltung des Gefühls der schlechthinnigen Abhängigkeit ist, bei Paulus hingegen der Glaube *an den* ist, »der die Gottlosen gerecht macht« (Röm 4,5), ein Glaube, der sich an das rechtfertigende *Wort* hängt und unhintergehbar in dieser Proposition formulierbar ist.

Ich hatte zu Beginn dieser Untersuchung von dem Kanon der klassischen christlichen Tradition gesprochen. Dieser schließt durchaus Gegensätze in sich ein wie denjenigen zwischen der reformatorischen und der römisch-tridentinischen Theologie. Hält man aber diese Gegensätze neben den Entwurf Schleiermachers, dann sieht man, dass sie eine Reihe von Voraussetzungen gemeinsam haben. Diese bilden den Rahmen, innerhalb dessen diese Gegensätze überhaupt erst denkbar sind. Die Trinität, die Menschwerdung Gottes, der stellvertretende Sühnetod Christi, seine leibhafte Auferstehung, die angeborene Sündhaftigkeit des Menschen sind solche Voraussetzungen. Der Pelagianismus Schleiermachers ist dabei viel weiter von der reformatorischen Position entfernt als irgendeine Position der römischen Theologie während der Debatten des 16. Jahrhunderts. Er befindet sich eben außerhalb des Rahmens, der diesen Kanon der klassischen christlichen Tradition umgibt.

---

[267] EBERHARD JÜNGEL, »Häresie – ein Wort, das wieder zu Ehren gebracht werden sollte«. Schleiermacher als Ökumeniker, in: 200 Jahre »Reden über die Religion«, 16. Jüngel beruft sich hier auf WILHELM HERRMANN, Die Bedeutung der Geschichtlichkeit Jesu für den Glauben. Eine Besprechung des gleichnamigen Vortrags von Ernst Troeltsch, in: DERS., Schriften zur Grundlegung der Theologie, hrsg. v. PETER FISCHER-APPELT, Bd. 2, München 1967, (282–89) 285 f. Der Text Herrmanns gibt aber nichts zur Begründung dieser Aussage her und geht nicht einmal auf die ›Heidelberger Disputation‹ oder irgend einen anderen Text Luthers ein.

[268] JÜNGEL, »Häresie [...]«, 17.

[269] These 19–24, BoA 5, 379; 388–390 / WA 1, 354; 361–363.

Auch das sogenannte lutherische *pro me* stellt keine Brücke zwischen Schleiermacher und Luther her. Denn es handelt sich lediglich um die Aneignung des Heilswerkes, das durch Gottes Handeln *schon* vorhanden ist, durch Gottes Wort *schon* zugesprochen ist und nun noch geglaubt werden soll in der Weise, dass der Glaubende sich mit einbezieht: dass es auch *ihm* gilt, was Gott getan und gesagt hat.[270] Bei Schleiermacher hingegen können Handeln und Reden Gottes nur Projektionen dessen sein, was im Innern des Menschen gegeben ist.

XIII. Schleiermachers Motive

Nun könnte man den Einwand zugunsten Schleiermachers erheben, den wohl längst seine neuen Freunde und Verehrer erhoben haben dürften: das, was Schleiermacher in seiner Glaubenslehre darbietet, *sei* die alte Dogmatik, bzw. sie spreche von dem Christentum, wie es seit Jesus von Nazareth existiert habe, Dogmatik bzw. Christentum seien aber so *umgeformt*, wie sie eben aufgrund der geistigen Wandlungen der Neuzeit haben umgeformt werden *müssen*[271]. Dieser Wandel stelle eine geistige Notwendigkeit dar, der man Rechnung tragen müsse, wenn man nur irgendwie »intellektuell redlich« sei. Nicht Schleiermacher selbst, aber Ernst Troeltsch hat die Identität – und in diesem Sinne das »Wesen« – des Christentums erklärt als etwas, das in Entwicklung sei und nur als sich weiter entwickelnd begriffen werden könne.[272]

---

[270] Das Motiv ist Luther übrigens von Bernhard von Clairvaux vermittelt worden; er hat seine Begründung in der Bibel dargelegt: vgl. Acta Augustana, WA 2, S. 13–16, dazu: SVEN GROSSE, Der junge Luther und die Mystik. Ein Beitrag zur Frage nach dem Werden der reformatorischen Theologie, in: Gottes Nähe unmittelbar erfahren. Mystik im Mittelalter und bei Luther, hrsg. v. BERNDT HAMM U. VOLKER LEPPIN (Spätmittelalter und Reformation. Neue Reihe 36), Tübingen 2007, 189–194.

[271] Die angebliche Unausweichlichkeit dieses Vorgangs kann so hervorgehoben werden: »Es ist völlig ungeschichtlich, den von der Aufklärung vollzogenen Säkularisierungsprozeß mental annullieren oder gar ideenpolitisch umkehren zu wollen. Die von ihm bewirkten Veränderungen sind nicht das Produkt willkürlicher Einfälle und Launen, sondern das in langen Debattenzusammenhängen entstandene Resultat von Sachfragen und Problemstellungen, deren Gewicht auch dann weiterbestünde, wenn man vor den dort gegebenen Antworten die Augen verschließen würde.« ULRICH BARTH, Art. Säkularisierung I. Systematisch-theologisch, in: TRE 29 (1998), 620, 1–6.

[272] Was heißt »Wesen des Christentums«?, ERNST TROELTSCH, Gesammelte Schriften, Bd.2: Zur religiösen Lage, Religionsphilosophie und Ethik (Tübingen 1913), Neudruck d. 2. Aufl.1922: Aalen 1962, 386–451 (erstveröffentlicht 1903). Schleiermacher deutet den Entwicklungsgedanken nur an in der letzten Bestimmung seines Leitsatzes zu CG, § 19: »Dogmatische Theologie ist die Wissenschaft von dem Zusammenhange der in einer

Als Gründe für diesen Wandel können genannt werden:

(1) Die kantische Wendung in der Philosophie mit ihren Nachfolgediskussionen.[273] Und von der Philosophie sei die Theologie abhängig.

(2) Die in der Aufklärungstheologie erhobenen Einwände gegen zentrale Lehren der klassischen christlichen Tradition wie die der Zwei-Naturen-Lehre in der Christologie, der Trinitätslehre und der Lehre vom stellvertretenden Sühnetod Christi wegen ihrer angeblich unauflöslichen Widersprüche.

(3) Der Wahrheitsanspruch anderer Wissenschaften, vor allem der Naturwissenschaften, der mit bestimmten Aussagen der Theologie sich überschneidet und vor dem diese letztlich weichen müßte. Schleiermacher hat in seinem zweiten Sendschreiben an Lücke von einer »Gewalt aus wissenschaftlichen Combinationen« gesprochen, »vor denen sich niemand entziehen kann«, sodass eines nach dem anderen falle.[274] Schleiermacher sucht also die Grenzlinie der Theologie so weit zurückzuziehen, dass es keine Überschneidungen mit anderen Wissenschaften gibt, welche mit ihrem größeren Gewicht die Theologie zurückdrängen könnten[275]. Aus diesem Grunde erklärt er auch die Auferstehung und die Himmelfahrt für irrelevant für den christlichen Glauben.[276]

---

christlichen Kirchengesellschaft *zu einer gegebenen Zeit* geltenden Lehre«, KGA I.13/1, 143,13–15 / Redeker 1, 119 [Hervorhebung S.G.], entfaltet in § 19.2.

[273] Siehe den Beitrag von Harald Seubert in diesem Band.

[274] Zweites Sendschreiben über seine Glaubenslehre an Dr. Lücke (erstveröffentlicht 1829), KGA, I.10 › 346,6–8. Voran geht der Satz: »Wenn Sie den gegenwärtigen Zustand der Naturwissenschaft betrachten, wie sie sich immer mehr zu einer umfassenden Weltkunde gestaltet, von der man vor noch nicht gar langer Zeit keine Ahndung hatte: was ahndet Ihnen von der Zukunft, ich will nicht einmal sagen für unsere Theologie, sondern für unser evangelisches Christenthum?«, 345,13–17. Schleiermacher bezieht die oben zitierte Aussage zunächst auf den Schöpfungsbegriff, dann auf die neutestamentlichen Wunder, »von den Alttestamentischen will ich gar nicht erst reden«, 346,12 f. Aus alledem resultiert Schleiermachers Befürchtung einer »Blokade«: es drohe eine »gänzliche Aushungerung« des Christentums »von aller Wissenschaft« (347,6) und er kommt zu der berühmten Frage: »Soll der Knoten der Geschichte so auseinander gehen? Das Christentum mit der Barbarei, und die Wissenschaft mit dem Unglauben?« a. a. O., 347,8–10. Siehe dazu den Beitrag von Daniel von Wachter in diesem Band.

[275] Heinrich Scholz rühmte dann auch an Schleiermacher, dass er »den großartigen Mut gehabt« habe, »seine Sätze so auszudrücken, daß die Physik nicht erst gestürzt werden muß, damit das Christentum existieren kann.« Wie ist eine evangelische Theologie als Wissenschaft möglich?, in: Theologie als Wissenschaft. Aufsätze und These, hrsg. u. eingel. von GERHARD SAUTER, München 1972 (Theologische Bücherei 43), 37 [nach der bei Sauter abgedruckten Originalpaginierung der Erstveröffentlichung in: ZZ 9 (1931)].

[276] Tatsächlich hat SCHLEIERMACHER selbst nicht an die leibhafte Auferstehung Jesu geglaubt und die These vertreten, Jesus sei scheintot gewesen: Das Leben Jesu. Vorlesungen an der

Schleiermachers Theologie kann als ein großangelegtes apologetisches Unternehmen verstanden werden, welches das Christentum vor dieser Bedrängung durch – anscheinend – unausweichliche Argumente retten will.[277] Eine Apologetik fängt an mit der Wahrnehmung, dass etwas angegriffen wird, das sie vor diesem Angriff verteidigen will. Zu dieser Verteidigung muss das Angegriffene so interpretiert, d. h. erläutert werden, dass es sich erweist, dass die Angriffe unberechtigt sind. Damit die Apologie sinnvoll ist, muss eine Identität bestehen zwischen dem, was sie einem Angriff ausgesetzt sieht und das sie verteidigen will, und ihrer Interpretation dieses Zu-Verteidigenden. Man darf nicht, weil man im Grunde doch für berechtigt hält, was von den Angreifern eingeklagt wird, und um den Angriffen dann aus dem Weg zu gehen, dasjenige verändern, das man verteidigen soll.

Schleiermacher verteidigt das Christentum aber so, dass es ihm unter den Händen entschwindet. Wenn man sich auf die Einsicht beruft, dass alles, auch das Christentum, sich in der Geschichte entwickle und nicht unbeweglich gleich bleibe, dann muss man auch die Möglichkeit einer negativen Entwicklung, einer Korruption, also eines Zerfalls, einer Identitätsauflösung ins Auge fassen, die im Wandel der Geschichte alles erfassen kann, was es in der Geschichte gibt, auch das Christentum. Genau dies findet aber bei Schleiermacher, präludiert von der Aufklärungstheologie, statt. John Henry Newman, der rund 60 Jahre vor Troeltsch den Entwicklungsgedanken konsequenter durchdacht hatte als dieser, hat Kriterien angegeben für eine gesunde Entwicklung, welche eine solche von einer Korruption unterscheiden. Soll etwas im Wandel der Geschichte seine Identität bewahren, dann müssen gegeben sein: (1) Erhaltung ihres Typus, (2) Kontinuität ihrer Prinzipien, (3) Assimilationsvermögen, (4) Logische Folgerichtigkeit, (5) Vorwegnahme ihrer Zukunft, (6) Erhaltende Wirkung auf die Vergangenheit ihrer Entwicklung, (7) Fortdauernde Lebenskraft[278].

Universität Berlin im Jahr 1832, aus Schleiermacher's handschriftlichem Nachlasse, und Nachschriften seiner Zuhörer herausgegeben von Karl August Rütenik, Berlin 1864 (= Sämmtliche Werke, 1. Abt. Zur Theologie, Bd VI), 442 ff. KARL BARTH dazu: Schleiermacher-Vorlesung, 186–188.

[277] So versteht Karl Barth Schleiermacher in dem Kapitel über ihn in seiner Theologiegeschichte: Die protestantische Theologie, 384 f; 394–399, vgl. BARTHS Rezension: Brunners Schleiermacherbuch, ZZ 2 (1924), 56.

[278] JOHN HENRY KARDINAL NEWMAN, Über die Entwicklung der Glaubenslehre. Durchges. Neuausgabe d. Übers. v. Theodor Haecker, besorgt, kommentiert u. mit erg. Dokumenten vers. v. Johannes Artz, Mainz 1969 (= Ausgewählte Werke, Bd.8), 151–153(-183) / An Essay on the Development of Christian Doctrine, Westminster, Md., 1968 (= The Works of Cardinal Newman), 169–171(-206). Zur Diskussion des Entwicklungsbegriffs bei Troeltsch und Newman s. SVEN GROSSE, Christentum und Geschichte: Troeltsch – Newman – Luther – Barth, in: DERS., Das Christentum an der Schwelle der Neuzeit. Drei Studien zur

Man kann sehen, was davon auf Schleiermachers Christentumstheorie zu-trifft. Der entscheidende Punkt ist dabei die Assimilation. Hat etwas, das sich entwickelt, Dauer, dann assimiliert es sich Gedanken, Frömmigkeitsformen usw. aus anderen Kreisen: es verleibt sie sich ein. Genau dies können wir bei der Kirche in der spätantiken Gesellschaft sehen. Fängt aber etwas an, sich aufzu-lösen, dann assimiliert es sich *an* Gedanken, Lebensweise usw. von außerhalb. Das heißt: es passt sich an.

Womit wir zu tun haben, ist tatsächlich ein Prozess der Entchristlichung, vergleichbar dem Hinübertreten vom Christentum zum Islam, wie es seit dem 7. Jahrhundert in den islamisch beherrschten Gebieten stattgefunden hat, nun als ein Hinübertreten zu etwas, das man als Säkularismus bezeichnet. Dieser Prozess konnte in verschiedenen Geschwindigkeiten stattfinden bzw. mit ver-schieden vielen Zwischenstufen. Die deutsche Entwicklung war eher langsam und hatte viele Zwischenstufen. Nicht nur und lange Zeit nicht so sehr aus-drückliche Gegner des Christentums, sondern bestallte Amtsträger des Chris-tentums waren dort Protagonisten dieses Prozesses. Schleiermacher ist einer der wichtigsten unter ihnen. Die Situation hat eine umgekehrte Ähnlichkeit mit der späten Antike, als das Christentum eine Minderheit in einer von heidnischen Eliten dominierten Gesellschaft war. Die christliche Theologie der Gegenwart kann also aus dieser damaligen Situation lernen. Dabei haben beide Situationen umgekehrte Tendenzen: dort eine auswählende und integrierende Tätigkeit des Christentums gegenüber dem Heidentum, hier eine Auflösung des im Chris-tentum Verbundenen in verschiedene Richtungen[279].

Der Problemdruck, von dem Ulrich Barth spricht, und der ihn dazu führen lässt, eine Orientierung an Schleiermacher zu empfehlen,[280] ist in Wahrheit ein Anpassungsdruck. Gerade die intellektuelle Elite der Kirchen, d. h. die Theologen, sind geneigt, sich an dem Diskurs der intellektuellen Eliten der säkularisierten Mehrheitsgesellschaft zu beteiligen, um nicht ausgeschlossen zu sein. Damit steht aber auch an, die Vorentscheidungen dieses Diskurses zu übernehmen. So

---

Bestimmung des gegenwärtigen Ortes des Christentums, Kamen 2010 (Texte und Stu-dien zum Protestantismus des 16. bis 18. Jahrhunderts 6), 97–155.

[279] Dazu Sven Grosse, Die Neuzeit als Spiegelbild des antiken Christentums, in: ders., Das Christentum an der Schwelle der Neuzeit, 1–50.

[280] Ulrich Barth, Einführung, 9. Er nennt dabei: (1) den konfessionellen Pluralismus der Kirchen, (2) die interkulturelle Präsenz konkurrierender Weltreligionen, (3) den Konflikt zwischen kritischer Wissenschaft und kirchlich gebundener Theologie, (4) die Ent-fremdung von humaner Bildung und positioneller Bekenntnisorientierung, (5) die Entdogmatisierung des Frömmigkeitsstils, (6) die Individualisierung der religiösen Einstellung, (7) die Ethisierung oder Ästhetisierung des religiösen Erlebens. A. a. O., 10, spricht er dann von der »Orientierungskraft« von Schleiermachers System.

lässt man sich dazu überreden, *den* Lösungen jener Probleme zu folgen, welche die westliche säkularisierte Gesellschaft vertritt.

Eine Apologetik, wie sie Schleiermacher betrieb, verliert dabei das, was sie zu verteidigen beanspruchte, gewinnt aber nicht diejenigen, die sie zu überzeugen suchte, weil diese kein Interesse daran haben, wieder christlich zu werden. Ein erhellendes Beispiel dafür gab der Fürst der Gebildeten unter den Verächtern der christlichen Religion, Johann Wolfgang von Goethe. Friedrich Schlegel berichtet von Goethes Erfahrung mit der Lektüre der ›Reden‹:

> Goethe hat sich mein prächtiges Exemplar geben lassen, und konnte nach dem ersten begierigen Lesen von zwey oder drey Reden gegen Wilhelm die Bildung und die Vielseitigkeit dieser Erscheinung nicht genug rühmen. Je nachläßiger indessen der Styl und je christlicher die Religion wurde, je mehr verwandelte sich dieser Effekt in sein Gegentheil, und zuletzt endigte das Ganze in einer gesunden und fröhlichen Abneigung. Also ein neuer Beleg für die innere Duplicität dieses Mittels.[281]

Eine Rückkehr zu Schleiermacher ist vom Standpunkt des heutigen Säkularismus noch weniger überzeugend, weil dieser sich inzwischen noch weiter vom Christentum entfernt hat als zu Schleiermachers Zeiten und mittlerweile auch ethische Grenzen überschritten hat, die damals noch als sicher galten. Schleiermachers Beharren auf einer Vorrangstellung des Christentums würde – noch mehr als damals – Anstoß erzeugen.

Statt den Weg Schleiermachers und seiner Nachfolger zu gehen, gilt es – natürlich nicht, sich gar nicht diesen Problemen zu stellen, sondern: – sie anzugehen von dem Standpunkt der klassischen christlichen Theologie. Wenn man sich darüber klar geworden ist, worin diese besteht, und dass sie auch gegenüber den Einwänden, die für Schleiermachers Umformung maßgeblich gewesen sein dürften, Bestand hat, dann kann man von ihr auch die Orientierungskraft erwarten, die benötigt wird.

XIV. Aufgaben für die künftige Theologie

Wenn es nun um die drei oben genannten Gründe geht, weshalb ein Wandel der klassischen christlichen Theologie in die von Schleiermacher vorgesehene Form vollzogen werden müsse, so soll folgendes gesagt sein:

Ad 1: Christliche Theologie ist von vornherein missverstanden, wenn man sie abhängig macht von philosophischen Vorentscheidungen, die selbst wiederum unabhängig sind von der Theologie. Bei Schleiermacher sieht man die Macht dieser Vorentscheidungen in den Prolegomena seiner Glaubenslehre, die aus-

---

[281] Friedrich Schlegel an Schleiermacher, um den 10.10.1799, KGA V.3, 212,3–9.

nahmslos aus Lehnsätzen aus nicht-theologischen Wissenschaften bestehen.[282] Die entscheidende Stellung hat dabei die Entwicklung des Begriffs des Gefühls der schlechthinnigen Abhängigkeit (§ 3–5)[283].

Demgegenüber muss gesagt werden, dass man zwar durchaus von *praeambula fidei* reden kann,[284] dass sie aber selber vom Glauben aus zu bestimmen sind.[285] Es soll damit durchaus eine Konkordanz von Theologie und Philosophie das Ziel sein: es kann nur *eine* Wahrheit geben.[286] Geboten ist damit eine *Relecture*

---

[282] Diese sind *erstens* die Ethik (§ 3–6 der Prolegomena) als »die der Naturwissenschaft gleichlaufende spekulative Darstellung der Vernunft in ihrer Gesamtwirklichkeit« CG, § 2, Zusatz, 2, KGA I.13/1, 19,7–9 / Redeker 1, 14. Der »allgemeine Begriff der Kirche« muss zuerst in der Ethik behandelt werden, weil »auf jeden Fall die Kirche eine Gemeinschaft ist, welche nur durch freie menschliche Handlungen entsteht und nur durch solche fortbestehen kann«, CG, § 2.2, KGA I.13/1, 16,3–7 / Redeker 1, 12. Die Ethik befasst sich somit auch mit dem »allgemeinen Begriff des Staates.«, CG, § 2.2, KGA I.13/ 1,17,24 f. / Redeker 1, 13.
Zweitens die Religionsphilosophie (§ 7–10 der Prolegomena) als »eine kritische Darstellung der verschiedenen gegebenen Formen frommer Gemeinschaften, sofern sie in ihrer Gesammtheit die vollkommene Erscheinung der Frömmigkeit in der menschlichen Natur sind«: CG, § 2, Zusatz, 2, KGA I.13/1, 19,9–12 / Redeker 1, 12.
Drittens: die Apologetik (§ 11–14 der Prolegomena) ist nun Teil der Religionsphilosophie, welche, da »das eigenthümliche Wesen des Christenthums sich ebensowenig rein wissenschaftlich konstruieren lässt, als es bloß empirisch aufgefaßt werden kann«, »es sich nur kritisch bestimmen« läßt »durch Gegeneinanderhalten dessen, was im Christenthum geschichtlich gegeben ist, und der Gegensäze, vermöge deren fromme Gemeinschaften können voneinander unterschieden sein.« Die Apologetik übernimmt es dabei, das Eigentümliche des Christentums bzw. des Protestantismus zu benennen: KD, § 32, KGA I.6, 338,4–9 / Scholz, 13; § 39, KGA I.6, 340 f. / Scholz, 16 f.

[283] Siehe den Beitrag von Harald Seubert in diesem Band, wo gezeigt wird, dass der Begriff dieses Gefühls das Ergebnis philosophischer Entscheidungen ist. Zur Entwicklung des Begriffs des Gefühls der schlechthinnigen Abhängigkeit s. Schleiermachers Dialektik: D, § 215–229, Arndt, 64–75.

[284] »quod Deum esse, et alia hujusmodi quae per rationem naturalem nota possunt esse de Deo [...] non sunt articuli fidei, sed praeambula ad articulos«, Thomas von Aquin, S.Th.I, q.2, a.2 – wobei er hinzufügt, dass auch diese geglaubt werden können; Glaube ist also nirgendwo angewiesen auf die Leistung der natürlichen Vernunft.

[285] Das hat HANS URS VON BALTHASAR im Gespräch mit Karl Barth in seiner Thomas-Deutung deutlich gemacht: Karl Barth. Darstellung und Deutung seiner Theologie, Olten 1951, 395: Dass die Gnade die Natur zur Voraussetzung hat, hat wiederum selbst zur Voraussetzung »ein Herabsteigen der Gnade in die Natur«.

[286] Die der Theologie anvertraute Wahrheit und die Wahrheit, die durch richtige philosophische Argumentation erkannt wird, können sich darum nicht widersprechen: Thomas, S.Th. I, q.1, a.8c.

und eine Kritik Kants und der nachkantischen Theologie, welchen den Ansprüchen der christlichen Theologie Rechnung tragen muss.[287]

Ad 2: Die bestrittenen zentralen Lehren der klassischen christlichen Tradition sind in ihrer inneren Rationalität aufzuweisen. Es wäre Überheblichkeit und Ignoranz, zu meinen, dass beispielsweise die Kirchenväter, denen besonders die Trinitätslehre und die Zwei-Naturen-Lehre zu verdanken sind, Athanasius, die Kappadozier, Augustin, Cyrill von Alexandrien, sich ihrer logischen Herausforderungen nicht bewusst gewesen wären. Ihre Rationalität hat aber einen tieferen Vernunftbegriff als den sehr flachen der Aufklärung, dem Schleiermacher in diesen Passagen, in denen er diese beiden Dogmen kritisiert, verpflichtet ist. Bei Gotthold Ephraim Lessing, wenngleich auch er noch ein Aufklärer, wird dieser flache Vernunftbegriff immerhin überschritten, wenn er schreibt: »Wie, wenn diese Lehre [von der Dreieinigkeit] den menschlichen Verstand [...] nur endlich auf den Weg bringen sollte, zu erkennen, daß Gott in dem Verstande, in welchem endliche Dinge eins sind, unmöglich eins sein könne; daß auch seine Einheit eine transcendentale Einheit sein müsse, welche eine Art von Mehrheit nicht ausschließt?«[288]

Ad 3: Schleiermacher ordnet die Theologie in ein System von Wissenschaften ein und räumt dabei nicht-theologischen Wissenschaften ein Vorrecht gegenüber der Theologie ein. Es muss demgegenüber überlegt werden, warum überhaupt Konfliktzonen zwischen der christlichen Theologie und den anderen Wissenschaften entstehen können. Die Theologie als Wissenschaft hat gute Gründe, in das Physische hineinzugehen, obgleich dieses an sich Ressort der Naturwissenschaft ist. Dabei kann durchaus eine Konkordanz zwischen diesen beiden Wissenschaften gefunden werden.[289]

Die Regelung der Zuständigkeiten zwischen den Wissenschaften ist aber Sache der Wissenschaftstheorie. Dies betrifft nicht nur das Verhältnis zwischen der Theologie und den Naturwissenschaften. Zur Wissenschaftstheorie führt auch ein kritisches Überdenken der Forderung von Ulrich Barth, in der aktuellen Situation sich auseinanderzusetzen »mit all den Wissenschaften, die für die Beschreibung der sozialen und kulturellen Realität zuständig sind.« Das würde »aber nur dann überzeugend gelingen, wenn diese nicht nur in instrumentali-

---

[287] Siehe dazu den Beitrag von Harald Seubert in diesem Band.

[288] Die Erziehung des Menschengeschlechts, § 73, GOTTHOLD EPHRAIM LESSING, Werke (1778–1781), hrsg. v. Arno Schilson und Axel Schmitt (Werke und Briefe hrsg. v. Wilfried Barner u. a., Bd. 10), Frankfurt a. M. 2001, 93.

[289] Eine Durchführung eines Aufweises einer solchen Konkordanz im Fall des freilich äußerst bedeutsamen Wunderthemas findet sich bei: DANIEL VON WACHTER, Die kausale Struktur der Welt. Eine philosophische Untersuchung über Verursachung, Naturgesetze, freie Handlungen, Möglichkeit und Gottes Wirken in der Welt, Freiburg i. Br./München 2009, 316–334.

sierter Form als Hilfswissenschaften und Anwendungsdisziplinen rezipiert werden, sondern wenn der Theologiebegriff selber sich von seinen eigenen Theoriegrundlagen her als anschlußfähig erweist.«[290] Denn bei all diesen Überlegungen ist man im Bereich der Wissenschaftstheorie. Hier sollte nun bedacht werden, dass durch Entscheidungen in diesem Bereich etwas in die Wissenschaften hineingetragen wird, das auch ihr Verhältnis untereinander bestimmt. Es ist beispielsweise nicht eine reine Soziologie an sich, der gegenüber, wenn man Ulrich Barth folgen wollte, die Theologie sich als »anschlußfähig« erweisen soll, sondern es sind wissenschaftstheoretische Elemente, die in jeder Wissenschaft enthalten und wirksam sind, die in diesem Fall der Theologie diktieren würden, wie sie sich von der Soziologie anschließen lassen sollte. Solche wissenschaftstheoretischen Elemente sind aber wiederum theologischer Natur. Thomas von Aquin hat die *sacra doctrina*, die Theologie sowohl eine *scientia* genannt als auch eine *sapientia*, d. h. dasjenige Vermögen, durch welches den Wissenschaften ihre Ordnung untereinander gegeben wird[291].

Es handelt sich also darum, dass auf der Ebene der *sapientia* als der Wissenschaftstheorie in der einen oder in der anderen Weise *Theologie* getrieben wird. Es kann eine falsche Theologie sein – und dann wird die christliche Theologie auf ihrem materialen Feld, als *scientia*, den Rückzug antreten müssen – oder es kann die wahre Theologie sei, so dass die Theologie als *sapientia* sich selbst als *scientia* und den anderen Wissenschaften einen Rahmen auferlegt, der ihnen das Ihre gibt – und nicht mehr, aber auch nicht weniger.

Wenn die christliche Theologie auf die Schleiermachersche Herausforderung recht antworten will, dann kann es darum zwar ein wesentlicher Schritt, aber nicht das letzte Wort sein, dass sie gegenüber dem Entwurf Schleiermachers auf dem Partikularen beharren soll, während dieser eine grenzenauflösende Allgemeinheit vertritt. Der späte Karl Barth hatte dies noch in seinem Nachwort zu Bollis Schleiermacher-Auswahl getan:

> Fühlt, denkt und redet der Mensch nach Schleiermacher (1) primär im Verhältnis zu einer *besonderen*, konkreten und also bestimmten und bestimmbaren Wirklichkeit und erst von daher, sekundär verallgemeinernd, abstrahierend, im Blick auf Wesen und Sinn dessen, wozu er sich in Beziehung findet? [...] Oder geschieht das Fühlen, Denken und Reden des Menschen nach Schleiermacher (2) primär im Verhältnis zu einem *allgemeinen*, zum vornherein eruierten und festgestellten Wesen und Sinn der Wirklichkeit und erst von daher, nur sekundär in der Aufmerksamkeit auf ihre besondere, konkrete, bestimmbare und bestimmte Gestalt?

> und:

---

[290] Ulrich Barth, Einführung, 9.
[291] S.Th. I, q.1, a.6, argumentum 2 und corpus.

Ist der den fühlenden, redenden, denkenden Menschen bewegende Geist, wenn alles mit rechten Dingen zugeht (1) ein schlechthin *partikularer*, spezifischer, von allen anderen Geistern sich immer wieder unterscheidender, ein ernstlich ›heilig‹ zu nennender Geist? [...] Oder ist der nach Schleiermacher die fühlenden, denkenden, redenden Menschen bewegende Geist vielmehr (2) zwar individuell differenziert, aber doch universal wirksam, im Einzelnen aber eine diffuse geistige Dynamis?[292]

Dieses Eintreten für das Partikulare, das nicht von »vornherein Eruierte« war richtig, denn Schleiermachers Entwurf geht auf ein Allgemeines, in welches die christliche Theologie eingeordnet werden soll.[293] Es muss aber noch darüber hinaus gegangen werden. Ein weiterer notwendiger Schritt besteht dann darin, die falsche Theologie in diesem Allgemeinen zu entdecken und ihr die wahre Theologie entgegenzusetzen.

Ulrich Barth hatte davor gewarnt, »sich in einem Gruppenghetto Gleichgesinnter« zu verschanzen. Dies sei »unkreativ« und »extrem kurzsichtig«.[294] Das kann, soll und muss auch nicht erfolgen, wenn man sich dem Aufruf verweigert, sich einer säkularisierten und das heißt: entchristlichten Gesellschaft anzuschließen und anzupassen. Es handelt sich darum, einen Entwurf zu liefern für einen Denk- und Lebenshorizont, welcher alles mögliche Denken, Leben und Tun umfasst. Für diese höchst kreative und extreme Weitsicht erfordernde Aufgabe gibt es Beispiele, allerdings außerhalb des deutschen Sprachraums, in der englischen Radical Orthodoxy-Theologie, für die nicht zuletzt auch ihre patristische Schulung kennzeichnend ist. So hat John Milbank 1990 mit seinem Buch ›Theology and Social Theory‹ aufgewiesen, wie bestimmte, richtige oder falsche theologische Entscheidungen in den verschiedenen Entwürfen von Gesell-

---

[292] KARL BARTH, Nachwort zu: HEINZ BOLLI (Hrsg.), Schleiermacher-Auswahl, München/ Hamburg 1968, 308 f (Hervorhebungen K.B.). Es handelt sich hier um die dritte und um die vierte Frage, die er in Blick auf Schleiermacher stellt. All diese Fragen sind, bei aller Bereitschaft zum Neu-Überdenken, die der alte Barth hier zeigt, doch noch immer mit der Entscheidung für die zweite Möglichkeit zu beantworten.

[293] Aufschlussreich ist hier die Formulierung aus seiner theologischen Enzyklopädie: »Die philosophische Theologie kann daher ihren Ausgangspunkt nur über dem Christenthum in dem logischen Sinne des Wortes nehmen, d.h. in dem allgemeinen Begriff der frommen oder Glaubensgemeinschaft.«, KD, § 33, KGA I.6, 338 f. / Scholz, 14.

[294] ULRICH BARTH, Einführung, 9. Die andere Möglichkeit, die Ulrich Barth als mögliche Gegenposition zu der seinen nennt, ist: »man umgibt sich mit der Aura eines überdehnten Institutionenbewußtseins, das jede gewollt subjektiv-individuelle Auffassung mit dem Totschlagargument des Abgleitens in Beliebigkeit einschüchtert«. Er scheint dabei an die Position des römisch-katholischen Lehramts zu denken. Er resümiert: »Beide Verhaltensstrategien sind nicht nur unkreativ, sondern auch extrem kurzsichtig.«

schaftstheorien wirksam sind.[295] Die Position der Theologie gegenüber den anderen Wissenschaften kann dann so definiert werden, dass diese versuchen, alles über etwas Bestimmtes zu sagen, die Theologie hingegen etwas Bestimmtes über alles, weil alles auf Gott bezogen ist.[296]

Man ist besser beraten, sich von diesen Überlegungen inspirieren zu lassen als von der Empfehlung, den Weg zurück zu machen zu der Theologie Schleiermachers und seiner Nachfolger im 19. Jahrhundert, die doch bereits mit Karl Barth und der Dialektischen Theologie eine Zurückweisung erfahren hat, die man nicht vergessen sollte.[297]

Bei alledem sollte man bedenken, dass keine intellektuelle oder kirchenpolitische Höchstleistung erforderlich ist, um Schleiermacher und seinen neuen Nachahmern zu begegnen. Karl Barth hat zwar gesagt: »der Mann, der Schleiermacher nicht nur zu kritisieren, sondern sich mit ihm messen könnte, ist noch nicht auf dem Pfade«[298] und verlangt nach einer »Gegenleistung«, d. h. einer Leistung, die derjenigen Schleiermachers ebenbürtig sein müsste,[299] gar nach einer »Revolution«, welche »in ihrer Tiefe und Energie wahrlich nicht kleiner sein dürfte, als die Reformation selber«.[300] Mir scheint, dass man sich gar nicht einer solchen Belastung aussetzen muss. Handelt es sich doch bei Schleiermacher,

---

[295]   Siehe die Introduction, 1–6. Insbes.: »[...] once theology renders its claim to be a meta discourse, it cannot articulate the word of the creator God, but is bound to turn into the oracular voice of some finite idol, such as historical scholarship, humanist psychology, or transcendental philosophy. If theology no longer seeks to position, qualify or criticize other discourses, then it is inevitable that these discourses will position theology [...]«, 1.

[296]   SIMON OLIVER, The Radical Orthodoxy Reader, hrsg. v. John Milbank u. Simon Oliver, London/New York 2009, 19: »So in a moment of apparently outrageous temerity, we might even say that theology ›tries to say something about everything‹, for everything is related to the divine. [...] We might say that these [other] discourses try, however improbably, ›to say everything about something.‹«

[297]   Zur Radical Orthodoxy-Theologie siehe: Radical Orthodoxy. Eine Herausforderung für Christentum und Theologie nach der Säkularisierung, hrsg. v. SVEN GROSSE u. HARALD SEUBERT, Leipzig 2017.

[298]   Die protestantische Theologie, 381.

[299]   KARL BARTH, Brunners Schleiermacherbuch, ZZ 2 (1924), 61, wieder aufgenommen 63, unter Bezug auf den Satz von HEINRICH SCHOLZ: »Nicht alles ist Schleiermacher gelungen: die Leistung als Ganzes ist so groß, daß sie nur durch eine entscheidende Gegenleistung, nicht durch spitze Einzelkritik, in ihrem Bestande bedroht werden kann.«, Christentum und Wissenschaft in Schleiermachers Glaubenslehre, Berlin 1909, 201. Freilich wird man nicht ganz die Vermutung verhehlen können, dass Karl Barth eben dieser Mann gewesen ist.

[300]   Brunners Schleiermacherbuch, 63. In der Schleiermacher-Vorlesung spricht Barth von einer »theologischen Revolution«, die gegen Schleiermacher gerichtet werden müsse: a. a. O., 462.

wie wir gesehen haben, um ein Herausfallen aus dem Kanon der klassischen christlichen, in der Bibel gegründeten Tradition. Hier muss nicht ein Mann gegen diesen einen Mann aufstehen. Es handelt sich lediglich darum, sich zu besinnen, wo diese Tradition ist, in welcher die Kirche durch die Geschichte schreitet, und wo nicht.

Eine Reformation setzt immerhin voraus, dass man noch mit *der* Kirche zu tun hat. Reformation ist immer Reformation der Kirche, die im Wandel der Geschichte dieselbe bleibt, mag sie noch so sehr durch Irrlehren und falsche Frömmigkeit und falsche Lebensweisen entstellt sein. Bei dem, was Schleiermacher sich aber unter christlicher Kirche vorstellte, ist Kirche nicht mehr vorhanden, genauso wenig, wie der wahre Erlöser darin vorhanden ist.

Das Gefühl schlechthinniger Abhängigkeit und die normative Kraft der Moderne oder: Schleiermacher im Kontext

Harald Seubert

Im folgenden Beitrag unternehme ich es, den Denkansatz Schleiermachers im Kontext der klassischen deutschen Philosophie nach Kant zu rekonstruieren und auf seine Begründung und Wahrheitsfähigkeit hin zu analysieren. Dabei werden die epistemologischen Schwächen Schleiermachers deutlich und es wird gezeigt, wie die Unterminierung christlicher Glaubenswahrheiten aus ihnen hervorgehen (siehe dazu auch den Beitrag von Sven Grosse). Ebenso wird skizzenhaft klargemacht, dass es in den philosophischen Konstellationen der Zeit Schleiermachers sehr wohl Alternativen gegeben hätte, etwa bei Hegel, bei Schelling oder beim späten Fichte. Es gehört zu den Mängeln eines sich zunehmend selbstsäkularisierenden Protestantismus, einschließlich seiner Furcht vor Metaphysik, dass diese Optionen, meines Erachtens unberechtigt, ausgeschlagen wurden.

I. Kant und der Religionsdiskurs um 1800

In den letzten Jahren wurde vor allem durch das von Dieter Henrich betriebene Projekt einer »Konstellationsforschung« der epochale philosophiehistorische Umbruch von Kant bis hin zu Hegel und Schelling detailliert erforscht.[301] Der Fokus der mikrologischen Untersuchungen, die auch die theologische Problematik mit betrafen, lag auf den Jahren um 1800, als der Versuch einer ›Grundlegung aus dem Ich‹ entwickelt wurde, mit der Erwartung, damit das Prinzip der Philosophie zu gewinnen.[302] Schleiermacher gehört in diese ideengeschichtliche

---

[301] Vgl. übergreifend D. Henrich, Konstellationen. Probleme und Debatten am Ursprung der idealistischen Philosophie (1789–1795), Stuttgart, 1991.

[302] Dazu die Detailstudie, ders., Grundlegung aus dem Ich. Untersuchungen zur Vorgeschichte des Idealismus, Tübingen/Jena, 1790–1794, Frankfurt a. M. 2004, 2 Bände. In diesem magistralen Werk wird vor allem die Auswirkung des Kantischen Kritizismus auf die zeitgenössische Theologie und dann sekundär auf die Werkgenesen von Hegel, Hölderlin und Schelling sichtbar gemacht.

Bewegung: Fichtes erster Grundsatz in der Wissenschaftslehre von 1794 und die daraus gewonnene Subjektivitätsstruktur erweisen sich für seinen zentralen Topos des ›Gefühls schlechthinniger Abhängigkeit‹ als grundlegend. Dieser Topos, der an Fichtes Selbstbewusstseinstheorie anknüpft und sie auf die romantische Gefühlsverehrung hin fortschreibt, geht von vorneherein davon aus, dass wir von Gegenständen der Offenbarung keine begründete Kenntnis haben können.

Parallel dazu, aber mit Henrichs Konzept nicht zusammengeführt und auf deutlich niedrigerem philosophischen Reflexionsniveau, entwickelte Manfred Frank die Genealogie der philosophischen Frühromantik.[303] In beiden Feldern wurde Schleiermacher bislang nicht überzeugend verortet und nicht im Einzelnen thematisiert. Doch auch ein eher flächiges Bild seines Denkansatzes ist innerhalb der Konstellationen nachkantischer Philosophie und Ideengeschichte zu entwickeln und dann systematisch auf seinen bleibenden Wahrheitsgehalt hin zu befragen. Schon dabei werden Spezifika deutlich, die sich auf Schleiermachers philosophischen Ansatz deutlich ausgewirkt haben und die eine vom Üblichen einer Schleiermacher weitgehend affirmierenden Deutung abweichende Interpretation erfordern.

Kant hatte die Gottesfrage in die Postulatenlehre der reinen praktischen Vernunft verlegt. Schleiermacher übernimmt von ihm die axiomatische Behauptung, dass es keine begründete Erkenntnis von Gott und transzendenten Gegenständen geben könne. Allerdings löst er die Frage nach Gott, Seele und Freiheit, eben den Fragezusammenhang der *revelatio generalis* von der moralphilosophischen Verknüpfung. Postulate sind theoretische Sätze, die aber nicht theoretisch-metaphysisch, sondern nur noch als Grenzbegriffe der praktischen Vernunft zu entwickeln sind. Dies ist auch der Hintergrund der Aussage Kants, nach der Destruktion des ›ontologischen Gottesbeweises‹, dass er das Wissen habe einschränken müssen, um dem Glauben, also der Moraltheologie Raum zu eröffnen.[304] Die sogenannten Postulate, Gott, Freiheit und Unsterblichkeit der Seele, erwiesen sich dabei als Grenzbegriffe eines Bedürfnisses der reinen praktischen Vernunft, wonach begründet eine Welt anzunehmen sei, in der sie in ihrer Bestimmung gemäß dem Sittengesetz einen Ort habe. Man könnte sagen, dass damit die metaphysischen Letztbegriffe, vor allem der Gottesbegriff, nur mehr als Appendizes der praktischen Vernunft, als Verlängerungen der Ethik, erscheinen. Demgegenüber wird oftmals als Verdienst Schleiermachers seit seinen ›Reden‹ (1799) betont, dass er doch der Religion eine »eigene Provinz im

---

[303] Vgl. vor allem M. FRANK, Einführung in die frühromantische Ästhetik. Vorlesungen, Frankfurt/Main, 1989 und DERS., ›Unendliche Annäherung‹. Die Anfänge der philosophischen Frühromantik, Frankfurt/Main, 1997, v. a. 55 ff., 280 ff.

[304] Dazu in der Sache G. PICHT, Kants Religionsphilosophie. Mit einer Einführung von Enno Rudolph, Stuttgart, 1985.

Gemüte« zurückgegeben habe.[305] Es gibt Gründe, dieses Urteil zu revidieren. Immerhin hat der postulatorische Ansatz Kants noch durchaus Raum für eine elementar trinitarische Überlegung im Rahmen der Moralmetaphysik gelassen. Dort hatte Kant an entscheidender Stelle die bleibende Wahrheit des Trinitäts-dogmas so verdeutlicht: Gott ist »der a l l e i n H e i l i g e, der a l l e i n S e l i g e, der a l l e i n W e i s e, weil diese Begriffe schon die Uneingeschränktheit bei sich führen. Nach der Ordnung derselben ist er denn also auch der h e i l i g e G e-s e t z g e b e r (und Schöpfer), der g ü t i g e R e g i e r e r (und Erhalter) und der g e r e c h t e R i c h t e r; drei Eigenschaften, die alles in sich enthalten, wodurch Gott der Gegenstand der Religion wird, und denen angemessen die metaphysi-schen Vollkommenheiten in der Vernunft sich von selbst hinzu fügen«.[306] Die *via eminentiae* und die *via negativa*, also der Weg der Steigerung weltlicher Prädi-kate und ihrer Negation, die beide zum Gottesgedanken führen sollen, werden gleichsam in einer trinitarischen Grundstruktur beschrieben. Sie führt in Übereinstimmung mit der kritischen Vernunft auf Begriffe, die nur und aus-schließlich Gott zukommen. Damit geben sie durchaus einen präziseren Begriff von Gottes Wesen an. Der All-Quantor (Gott als der all-mächtige, all-wissende, all-gütige) bleibe nämlich noch im Bereich der Endlichkeit befangen.

Der Kantische Gedanke hat, vor allem beim Blick auf den »Endzweck der Schöpfung« auch in der ›Kritik der Urteilskraft‹ das Potenzial, den Minimalbegriff einer Schöpfung und eines intelligiblen Welturhebers zu denken. Dass die Ver-rechnung der Kantischen Postulatenlehre in eine Funktion der Moral zu ver-einfachend ist und seine Vorzüge gegenüber Schleiermacher zu gering gewichtet, wird genealogisch auch daran deutlich, dass Kant in seiner späten Religions-schrift ausdrücklich von der Sünde und dem radikal Bösen als der Verkehrung der Maximen ausgeht und den Schritt von der Moral zur Religion als unab-weislich begreift,[307] eben weil »des Menschen Herz böse« sei von Jugend auf, wie Kant den Prediger Salomo zitiert.[308]

---

[305] Vgl. zu dieser in den ›Reden‹ ausgedrückten Eigenständigkeit die beiden Sammelbände: 200 Jahre ›Reden über die Religion‹ Akten des 1. Internationalen Kongresses der Schleiermacher-Gesellschaft Halle, 14.–17. März 1999., hrsg. v. U. BARTH u. C.-D. OST-HOEVENER. Berlin/New York, 2000, insbes. U. BARTH, Begrüßung und Einführung in den Kongress, 3 ff., sowie H. J. Adriaanse, Schleiermachers ›Reden‹ als Paradigma der Reli-gionsphilosophie, ebd., 100–117. Sowie U. BARTH, CHR. DANZ, W. GRÄB, F.W. GRAF (Hrsg.), Aufgeklärte Religion und ihre Probleme. Schleiermacher–Troeltsch–Tillich, Berlin, 2013.

[306] KANT, Kritik der praktischen Vernunft, AA V, S. 131, FN ohne Nummerierung.

[307] Dazu KANT, Die Religion innerhalb der Grenzen der bloßen Vernunft (1793) AA VI, Vorrede zur zweiten Auflage, 12 ff.

[308] A. a. O., 32 f.

Schleiermachers Fixierung der Religion als »eigene Provinz im Gemüte« bedeutet allerdings auch gegenüber Kant eine weitergehende Subjektivierung und Reduktion auf das fühlende Ich. Es bleibt letztlich deutlich weniger Gehalt zurück als bei Kant. Auch der Realismus des späten Kant über die Verfehlungen der menschlichen Natur findet, wie Sven Grosse gezeigt hat, in Schleiermachers Harmatiologie keine Entsprechung.

Philosophiegeschichtlich gehört Schleiermacher nicht nur in die nachkantische Reflexion der Aufklärung, sondern vor allem in den Zusammenhang der ästhetischen Frühgeschichte der philosophischen Romantik. An die Romantiker, die vor allem über ästhetische Neigungen zum Christentum zurückzufinden im Begriff waren, richten sich seine ›Reden‹. Sie entfalten dabei weniger eine Lehre als eine allgemeine Erbaulichkeit, mit beträchtlichem rhetorischem Schwung und Enthusiasmus. Das Radikale der philosophischen Frühromantik wird am Gestus von Ausgriffen in das Absolute, die sich aber nur fragmentarisch und im Augenblick zeigen würden, deutlich. Friedrich Schlegel hat dieses augenblickshafte Verständnis von Absolutheit immer wieder variiert.[309] Dieser Ansatz manifestiert sich auch in Schlegels Aussage, es sei gleichermaßen falsch, ein philosophisches System zu haben wie keines zu haben. Jene Gebildeten unter den Verächtern der Religion, die Schleiermacher meinte, die durch die Aufklärung und den Nihilismus und Okkasionalismus hindurchgegangenen Romantiker, werden von Schleiermacher auf die »eigene Provinz im Gemüte«,[310] den »Sinn und Geschmack für das Unendliche« orientiert,[311] eine panentheistische bzw. pantheistische allgemeine Religiosität. Sie ist zwei Wegen geöffnet: einer universalen Allreligion, die synkretistisch zusammengesetzt werden kann *und* einem Religionsindividualismus, in dem jeder einzelne Glaubende seine Perspektive auf dieses Ganze richtet.[312]

Auch damit sind Elemente benannt, die bis heute, meist weit weniger reflektiert, für eine allgemein akzeptierte Theologie und ihre Religiosität grundlegend sind.

Es ist bezeichnend und wird auch ein ideengeschichtliches Argument innerhalb dieses Buchkapitels sein, dass der deutsche Idealismus dem Weg Schleiermachers gerade nicht folgte. Hegel stand nur ganz vorübergehend in

---

[309] Vgl. dazu die MANFRED FRANK, Einführung in die philosophische Frühromantik. Vorlesungen, Frankfurt a. M. 1989, 137 ff.

[310] KGA I. 2, 37.

[311] KGA I. 2, 212.

[312] Diesen doppelten Zugriff arbeitet ADRIAANSE, in: 200 Jahre ›Reden über die Religion‹ triftig heraus. Vgl. auch die Beiträge von T. RENDTORFF, Religion – das »vollendetste Resultat der menschlichen Geselligkeit«. Perspektiven einer Individualitätskultur im Verhältnis von Religionstheorie und Gesellschaftstheorie, in: a. a. O., 79 ff., sowie KONRAD CRAMER, ›Anschauung des Universums‹. Schleiermacher und Spinoza, in: a. a. O., 118 ff.

seinem ›Systemfragment‹ von 1800 unter dem Einfluss Schleiermachers, wenn er bemerkte: »Diese Erhebung des Menschen, nicht vom Endlichen zum Unendlichen – denn dieses sind nur Produkte der bloßen Reflexion, und als solcher ist ihre Trennung absolut, sondern vom endlichen Leben zum unendlichen Leben ist Religion«.[313] Hegel begriff aber, dass der kenotische Zusammenhang der Menschwerdung Gottes in Jesus Christus, den er in seiner ausgearbeiteten Religionsphilosophie zugleich trinitarisch entwickeln sollte, mit dem Schleiermacherschen All-Einheitskonzept nicht zu verbinden war. Schon die Struktur der Liebe als »Sich selbst finden im anderen seiner selbst«, im Sinn von Hegels ›Theologischen Jugendschriften‹ war nicht in die All-Einheitskonzeption einzufügen.

Die großen und bleibenden ideengeschichtlichen Leistungen Schleiermachers stehen eher im Zusammenhang imaginierender, romantischer Projekte. Dies gilt allem zuvor für die epochale Platon-Übersetzung, die allerdings schon von Zeitgenossen wie Friedrich August Wolf als »Zweitschrift« des griechischen Originaltextes benannt und kritisiert wurde,[314] die noch schwieriger aufzufassen sei als der Originaltext selbst.

II. Schleiermachers Dialektik und Wissenschaftslehre: Der Status des ›Gefühls schlechthinniger Abhängigkeit‹

II.1. Der höchste Gipfel der Betrachtung im Gefühl

Schleiermacher entwickelte im Rahmen seiner Fundamentalphilosophie, orientiert an Fichte, eine Wissenslehre. Sie ist auf die beiden Pole des ›Idealen‹ und des ›Realen‹, als höchste Gegensatzstruktur, bezogen. Die Schleiermachersche Dialektik beschreibt die Übergänge zwischen beiden Polen. An das Wissen richtet Schleiermacher die grundlegende, seit dem Lehrgedicht des Parmenides und seiner Aussage von der Selbigkeit von Denken und Sein[315] behauptete und im Sinn eines philosophischen Realismus durchaus zutreffende Forderung einer Entsprechung von Denken und Sein, »die Übereinstimmung des Gedankens mit

---

[313] HEGEL, Phänomenologie des Geistes. Theorie-Werkausgabe Band 3, Frankfurt a. M. 1970, 421.

[314] Zum prekären Verhältnis zwischen dem durch die Platon-Übersetzung überragenden Schleiermacher und seinem immer missmutigeren alten Halleschen Lehrer vgl. KURT NOWAK, Schleiermacher. Leben, Werk und Wirkung, Göttingen, [2]2002, 180 ff.

[315] PARMENIDES, Lehrgedicht DK Frg. 8, 35.

einem außer im gesetzten« Sein.[316] Dies ist allerdings nur ein bedingter Realismus, weil auch die Objektivität – im Sinn von Fichtes Entgegensetzung von Ich und Nicht-Ich – durch das Subjekt gesetzt wird. Entscheidend soll für jenes Begründungswissen sein, dass das höchste Wissen »nicht mit der Differenz, sondern in und mit der Identität [...] auf das außer ihm als Sein gesetzte bezogen wird«.[317] Wissen hat dann zwei Formen, Begriff und Urteil, in denen es sich in Sätzen dokumentiert. Sie sind in dem bei Schleiermacher immer wieder begegnenden Zirkel des »Individuellen« und des »Allgemeinen« aufeinander bezogen. Man müsse sie wie »in einem Kreis befangen« denken. So setzt der Begriff das Urteil voraus und umgekehrt.

Das Gefühl, auf dem die ›Glaubenslehre‹ durchgehend basiert, kann nicht seinerseits Gegenstand eines theoretisch eingeholten Wissens sein. Sein Inhalt erschließt sich nur in der Ahnung, in der Immanenz des Gefühls selbst. Deshalb muss es nicht verwundern, dass Schleiermacher keinen kohärenten Begriff der ›Lehre‹ und damit der Objektivität des Glaubens entwickeln kann. Nicht nur für Theologie und Glaube, auch für den Status der philosophischen Begründung und Rationalität ist dieser Ansatz problematisch. Dass ein Denken in seinen Resultaten den Status des Wissens erreicht, ist nach Schleiermacher selbst nur »Überzeugung«. Überzeugung aber ist Gefühl und daher selbst nicht mehr rational einholbar. Das Gefühl kann »höchstens noch einmal an der Wahrnehmung reflektiert werden«.[318] Dieser Ansatz entgeht zwar dem infiniten Regress, wonach jedes Wissen wieder ein Wissen um dieses Wissen erfordern würde. Er unternimmt auch nicht den gegenläufigen Versuch einer Letztbegründung von Wissen in einem ersten Prinzip. Man kann ihm sogar zugutehalten, dass er einem platonischen Impuls folgt. Hat Platon doch die höchste Idee, die Idee des Guten, auch seinerseits nicht mehr in eine Wissensform einholen können und von ihr als einer bloßen Hoffnung (*elpis*) gesprochen.[319] Der maßgebliche Unterschied ist

---

[316] Dialektik 1814, § 95, KGA II.10, 1, S.91. aus Schleiermachers handschriftlichem Nachlass, hrsg. von L. Jonas, Schleiermacher, Sämmtliche Werke III, 4. Berlin 1839, 19.

[317] Vgl. ebd., § 99, KGA II. 10, 1, S.92. Siehe dazu auch durchgehend die sehr scharfsinnigen Rekonstruktionen THOMAS LEHNERER, Die Kunsttheorie Friedrich Schleiermachers, Stuttgart 1987, 15 ff., ferner W. H. PLEGER, Schleiermachers Philosophie, Berlin/New York 1988, 134 ff. und A. ARNDT, Friedrich Schleiermacher als Philosoph, Berlin 2013, vor allem 179 ff.

[318] SCHLEIERMACHER, Dialektik 1822, KGA II. 10. 2, 593. Siehe auch: Im Auftrage der Preuß. Akademie der Wissenschaften auf Grund bisher unveröffentlichten Materials. Hrsg. v. R. Odebrecht, Leipzig, 1942, ND Darmstadt 1976, 325.

[319] Platon Politeia 504a 5 ff. Zu dem fragilen epistemologischen Status der höchsten Platonischen Idee SEUBERT, Platon – Anfang, Mitte und Ziel der Philosophie, München/Freiburg i. Br. 2017, 50 ff.

freilich, dass bei Schleiermacher dieser höchste Punkt und Gipfel der Betrachtung ausschließlich auf die Seite des Gefühls rückt.

Das »Gefühl schlechthinniger Abhängigkeit«, das die maßgebliche Orientierung der Glaubenslehre bezeichnet und an dem die Interpretation von Bibel und Bekenntnis ausgerichtet wird, wurde von Schleiermacher keineswegs primär in einem theologischen oder biblischen Horizont gewonnen. Es soll vielmehr den Grund des Gesamtsystems ausmachen. Entwickelt wurde es in der ›Dialektik‹, der Kunstlehre des Denkens, als Antwort auf die Debatten über Subjektivität und ausgehend von Fichtes erster Wissenschaftslehre. Dazu hat Schleiermacher einen durchaus eigenständigen Beitrag erbracht. In groben Zügen besagt er: Die verschiedenen Funktionen des Geistes sind, gemäß Kants Lehre vom ›Ich denke‹, das alle meine Vorstellungen muss begleiten können,[320] im Selbstbewusstsein vereinigt. Dieses Selbstbewusstsein verbindet die verschiedenen Funktionen des Geistes: Denken, Fühlen oder Wollen. Es etabliert eine Kontinuität, zwischen ihnen und ist der Ort ihrer Indifferenz, ein Nullpunkt, in dem sie zunächst noch ununterschieden grundgelegt sind.[321] Insofern ist das Gefühl ein unmittelbares Selbstbewusstsein, das den Entzweiungen der Reflexion vorausliegt: ein Problem, das ausgehend von Fichte, unter anderem von Novalis und Hölderlin, aber auch vom frühen Schelling um 1800 intensiv diskutiert worden ist.[322]

Schleiermacher betont weiterhin, dass es eine epistemologische und begründungstheoretische Ableitung des unmittelbaren Selbstbewusstseins gar nicht geben kann. In ihm ist nicht nur der Indifferenzpunkt der verschiedenen Geistfunktionen erreicht, auch Ideales und Organisches bzw. belebte Materie, und im Horizont der Wissensformen: Spekulation und Empirie haben hier ihren Ursprungs- Einheits- und Indifferenzpunkt. Es ist damit auch der Indifferenzpunkt von aktiver Setzung und schon Gesetzt-sein, also zwischen Freiheit und Notwendigkeit. Schleiermacher hat vor allem gezeigt, dass das Selbstbewusstsein nur transzendent bestimmt sein kann. Die Differenz zwischen Immanenz und Transzendenz hatte Fichte in seiner Fundierung auf das ›Ich bin‹ eher undeutlich gefasst, so dass sein ›Ich‹-Begriff mit einem göttlichen Bewusstsein identifiziert werden konnte. Das philosophische Problem in Schleiermachers Denkansatz ist also nicht in erster Hinsicht die Frage nach Gott, sondern nach der Einheit des Bewusstseins.

---

[320] Kant, K. r. V., AA III, 108. Dazu KONRAD CRAMER, Über Kants Satz: Das: Ich denke, muß alle meine Vorstellungen begleiten können, in: DERS. / H. F. FULDA / R. P. HORSTMANN / U. POTHAST (Hrsg.), Theorie der Subjektivität, Frankfurt a. M. 1987, 167 ff.

[321] Vgl. SCHLEIERMACHER, KGA II. 10, 2, 595 f.

[322] Zu den einzelnen Debatten sehr differenziert: MANFRED FRANK, ›Unendliche Annäherung‹, pass.

Diese Einheit ist aber nach Schleiermacher nicht immanent, sondern nur transzendent zu finden. Die Problematik wird so verstanden, dass das unmittelbare Selbstbewusstsein durch etwas gesetzt worden sei, das nicht es selbst, aber auch nicht ein Gegensätzliches Anderes sein dürfe. Insofern müsse ein weiter nicht bestimmter Gottesbegriff, als Transzendenz verstanden, eingeführt werden, als Gefühl »das uns als selbstbestimmende Wesen, wenn auch auf eine unerklärliche Weise bestimmt«.[323] Den im Frühidealismus, vor allem bei Hegel und Schelling, formulierten Anspruch, Gott nicht länger wie in Kants Postulatenlehre an das Ende, sondern ihn an den Anfang der Philosophie zu setzen, erfüllt Schleiermachers Ansatz also ganz offensichtlich nicht.

Schleiermachers Antwort besagt: Die Einheit des Selbstbewusstseins ist also Gefühl schlechthinniger Abhängigkeit, die ihrerseits in Analogie zu dem Grund und als seine Repräsentanz zu denken ist. Es ist dabei Einheit (1) durchaus in einem Sinn der Auflösung von Unterscheidung und Bestimmung, der an mystische Koinzidenzien denken lassen kann. Deshalb sind Reflexionen, die Schleiermacher in die Nähe der Mystik rücken, durchaus berechtigt. Vor allem Emil Brunner hat dies in seiner Schleiermacher-Kritik eindrücklich gezeigt.[324] Auch an buddhistische oder hinduistische Einheits- und Erlösungszustände könnte man denken. Die weitere Bestimmung besagt aber, dass der Grund im Subjekt präsent sein muss (2). Schließlich ist diese Einheit nachdrücklich als Gefühl bestimmt (3). Damit ist ausdrücklich ausgeschlossen, dass die Einheit begrifflich erfasst und propositional argumentativ definiert werden kann. Dies würde nämlich bedeuten, dass sie weitergehend analysierbar ist und dass ihr andere Begriffsbestimmungen auf derselben Ebene kontrastiert werden können. Das Gefühl schlechthinniger Abhängigkeit ist jedoch selbst weder durch Denken noch durch den Willen einzuholen, es ist bestimmungslos und zugleich unbedingte Bestimmtheit. Solche Paradoxien begegnen bei Schleiermacher immer wieder. Aus diesem Gefühl schlechthinniger Abhängigkeit kann aber nach Schleiermachers Konzeption das Prinzip des Idealen und Realen, der theoretischen und der praktischen Philosophie, abgeleitet werden.[325]

---

[323] So die treffende Formulierung von LEHNERER, 77.

[324] E. BRUNNER, Die Mystik und das Wort. Der Gegensatz zwischen moderner Religionsauffassung und christlichem Glauben, dargestellt an der Theologie Schleiermachers, Tübingen, ²1928. Dazu auch die Hinweise in dem Kapitel von Sven Grosse im vorliegenden Band.

[325] Dazu die sehr wichtigen Bemerkungen von LEHNERER, Die Kunsttheorie.

II.2. Psychologie oder Subjektivitätsphilosophie: Die Struktur des Gefühls schlechthinniger Abhängigkeit

Weiterhin ist das Gefühl schlechthinniger Abhängigkeit in dem Sinn besonders hervorgehoben, dass jedes Gefühl eine bestimmte Ausrichtung oder Intentionalität hat. Es ist Gefühl »von etwas«. Zugleich aber schwingt in ihm das Selbstgefühl mit. Man begreift jetzt vielleicht noch besser, dass das Gefühl schlechthinniger Abhängigkeit das von allen konkreten Bestimmungen gereinigte »Urgefühl«, und damit der elementare Weltzugang sein soll. In diesem Gefühl ist daher weniger der Ansatz zur Theologie als zur Theosophie gelegen. Hier stellt sich die Folgefrage, wie dieses Gefühl sich als empirischer Empfindungsinhalt manifestiert. Schleiermacher sieht eben hier die »Frömmigkeit« als empirische Konkretisierung des Urgefühls. Das religiöse Gefühl ist zwar ein wirklich Vollzogenes, aber es ist nie rein, denn das Bewusstsein Gottes ist darin immer an einem anderen. Die absolute Indifferenz ist also in der Frömmigkeit nicht zu halten. Ideales und Reales werden zwar aufgelöst. Doch die Auflösung ist nur verständlich zu machen, indem beide Seiten wieder sichtbar sind.

Anders als die klassische rationale Metaphysik, die auch Descartes oder Spinoza an diesem Punkt selbstverständlich vertreten, die aber auch bei Zeitgenossen Schleiermachers wie Knudsen uneingeschränkt in Geltung ist,[326] gilt nicht der Vorrang des Unbedingten vor dem Bedingten, so dass das Gottesbewusstsein die Realität Gottes zumindest wahrscheinlich mache oder auf sie hinführe.[327] Vielmehr wird festgehalten, dass wir nur im Endlichen einen Begriff des Unendlichen haben.

»Im religiösen Gefühl ist immer das Bewusstsein Gottes verknüpft mit einem endlich bestimmten«.[328] Mystisch ist sodann auch der Ansatz der Gottesnamen, die in den Thesaurus verschiedener konkreter Religionen führen: absolutes Subjekt, Urkraft, Schicksal, absoluter Künstler. Sie haben im strengen Sinn keinen Wirklichkeitsgrund, kein ›Fundamentum in re‹. Sie sind lediglich relativ auf das religiöse Gefühl, als Beschreibungen des Urgrundes, zu fassen. Frömmigkeit und nicht die Bindung an Jesus Christus, sein Wort, seinen Tod und seine Auferstehung, begründet also die Autorität der Theologie. Das unmittelbare Frömmigkeitsgefühl und die reflexive Entfaltung seines Gehaltes müssen sich insofern ergänzen.

---

[326] Daniel von Wachter kommt das Verdienst zu, diese auf bemerkenswertem Argumentationsstandard sich bewegenden Ansätze wieder zugänglich gemacht und gewürdigt zu haben. Ich verweise dafür auf seine Homepage von-wachter.de.

[327] Vgl. zu Descartes' Ansatz beim Unendlichen W. Pannenberg, Theologie und Philosophie. Ihr Verhältnis im Lichte ihrer gemeinsamen Geschichte, Göttingen 1996, 142ff.

[328] Schleiermacher, Dialektik, KGA II. 10, 1, S.267, auch Dialektik, Odebrecht, 215.

II.3. Argumentationsdefizite Schleiermachers

Die Defizite von Schleiermachers Argumentation sind offensichtlich und unschwer erkennbar: Sie betreffen gleichermaßen den begrifflichen Status als auch die theologische Bestimmung seines Ansatzes. Dabei überwiegt in den verschiedenen Punkten jeweils eher die eine oder die andere Seite. Nur die wesentlichsten Momente seien benannt:

(1) Das Gefühl schlechthinniger Abhängigkeit hat keinen klaren Bestimmungsgrund. Es ist der Richtung nach auf Gott bezogen. Doch der Gottesbegriff selbst bleibt völlig unbestimmt.[329] Nur seine Wirkungen auf das fromme Selbstbewusstsein sind fassbar. Auch die Behauptung von Analogie und Repräsentation kann nicht darüber hinwegtäuschen, dass in Schleiermachers Konzeption Gott als Person oder als Selbstbewusstsein nicht gefasst werden kann.[330] Er ist nur als variierter, kontemplierter und phantasierter Inhalt des Selbstbewusstseins überhaupt begrifflich einholbar.

(2) Damit rückt der Grund aber in den Bereich des Irrationalen. Er hat keinen Erkenntnis- und Begriffsstatus. Nur die formale transzendente Struktur des Bewusstseins im Allgemeinen und eine psychologische Ausbuchstabierung im Besonderen machen das Gefühl schlechthinniger Abhängigkeit zugänglich.

(3) Wenn sich über die reine Struktur hinaus, die Relation auf ›Gott‹ und ›Ich‹, etwas über die seelische Manifestation des Frömmigkeitsgefühls sagen lassen soll, muss bei diesem Ansatz die Dogmatik zu einer »verschlüsselten« Psychologie werden. »In ihr werden die komplizierten Funktions- und Verhältnisweisen psychischer Vorgänge nicht psychologisch, sondern (verschlüssel) mittels einer tradierten religiösen Begrifflichkeit entfaltet«,[331] wie Thomas Lehnerer treffend bemerkt hat. Dem Gefühl schlechthinniger Abhängigkeit wird immerhin zugewiesen, dass es die Sphäre der Religion und der Kunst aufbauen könne. Dies sind die beiden Bereiche, die in der zeitgenössischen philosophischen Architektonik als Sphären des »absoluten Geistes« bestimmt waren. Doch auch dies bleibt letztlich Psychologie. Schleiermachers Versuche, sich von diesem Verdacht zu lösen, sind letzten Endes nicht überzeugend.

---

[329] Vgl. hierzu KGA II. 10. 1, S.270 ff., sowie Dialektik ODEBRECHT, 280 ff. und 289 ff., siehe auch die Edition F. SCHLEIERMACHER, Dialektik, hrsg. und eingeleitet von M. Frank, Frankfurt a. M. 2001, insbesondere 265 ff. und 302 ff. Siehe auch die hervorragende Rekonstruktion von LEHNERER, 75 ff. Das Problem der Unmittelbarkeit und des instantanen Eintretens des vorreflexiven Selbstbewusstseins hat systematisch in den letzten Jahrzehnten primär Dieter Henrich weiterentwickelt. Vgl. summierend DERS., Denken und Selbstsein. Vorlesungen über Subjektivität, Frankfurt a. M. 2007.

[330] Dazu F. WAGNER, Der Gedanke der Persönlichkeit Gottes bei Fichte und Hegel, Gütersloh, 1971, die Promotionsschrift von Wagner.

[331] So LEHNERER, 88.

Dieser um Fragen des Selbstbewusstseins und seiner Begründungsstrukturen nicht mehr bekümmerten Psychologisierung der Gottesfrage ist der Mainstream des Neuprotestantismus, ungeachtet seiner verschiedenen politischen und institutionellen Wendungen, weitgehend kritiklos und wesentlich in immer flacherem Profil gefolgt. Psychologistische Predigt und Seelsorge spiegeln noch immer dieses Schleiermachersche Defizit wider.

III. Hermeneutik. Die Kunstlehre des Verstehens und das Gefühl

Weniger markant und weniger fundamental als die ›Dialektik‹, Schleiermachers an Platon geschultes philosophisches Grundverfahren, wirkt auch seine Hermeneutik auf Schleiermachers philosophisches Konzept ein. Obwohl sie vor allem eine technische Verstehenslehre im Sinn der älteren Hermeneutikkonzeptionen des 18. Jahrhunderts ist, löst Schleiermacher sie aus der üblichen Verknüpfung mit der Logik. Sie wird neben der Pädagogik in den Bereich der Ethik und Sittenlehre verankert. Den traditionellen sinnvollen Anspruch einer technischen Disziplin und Verstehenslehre büßt sie aber durch das Übergewicht der Divinatorik weitgehend ein.

Schon in dieser Zuordnung macht sich eine größere Distanz zur Theologie deutlich. Bemerkenswert ist aber auch, dass Schleiermacher die allgemeine, philosophische, mit einer besonderen theologischen Hermeneutik verbindet. Grundsätzlich fokussiert sich sein hermeneutischer Ansatz auf das formale Prinzip, den Zusammenhang zwischen dem Verstehen des Individuellen und des Allgemeinen zu gewinnen. Daraus ergibt sich eine Art von hermeneutischem Zirkel.[332] Das Kollegheft des Jahres 1819 signalisiert schon die Doppelbestimmung der Hermeneutik. Während Schleiermacher im Jahr 1814 noch ›Allgemeine Hermeneutik‹ gelesen hatte, liest er nun ›Hermeneutik sowohl im Allgemeinen als die des Neuen Testaments‹.

Worum geht es in Schleiermachers Hermeneutik nun im Einzelnen?

Inhaltlich geht er der Forderung nach, dass die Auslegung sowohl auf die Allgemeinheit der Sprache als auch auf ihre individuelle Gestaltung, den Sprecher, bezogen sein müsse. In den ›Reden‹ ist diese Harmonie- und Gegensatzlehre religionstheoretisch auf das Diktum zurückgeführt: »Ihr wisst, dass die Gottheit durch ein unabänderliches Gesetz alles aus gegensätzlichen Kräften zusammengeschmolzen hat«.[333] Schleiermacher hat zudem, hier in Überein-

---

[332] Dazu Manfred Frank, das individuelle Allgemeine. Textstrukturierung und Textinterpretation nach Schleiermacher, Frankfurt a. M. 1977.

[333] Schleiermacher, Über die Religion. Reden an die Gebildeten unter ihren Verächtern KGA I/2, 191. Dazu und zum folgenden: Gunter Scholtz, Schleiermacher im Kontext der

stimmung mit der romantischen Hermeneutik, den Terminus des »Besser-Verstehens« entwickelt. Dies schließt eine gewisse Distanz zumindest zum Autor ein, aus der gleichermaßen die Divinatorik als auch die Kritik hervorgehen kann. Bemerkenswert ist aber, dass Sachkritik, ob sie sich nun auf die Bibel oder auf profane Texte richtet, bei Schleiermacher eher unbelichtet bleibt. Dies unterscheidet ihn von Friedrich Schlegel, der Hermeneutik und Kritik identisch setzte. Schleiermacher kennt allerdings in philosophischem Sinn sehr wohl ein sachkritisches Instrumentarium, das etwa in Ästhetik und Religionsphilosophie vorliegt und das vorhandene Material systematisch ordnet. In späteren Ausarbeitungen seit 1819 hat er allerdings die Kritik als eigenständige Disziplin neben die Hermeneutik gerückt, und sie im Sinn einer Dreiteilung als ›doktrinale, historische und philologische Kritik‹ aufgefasst. Dass er auch dabei den biblischen Text letztlich nicht anders behandelt sehen will als andere Schriftsteller, betont er mehrfach.

Auf den ersten Blick entfernt sich Schleiermacher weit von der klassischen *hermeneutica sacra.* Nicht ohne Folgen für die Glaubenslehre bleibt seine Ablehnung orthodoxer Inspirationslehre und der *Analogia fidei*, als Instrumentarium, um die Klarheit der Schrift und ihren selbsterklärenden Charakter zu ermitteln: Der hermeneutische Zirkel überlagert für Schleiermacher die Berechtigung zur Analogie, weshalb eine dogmatische »konsequente Interpretation« sich in den Bereich des Unmöglichen verschiebt. Soll diese »dogmatische Aufstellung« doch »aus der Totalität der Schriftstellen hervorgehen und ehe ich nicht alle Stellen erklärt habe, soll ich noch gar keine Dogmatik aufstellen, denn es ist doch nur eine Unvollkommenheit in mir, dass ich nicht alles verstehe«.[334] Dass gerade diese Verabschiedung der Möglichkeiten einer kanonischen Interpretation und der Maßstab des klassischen Griechisch, namentlich der Platonischen Dialoge, als Stilideal, an dem die neutestamentlichen Schriften gemessen werden, zu einer Zerreißung der Einheit der Schrift und damit zum Verlust ihres Geltungscharakters beigetragen haben, ist nicht zu übersehen: »Nur vom Evangelio Johannis kann man sagen, daß gewisser Zusammenhang darin ist, alles übrige ist fragmentarisch mehr oder weniger. Zu der losen Form kommt nun noch die Beschaffenheit der Schriftsteller selbst, deren die meisten solche sind, denen man die Strenge in der Reflexion und also die Klarheit im Bewußtseyn der Verknüpfung absprechen muß. Sehen wir auf das Historische, so ist außer Jo-

---

neuzeitlichen Hermeneutik-Entwicklung, in: ANDREAS ARNDT U. JÖRG DIERKEN (Hrsg.), Friedrich Schleiermachers Hermeneutik. Interpretationen und Perspektiven, Berlin 2016, 1–26. Siehe auch LUTZ DANNEBERG, Schleiermacher und das Ende des Akkomodationsgedankens in der ›hermeneutica sacra‹ des 17. und 18. Jahrhunderts, in: 200 Jahre ›Reden über die Religion‹, 194–246.

[334] SCHLEIERMACHER, Vorlesungen zur Hermeneutik und Kritik, hrsg. v. Wolfgang Virmond unter Mitwirkung von H. Patsch. KGA II. 4, S. 279.

hannes keiner darauf ausgegangen, einen klaren historischen Zusammenhang für sich selbst auszubilden. Sehen wir auf das Didactische, so unterscheidet sich hier Paulus von den übrigen, wie Johannes von jenem«.[335]

Schleiermacher zielte deshalb darauf ab, dass die biblischen Schriftsteller weder einen Ewigkeits- noch auch nur einen zeitübergreifenden Adressatenbezug herstellen könnten. Die Texte werden damit historisch relativiert und sollen nach Möglichkeit genauso interpretiert werden, wie die Zeitgenossen sie hätten verstehen können. »Also müssen auch wir sie eben so auslegen und deshalb annehmen daß wenn auch die Verfasser todte Werkzeuge gewesen wären der heilige Geist durch sie doch nur könne geredet haben so wie sie selbst würden geredet haben«.[336] Einzelner Textnachweise bedarf es dabei übrigens nicht. Schleiermacher hält nur im Sinn der denkbar extremsten Kontrastierung fest, dass die biblische Exegese eben nicht Kabbala sei. Gemeint ist wohl, dass sie den Vorgaben der Vernunft folge, was die Kabbalistik nicht tue. Eben darin wird wiederum ein antijudaistischer Zug Schleiermachers erkennbar, den ich weiter unten eigens kennzeichne.

Er gibt damit gleich zwei Prinzipien reformatorischen Schriftverständnisses preis: Die Klarheit und die Einheit der Schrift. Ebenso betrachtet er die biblischen Schriftsteller nicht als kanonisiertes, vom Heiligen Geist geleitetes Korpus, sondern als Sammlung einzelner Autoren. Ihre durchgehende Bezogenheit auf Christus hingegen, seine Einwohnung in ihnen, wird nicht mehr thematisiert. Der bis heute bedeutendste und divinatorischste Biograph und Interpret Schleiermachers, Wilhelm Dilthey, der die meisten der Schleiermacherschen Konstruktionen nach- und mitvollzog, hat den grundlegenden Mangel benannt. Man kann seinen Einwand zugleich als Anzeige lesen, dass Schleiermacher mit der protestantischen Orthodoxie und der ›Hermeneutica sacra‹ gebrochen habe: Christus wird für Schleiermacher zu einer typologischen Realisierung der Idee der freien, schaffenden Persönlichkeit. Diese, so Dilthey, »Seele seines Denkens musste auf die damals herrschende Anschauung des Christentums reformierend wirken«.[337] Doch eine solche Lesart ist gerade nicht auf Christus zentriert. Vielmehr löst sie Christus aus der Heilsgeschichte. Er »erscheint nicht in der Entwicklung der alttestamentlichen Offenbarung als der vollendete Höhepunkt, er wird vielmehr

---

[335] A.a.O., 264. Vgl. dazu J. Rohls, Schleiermachers Hermeneutik, in: Arndt/Dierken (Hrsg.), Schleiermachers Hermeneutik, 27 ff.

[336] A.a.O., 126 und 221 f. Dazu H. Patsch, Hermeneutica sacra in zweiter Potenz? Schleiermachers exegetische Beispiele, in: F. Schleiermachers Hermeneutik, 163 ff. Siehe zum Hintergrund auch: M. Beetz/G. Cacciatore (Hrsg.), Die Hermeneutik im Zeitalter der Aufklärung, Köln/Weimar/Wien 2000. (= Reihe Collegium Hermeneuticum, Band 3).

[337] W. Dilthey, Leben Schleiermachers Band 2, Dilthey, Gesammelte Schriften Band XIV, 1. Göttingen 1966, 729.

als der eigene geschichtliche Anfangspunkt des Christentums betrachtet«.[338] Schleiermacher habe also wesentlich zu einer »Versöhnung zwischen der nivellierenden Richtung der historischen Interpretation und der Isolierung der orthodoxen hermeneutischen Systeme vom Zusammenhang mit dem Ganzen der Wissenschaft angebahnt«.[339] Dilthey meinte dies durchaus kritisch.

Auch hier kommt es darauf an, eine äußerlich orthodox reformatorisch anmutende Hülle von Schleiermachers eigener Reflexionsbewegung klar zu unterscheiden. In seiner Vorlesung zur ›Praktischen Theologie‹ etwa hat er durchaus Maximen formuliert, die mit dem Schriftprinzip der reformatorischen Kirche in Übereinstimmung stehen könnten: »Die beständige Thätigkeit im Schriftverständniß muß zu den natürlichen Lebensbewegungen in der Evangelischen Kirche gehören und diese Thätigkeit muß in verschiednen Graden von Spontaneität und Receptivität so weit verbreitet sein wie möglich«.[340] Der aufschlussreiche Briefwechsel mit dem Freund Ehrenfried von Willich über den Beginn der Halleschen Vorlesungstätigkeit gibt zudem zu verstehen, dass Schleiermacher ›Hermeneutica sacra‹ gelesen habe.

Doch in der Hermeneutik von 1805 wird bereits deutlich, dass sich ihm die Annahme einer ›Hermeneutica sacra‹ gänzlich in den Strudel des hermeneutischen Zirkels verliert: »Ausgehn von dem beschränkten Zwekke der Auslegung der heiligen Bücher a. Sind die heiligen Bücher als solche in einem andern Falle als die profanen [?] Daß sie heilig sind weiß man nur dadurch, daß man sie verstanden hat [...] b. Haben nicht die heiligen Bücher vermöge ihrer besondern Beschaffenheit auch eine besondre Hermeneutik? Allerdings. Aber das Besondre ist nur zu verstehn durch das Allgemeine«.[341]

Widersprüche oder Inkohärenzen in den biblischen Büchern einzugestehen, war für Schleiermacher kein Problem. Er ging wie selbstverständlich davon aus, dass sie existierten. Hier ist er explizit dem Epochenprofil der Aufklärung verpflichtet. Dogmatische Widersprüche indessen führt er eher auf semantische Differenzen zurück. So legt Schleiermacher nahe, dass zwischen Paulus und Jakobus keine gravierende sachliche Differenz liege. Sie hätten allerdings ein unterschiedliches Verständnis des Glaubensbegriffs (*pistis*) gehabt.[342] Auf diese Weise kann aber nur scheinbar und vordergründig die Einsicht in die Einheit der Schrift zurückgewonnen werden. Der Inspirationsbegriff selbst erfährt dabei eine

---

[338] A.a.O., 731.

[339] A.a.O., 725.

[340] F. Schleiermacher, Praktische Theologie 1824, Nachschrift Palmié, Berlin-Brandenburgische Akademie der Wissenschaften, Archiv Schleiermacher-Nachlass 554, 43, hier zit. nach S. Gerber, Hermeneutik als Anleitung zur Auslegung des Neuen Testaments, in: Arndt u. Dierken (Hrsg.), Schleiermachers Hermeneutik, 145.

[341] KGA II. 4, S.37.

[342] Vgl. KGA II. 4, S.287 und 411 f.

weitgehende Säkularisierung und symbolische Umzeichnung: Er konstituiert sich als gemeinsamer Geist, der von dem Urheber Jesus Christus auf seine Jünger übergegangen sei. Doch eine Kriteriologie, wie der gemeinsame Geist als Heiliger Geist zu erweisen sei, wird auf diese Weise gerade unterbunden.[343] Die These von Hermann Patsch, dass Schleiermacher eine ›Hermeneutica sacra zweiter Potenz‹ lehre, scheint mithin nicht begründet.[344]

IV. »Kunst-Religion« und Menschwerdung Gottes: Ein Problem der Religionsphilosophie

Schleiermacher hat Religion aufs engste mit der Kunst, in einem umfassenden Verständnis von Ästhetik, verknüpft. Hegel glossierte dies in dem Begriff der »Kunstreligion«[345] mit dem zentralen Kritikpunkt, dass die Einheit des Göttlichen mit dem Schönen in der griechischen Antike und ihrer Klassizität möglich gewesen sei. Die Anthropomorphe der Gottheiten machte es möglich, das Numinose in einer schönen, geschlossenen Gestalt zu erfassen.

Die kenotische Entäußerung Jesu Christi habe aber diese darstellbare Schönheit durchbrochen. Der Mensch gewordene Gott sei nicht mehr in schönen Formen zu fassen.[346]

Schleiermachers und der Romantiker »Kunstreligion« wird insofern von Hegel geradezu als Verfehlung der Wahrheit des christlichen Kerygmas aufgefasst. In den ›Reden‹ vollzog Schleiermacher die Engführung – ungeachtet mancher späterer Abgrenzungen – sehr explizit.[347] Er hatte dort Religion als die

---

[343] Vgl. SCHLEIERMACHER, Kurze Darstellung des theologischen Studiums zum Behuf einleitender Vorlesungen, Berlin ²1830, § 133, KGA I. 6, S.375 f. Gerber hat in seinem in FN 34 genannten Aufsatz offensichtlich Schwierigkeiten überhaupt den Unterschied zwischen einer Wirkung des Heiligen Geistes und einem nur konsensualen gemeinsamen Geist zu benennen.

[344] Dazu noch einmal PATSCH, Hermeneutica sacra in zweiter Potenz?, 174 ff. Die Argumentation in diesen Passagen ist besonders dünn. Sie trägt in keiner Weise die Behauptung.

[345] Vgl. bereits HEGEL, Phänomenologie des Geistes, Theorie-Werkausgabe Band 3, 512 ff. Siehe auch GUNTER SCHOLTZ, Schleiermacher und die Kunstreligion, in: 200 Jahre ›Reden über die Religion‹, 515–533.

[346] Dazu HEGEL, Vorlesungen über die Philosophie der Religion, in: Theorie-Werkausgabe Band 17, 120 ff. und 221 ff.

[347] Hierzu auch LEHNERER, Die Kunsttheorie Friedrich Schleiermachers, 342 ff., der sich sehr genau und kritisch mit der Frage auseinandersetzt, ob Schleiermacher überhaupt die Position einer »Kunstreligion« vertreten habe.

Kraft verstanden, die die Welt selbst zum Kunstwerk mache.[348] Dem kommt die starke Positionierung der Phantasie in den ›Reden‹ entgegen. Religion erweist sich dabei als Medium »himmlischer Phantasie«.[349] Dies geht so weit, dass er den Romantikern, seinen Adressaten, die sich als ästhetische Avantgarde betätigten, gerade in ihrer ästhetischen Fähigkeit die Aufgabe ansinnt, zur Erneuerung der Religion beizutragen. Aus der Kunst soll gleichsam eine »Auferstehung der Religion« folgen.[350] Dies geht weit über die Behauptung einer Geschwisterlichkeit zwischen Kunst und Religion hinaus, und erst recht über den berechtigten und unbestreitbaren Befund, dass Religion Kulturen und Künste mit aufs tiefste prägten, gerade durch die Auslotung der Grenzen des Darstellbaren und Sagbaren. Gerade in christlichen Kunstformen wie dem evangelischen Kirchenlied sieht man die Verbindung der Lehre mit den das Gefühl erhebenden ästhetischen Mitteln in sehr gelungener Weise realisiert.

Eine dreifache Funktion wird man damit im Sinn Schleiermachers der Kunst zuweisen können. Jede dieser Teilfunktionen ist dabei, ungeachtet, dass Schleiermacher seit der ›Ästhetik‹ von 1819 eine Eigenständigkeit und Autonomie der Sphäre der Kunst gegenüber der Religion deutlicher betont, für seinen Religionsbegriff selbst konstitutiv. Dieser konstituierende Zug steht offensichtlich in einer Spannung zum christlichen Kerygma, was nicht bedeutet, dass nicht die Kenose eindrückliches Sujet von künstlerischer Darstellung werden könnte, wie auf dem Isenheimer Altar Grünewalds.

Zum einen (1) wird in der Kunst die Ruhe des Gemüts bewirkt, die sich durch keinen der konkreten Gottesnamen als Bezeichnungen des Urgrunds in Relation auf das Bewusstsein einstellt. Wenn man also, wie Schleiermacher, Gott nur in seiner Vielnamigkeit, nicht aber in seinem offenbarten Wesen in den Blick nimmt, hat die Kunst eine höhere Evidenz als der Glaube. Zum anderen (2) ist die konkrete Gefühlsmitteilung in der Kunst konstituierend für das »Bewusstsein der absoluten Einheit, d. h. der Gottheit«.[351] Schließlich (3) ist die durch die Kunst gestiftete Gemeinschaft unerlässlich für die Begründung des gemeinsamen Geistes der Gemeinde.

---

[348] SCHLEIERMACHER, Über die Religion. Reden an die Gebildeten unter ihren Verächtern, KGA I. 12, S.124 f.

[349] KGA I. 12, S.150 ff.

[350] A. a. O., S.153.

[351] F. SCHLEIERMACHER, Psychologie. Aus Schleiermachers handschriftlichem Nachlasse und nachgeschriebenen Vorlesungen, hrsg. von L. George, SW III/6, Berlin, 1862, 460.

V. Eine christliche Summa? Der Denkansatz der ›Glaubenslehre‹

V.1. ›Lehnsätze‹ oder: Die Eigenständigkeit der Dogmatik

Der Ansatz und die Struktur der ›Glaubenslehre‹ zeigen bereits die Ablösung von Schrift-, Bekenntnis- und Traditionsbindung.[352] Die damit getroffenen Vorentscheidungen sind unerlässliche Grundlage für die von Sven Grosse treffend dargestellten Umformungen christlicher Lehre und Dogmatik in den einzelnen Loci. Schleiermacher entwickelt seine ›Prolegomena‹ einerseits aus »Lehnsätzen aus der Ethik« (1), die er als umfassende Kulturphilosophie versteht, sodann aus der Apologetik (2) und schließlich aus der Religionsphilosophie, als kritischer Darstellung der »vollkommenen Erscheinung der Frömmigkeit in der menschlichen Natur« (3).[353] Aufgrund der grundlegenden Überlegungen von Sven Grosse zur Frage, ob Schleiermacher denn überhaupt in den Kanon christlicher Theologie gehöre und ihre Durchführung an der materialen Dogmatik, kann ich mich hier auf einige ausgewählte Beobachtungen zum Denkansatz der ›Prolegomena‹ begrenzen.

(1) Dadurch, dass das Gefühl schlechthinniger Abhängigkeit in der Glaubenslehre nicht in seiner fundamentalphilosophischen Genese, wie sie oben gezeigt wurde, entwickelt wird, sondern in der ethisch-kulturellen Auswirkung, wird der Ansatz von vorneherein auf Kultur- und Situationsspezifika orientiert. Entscheidend ist die fundamentale Umzeichnung des Gottesbegriffs. Gott ist für Schleiermacher lediglich das »in diesem Selbstbewusstsein mitgesetzte *Woher* unseres empfänglichen und selbsttätigen Daseins«.[354] Oder, anders gewendet, »das in dem ursprünglichen, schlechthinnigen Abhängigkeitsgefühl Mitgesetzte«.[355] Zu dem *anthropopathischen* Ansatz bekennt sich Schleiermacher ausdrücklich. Dabei weist er die umgekehrte, realistische Ansicht zurück, »dass das Abhängigkeitsgefühl erst entstehe aus dem anderwärts her gegebenen Wissen um Gott«. Sowohl einer ›natürlichen‹ metaphysischen Neigung zum Gottesbewusstsein als auch einem metaphysischen natürlichen Gottesbewusstsein wird damit die Absage erteilt.

Diese weitreichende Revision geschieht indes mit erstaunlich schwachen Begründungen, vor allem mit dem empirischen Hinweis, dass der Masse der

---

[352] Ich begrenze mich hier auf die Freilegung des Denkansatzes. Zur Rekonstruktion der Konsequenzen für die Dogmatik und die Zugehörigkeit Schleiermachers zum theologischen Kanon vgl. das Buchkapitel von Sven Grosse weiter oben.

[353] SCHLEIERMACHER, Der christliche Glaube nach den Grundsätzen der evangelischen Kirche im Zusammenhange dargestellt. Aufgrund der zweiten Auflage KGA I. 13, 1, S.19.

[354] A.a.O., 38, in dem dort eingerückten handschriftlichen Zusatz.

[355] A.a.O., 38 f.

Gläubigen kein metaphysisches Gottesbewusstsein mitgeteilt werden könne. Dies sei daran abzulesen, dass jede Popularisierung der Gottesbeweise letztlich versagt habe. Es mag sein, dass in die Subjektivitätsstruktur des »Sich setzens als sich selbst nicht gesetzt habend« biblische Aussagen eingehen, wie das Psalmwort: »Er hat uns gemacht und nicht wir selbst zu seinem Volk und zu Schafen seiner Weide« (Ps 100,3). Auch wenn sich dies konstatieren ließe, hätte das biblische Zeugnis doch nur illustrative Bedeutung, so wie sie in Schleiermachers ›Glaubenslehre‹ üblich ist. Schriftstellen werden ohne exegetische Präzisierung angeführt. Dies signalisiert, dass es nicht auf die einzelne Evidenz ankommt, sondern auf eine ungefähre Richtung. Maßstab setzend und Ausschlag gebend ist in jedem Fall die philosophische Ausrichtung.

Auch die Gemeinschaftsbildung und ihre Spezifizierung in einer Kirche werden auf das Gefühl schlechthinniger Abhängigkeit und seine Konkretion im frommen Selbstbewusstsein bezogen. Schleiermacher unterscheidet zwischen der »fließenden« und deshalb »unbegrenzten Gemeinschaft« und eher institutionalisierten und fixierten Gemeinschaftsformen.[356] Eine normative Prägung durch das Wort Gottes und seinen Geist bleibt aber aus.

(2) Die Lehnsätze aus der Religionsphilosophie entwickeln verschiedene Gottesvorstellungen. Anders als bei Hegel oder Schelling (siehe weiter unten Abschnitt VI.4) wird nicht der Versuch unternommen, die Vorgängigkeit göttlicher Offenbarung durch den Begriff einzuholen. Schleiermacher bleibt vielmehr bei einer Typologie verändert wiederkehrender Gestalten des Gottesbewusstseins stehen. Vor allem aber dringen seine Explikationen nicht über den Befund unterschiedlicher Formen des Gottesbewusstseins *in intellectu* hinaus. Schleiermacher konzediert zwar dem Monotheismus eine höchste mögliche Vortrefflichkeit und, gemäß dem *perfectio*-Ideal der Aufklärung, einen hohen Grad an Vollkommenheit. Man wird diesen Vorrang indirekt aus dem höheren Integrations- und Einheitsbewusstsein ableiten können. Eine an der Wahrheit des Gottesgedankens orientierte Bestimmung bleibt aber aus. Schleiermacher geht vielmehr von einer Entwicklungs- und Evolutionskonzeption aus, die vom Unvollkommenen zu immer Vollkommenerem führe. Es ist, anders als in der Geschichtskonzeption anderer Denker der nachkantischen Periode, die Grundform des »Historizismus« (K. Popper),[357] jene Geschichts- und Fortschrittsgläubigkeit,

---

[356] KGA I. 13, 1, 56f.

[357] Karl Popper benennt mit ›Historizismus‹ die Auffassungen einer utopisch aufgeladenen immanenten Eschatologie und eines zielgerichteten Geschichtsverlaufs. Vgl. DERS., Das Elend des Historizismus, Tübingen, ⁶1987. Es ist wahrscheinlich, dass der Historismus in seinen umfassenden Relativierungen und Verflüssigungen, in dem nichts Absolutes bleibt, ein Problem, das Ernst Troeltsch anders als seinen postmodernen Nachfolgern sehr schmerzlich bewusst war, nur durch einen ›Historizismus‹ immanent außer Kraft zu

die den Programmatikern der Aufklärung eigen war. Nietzsche beobachtete sie noch an David Friedrich Strauß und beschrieb sie als »Philister-Religion«. Die naturalistische organische Redeweise lässt erkennen, dass es lediglich relative, an einem kulturellen Maßstab orientierte höhere bzw. niedrigere Entwicklungen sind, die »christliche Religion« von anderen Religionsmanifestationen unterscheidet. »Wenn unser Satz zwar nicht behauptet, aber doch die Möglichkeit stillschweigend voraussetzt, es gebe andere Gestaltungen der Frömmigkeit, welche sich zu dem Christentum verhielten wie andere, aber auf gleicher Entwicklungsstufe mit ihm stehende, also insofern ihm gleiche Formen: so ist doch dies nicht im Widerspruch mit der bei jedem Christen vorauszusetzenden Überzeugung von der ausschließenden Vortrefflichkeit des Christentums«.[358] Die Vergleichbarkeit aufgrund des Überbegriffs von Religion wiegt also schwerer als die Differenz aufgrund göttlicher Offenbarung.

Mit diesen, wiederum nur empirisch getroffenen Überlegungen setzt Schleiermacher die Unterscheidung zwischen »wahrer« und »falscher Religion« programmatisch außer Kraft. Auch hier werden wieder sehr schwache, allenfalls empirisch valide Begründungen angeführt:

> Nur das verträgt sich nicht mit unserem Satz, was freilich häufig gehört wird, daß die christliche Frömmigkeit sich wenigstens zu den meisten anderen Gestaltungen verhalten soll wie die wahre zu den falschen. Denn wenn die auf derselben Stufe mit dem Christentum stehenden Religionen durchaus falsch wären, wie könnten sie so viel Gleiches mit dem Christentum haben, als jene Stellung erfordert?«[359]

Sogar die Paulinische Aussage in Römer 1 über die *revelatio generalis* wird als Beleg für diese These zitiert.

Ob aber zwischen den Religionen und dem christlichen Glauben tatsächlich Analogien überwiegen oder ob nicht vielmehr durch die Offenbarung solche vermeintlichen Ähnlichkeiten in einem ganz anderen Licht erscheinen müssen, kommt Schleiermacher nicht in den Sinn.[360] Auch die Differenz zwischen Mythos und Offenbarung wird nicht benannt. Schon im Alten Testament und dem Verhältnis Israels zu den umgebenden Völkern hätte sich diese deutliche Unterscheidung erkennen lassen. Hier ist die Verkennung Israels und die Be-

---

setzen ist: also durch die Angabe eines immanenten Zielpunkts der Geschichte. Damit rücken aber tendenziell totalitäre Denkformen in den Horizont der Moderne ein.

[358] SCHLEIERMACHER, Der christliche Glaube, KGA I. 13, 1, 63.

[359] Ebd.

[360] Vgl. für diesen am späten Schelling und an Franz von Baader aufgewiesenen Perspektivenwechsel A. SCHLATTER, Das Verhältnis von Theologie und Philosophie Band I. Die Berner Vorlesung (1884): Einführung in die Theologie Franz von Baaders, hrsg. von Harald Seubert. Stuttgart, 2016, insbes. 65 ff.

schneidung der heilsgeschichtlichen Kontinuität zu vermerken, die auch Schleiermacher in eine markionitische letztlich antijudaistische, wo nicht antisemitische, Linie bringt, die die deutsche und europäische Ideengeschichte mit fatalen Wirkungen durchzieht.

Indem die Differenz zwischen wahrer und falscher Religion ausfällt, kann als Kriterium für die höhere Entwicklung wiederum nur der Rekurs auf ein jeweiliges Selbstbewusstsein in Anspruch genommen werden.[361] Götzendienst und Stammesreligionen zeichneten sich durch eine unbestimmte verworrene Erregbarkeit aus, in der höhere und niedrigere Mächte nicht unterschieden werden könnten; den Polytheismus benennt Schleiermacher im Sinn einer »frommen Erregbarkeit«, die »sich mit verschiedenen Affektionen des sinnlichen Selbstbewusstseins einigt«[362] – eine wenig kontrollierbare Situativität, die das Gefühl schlechthinniger Abhängigkeit gerade nicht in seiner Einheit und als Indifferenzpunkt zur Geltung bringe. Diese Einheit werde erst im Monotheismus aufgefunden.

Einer Bezugssetzung des Christentums zu den fernöstlichen Religionen sieht sich Schleiermacher durch diesen Primat des Monotheismus von vorneherein enthoben, sehr im Unterschied zu Hegel oder Schelling. Auch der Erweis der Höchststufigkeit des Christentums ist argumentativ erstaunlich dürftig und wird im Grunde nur durch eine Ausschließungslogik legitimiert. »Das Christentum stellt sich daher schon deshalb, weil es sich von den beiden Ausweichungen frei hält, über jene beiden Formen, und behauptet sich als die reinste in der Geschichte hervorgetretene Gestaltung des Monotheismus«:[363] Als die beiden vermeintlichen Fehlformen wird im Blick auf das Judentum eine Verwandtschaft mit dem Fetischismus behauptet, die daher rühre, dass »die Liebe des Jehovah auf den Abrahamitischen Stamm« behauptet wird. Dies verbindet sich mit der durchgängigen für den heilsgeschichtlichen Kanon durchgängig verfehlten Aussage, das Judentum sei fast erloschen. Schleiermacher wird damit dem Judentum seiner Zeit nicht gerecht und er verkennt auch die bleibende Bedeutung des Alten Testamentes, der Hebräischen Bibel, für den christlichen Glauben. Man muss nicht zu anachronistischen Beurteilungen heutiger Religionswissenschaft greifen, um das unzureichend Bornierte dieses Ansatzes zu benennen. Immerhin hätte Schleiermacher auf Moses Mendelssohn und die epochale Anstrengung des Haskala, der jüdischen Aufklärung, zurückgreifen können.

Dem Islam wird stattdessen ungeachtet des strikten Monotheismus eine nicht weiter spezifizierte sinnliche Tendenz und ein Rückfall in die Vielgötterei

---

[361] SCHLEIERMACHER, Der christliche Glaube, KGA I. 13, S. 66 ff. »nur eine Verschiedenheit in dem unmittelbaren Selbstbewusstsein kann sich für uns dazu eignen, daß wir die Entwicklung der Frömmigkeit daran messen dürfen«.

[362] SCHLEIERMACHER, 66 f.

[363] A. a. O., 68.

oder die Tendenz von Naturreligionen vorgehalten.[364] Gegenüber dieser doppelten Abgrenzung kann dann das Christentum als *via media* skizziert werden.

V.2. Das ›Wesen des Christentums‹: Aspekte der Durchführung

Auch seinem »eigentümlichen Wesen nach«[365] wird das Christentum aus Lehnsätzen entwickelt. Sie sind diesmal der ›Apologetik‹ entnommen. Dabei sieht Schleiermacher ein besonderes Problem in der Zersplitterung der *Una Sancta* in verschiedene Kirchentümer. Der gemeinsame *medius terminus* besteht in nichts anderem als im Glauben an die Erlösung und an Jesus Christus als den Erlöser. Schleiermacher fügt allerdings hinzu, dass jene Erlösung »nur bildlich« zu verstehen sei[366] und den Übergang von einem »schlechten Zustande, der als Gebundensein« dargestellt wird, in einen besseren Zustand bezeichne. Dieser Zielzustand bezeichne eine größere Freiheit. Unumgänglich stellt sich eine gewisse, für die Analogisierung von Religionsformen charakteristische Schwierigkeit, das Proprium des Christlichen zu thematisieren. Den Offenbarungsbegriff vermeidet Schleiermacher. Im Christentum und in jeder anderen Religion sei das eigentümliche Proprium aus verwandten Konstellationen hervorgegangen.

Auch auf dem Terrain, auf dem es um das unterscheidend Christliche gehen müsste, wird also die Suche nach dem *medius terminus*, der Kompromissformel, verstärkt. So bemerkt er, das christliche Zentrum, die Erscheinung des Erlösers, sei »weder etwas schlechthin Unvernünftiges noch etwas schlechthin Übervernünftiges«.[367] Die doppelte Ausblendung von Irrationalität und Suprarationalismus bedeutet das Votum für eine aufklärerische Grundrationalität. Weder der Weg eines Fideismus noch eines konsequenten Supranaturalismus ist daher nach Schleiermacher eröffnet. Ausgeblendet wird aber noch mehr: nämlich vor allem ein spekulativer Begründungsanspruch und eine, wie auch immer angelegte, biblisch fundierte Systematik, die den Skandalon- und Moria-Charakter (1Kor 1,18) und die Verborgenheit aller »Schätze der Weisheit« (Kol 2,3) in Jesus Christus thematisiert.

Schleiermacher folgt erkennbar einer defensiven Apologetik, die die letztliche Übereinstimmung christlichen Glaubens mit den Zeitprinzipien des Ra-

---

[364] Schleiermacher, Der christliche Glaube, 63.

[365] A. a. O., 74 f. Dieser ›Wesens‹-Begriff, den etwa Harnack wieder aufnehmen wird, gründet sich gerade nicht auf Schrift und Bekenntnis, sondern auf eine begriffliche Abstraktion, die selbst von sachfremden Ideationen wie dem ›Gefühl schlechthinniger Abhängigkeit‹ geleitet wird.

[366] Schleiermacher, Der christliche Glaube, KGA I. 13, 1, S. 93 f.

[367] KGA I. 13, 1, 106 ff.

tionalismus darlegt. Dass sie sich von diesen Prinzipien auch grundlegend unterscheidet und dass die Zeit gegenüber dem christlichen Kerygma sich auszuweisen hat, eine solche, die Andersheit des Glaubens sichtbar machende Argumentationslinie findet sich nicht, sehr im Unterschied zu den Apologetikern der alten Kirche, aber auch den großen apologetischen Neuansätzen im 20. Jahrhundert u. a. bei Romano Guardini oder G. K. Chesterton. Auch der Unterschied zu Zeitgenossen wie Hegel, Schelling oder Franz von Baader ist gerade in diesem defensiven Ansatz markant.

Besonders tritt dies am Offenbarungsbegriff zutage, wenn dieser doch eine Rolle spielt.

Offenbarung ist nach Schleiermacher jedwede Vermittlung von Heil und Gnade an den Menschen.[368] Schleiermacher widerspricht deshalb ausdrücklich einem exklusiv christozentrischen Offenbarungsbegriff. Christus erscheint eher als Typus, als eine Realisierung der allgemeinen göttlichen Offenbarung, die grundsätzlich jeder menschlichen Aneignung zugänglich sein müsste: »Denn zuerst muss doch, so gewiss Christus ein Mensch war, auch in der menschlichen Natur die Möglichkeit liegen, das Göttliche, wie es eben in Christo gewesen ist, in sich aufzunehmen«.[369] Hier wird die anthropopathische Ausrichtung christologisch zugespitzt. Es ist nach Schleiermacher letztlich die Exemplarizität und Vorbildlichkeit des Gottesbewusstseins Jesu, die ihn auszeichnet, nicht seine göttliche Natur. Auch damit wird ein fast stereotypes Moment der liberalen Theologie fixiert.

Die heilsgeschichtliche Kontinuität und ein das Judentum ausblendender Universalismus verstärken sich hier. Schleiermacher betont in § 12,[370] dass, was das geschichtliche Dasein und die »Abzweckung« des Christentums betreffe, »es sich zu Judentum und Heidentum« gleich verhalte. Überblendet wird indes, dass diese Gleichheit im Sinn von Röm 9–11 einzig angesichts der Unmöglichkeit zu begründen wäre, aus Erfüllung des Gesetzes Gottes Gnade zu gewinnen. In seiner ›Einleitung‹ in das theologische Studium hat Schleiermacher die »Grundaufgabe der Apologetik« darin gesehen, »für das eigentümliche Wesen des Christentums eine Formel aufzustellen«.[371] Diese formelhafte Explikation werde sich dann bei spezifischen Kirchentümern und Denominationen spezifizieren müssen.[372] Schleiermacher ist auch darin Lehrer neuerer protestantischer

---

[368] SCHLEIERMACHER, Der christliche Glaube, ebd.

[369] A. a. O., 108.

[370] A. a. O., 102 ff.

[371] SCHLEIERMACHER, Kurze Darstellung des theologischen Studiums zum Behuf einleitender Vorlesungen. Kritische Ausgabe, hrsg. H. Scholz, Leipzig, ³1910, ND Darmstadt, 1993, 19.

[372] A. a. O., 22

Theologie, dass er der konfessionellen Differenz, vor allem einem aufgeklärten Protestantismus, normative Bedeutung zuerkannte.

Indes darf die Rede vom »Wesen«, immerhin die Entsprechung des griechischen *logos tes ousias*, nicht auf die Vermutung eines situationsinvarianten Begriffs bei Schleiermacher führen. Die im späteren 19. Jahrhundert wiederum gängig gewordene Rede, die in Harnacks Vorlesungen über das »Wesen des Christentums« sich publikumswirksam Bahn brach, bezeichnet primär eine geschichtlich-historische Erscheinungsform und Gestalt.

Schleiermachers Hauptaufmerksamkeit gilt dem Umstand, dass mit dem Neuen Testament eine Neuerung innerhalb der Evolution religiösen Bewusstseins ansetze. Es bleibe im Wesentlichen die Prophetie, die dem »neuen Bund ein[en] von dem alten verschiedene[n]Charakter beilege.[373] Damit sei, so Schleiermacher, die Regel aufzustellen, »daß für den christlichen Gebrach fast alles Übrige im Alten Testament nur Hülle jener Weissagung ist, und dasjenige den wenigsten Wert hat, was am bestimmtesten jüdisch ist.«[374] Umso stärker ist Schleiermachers Interesse, Anfänge dieses evolutiv Neuen in den edlen Formen der paganen Welt aufzufinden, auch wenn dies auf Kosten der Bundesgeschichte geht.

V.3. Methode der Dogmatik

Hinsichtlich der Methode der Dogmatik ist der Schleiermachersche Denkansatz in zweifacher Weise zu punktieren. (a) Die Suche nach der Mitte führt zu einer gewissen Hilflosigkeit, die aber nicht im Sinn platonischer Aporetik in ein tieferes Forschen und Fragen einleitet, sondern geglättet hingenommen wird. Schleiermacher notiert das Dilemma, dass, je spezifischer eine dogmatische Aussage gefasst werde, um die Unterschiede von Lehrdifferenzen zu erfassen, umso geringer die Reichweite seiner Geltung sei.[375] Je umfassender, katholischer er aber sei, umso geringer sei seine diakritische Potenz.

Seiner Tendenz zur Kunstreligion gemäß sieht Schleiermacher die Artikulation der Frömmigkeit zum anderen (b) primär als Ausdifferenzierung des dichterischen und rednerischen Ansatzes primärer Frömmigkeit, einschließlich nicht-sprachlicher Formen von Geselligkeit und »gestischem Symbolisieren«.[376]

---

[373] Schleiermacher, Der christliche Glaube, KGA I. 13, 1, 113.

[374] Ebd.

[375] A. a. O., 116 f.

[376] Vgl. dazu und im Blick auf den letztlich auf den Halleschen Ästhetiker G. F. Meier zurückgehenden umfassenden Begriff der künstlerischen Rede Arndt, Friedrich Schleiermacher als Philosoph, 299 ff. und 326 ff. Siehe auch I. Mädler, Ausdrucksstil und Symbolkultur als Bedingung religiöser Kommunikation, in: 200 Jahre ›Reden über die Religion‹, 897–908, sowie U. Barth, Subjektphilosophie, Kulturtheorie und Religions-

Dogmatische Aussagen treten aus diesem eher unbestimmten Bereich heraus[377] und zielen auf die Bildung von Sätzen und Begriffen. Allerdings wird nach Schleiermacher die dogmatische Rede nie ganz über die ursprünglichere Ebene der Bildlichkeit hinausgelangen können. Er erklärt damit im unzureichenden Gewand der Ästhetik ein Dilemma, das bei der symbolisch indirekten Auffassung der dogmatischen Loci wohl unvermeidlich ist: Dass sie aus Doxologie und Bekenntnis hervorgehen und in deren Feld zurückgehen müssen. Irreführend ist aber bei Schleiermacher ein Rationalismus, der selbst gerade nicht begründet und ausgewiesen wird und die Unterscheidung des Bildlichen vom Eigentlichen von vorneherein trägt. Kriterium der Dogmatik ist mithin auch, dass keiner ihrer Sätze »in einem andern seinen Grund hat, vielmehr jeder nur aus der Betrachtung des christlichen Selbstbewusstseins gefunden« werden könne.[378]

Auch die systematische Verknüpfung von Sätzen folgt diesem subjektiven, eher auf einem Geschmacksurteil beruhenden Ansatz. Der Vorrang bestimmter dogmatischer Loci vor anderen wird nicht etwa nach einer *hierarchia veritatis* gewonnen. Vielmehr soll der Satz »den Vorzug verdienen, der den größten Kreis von andern, welche sich auf verwandte Tatsachen beziehen, aufschließt«, der also einen weiteren Umfang des »individuellen Allgemeinen« vertritt. Die Folge ist, dass dogmatische Aussagen nicht nach dem Kriterium der Wahrheit, schon gar nicht einer situationsinvarianten Wahrheit, expliziert und beurteilt werden, sondern wie im Vorklang historistischer Relativität den Zusammenhang »der in einer christlichen Kirchengesellschaft zu einer gegebenen Zeit geltenden Lehre« beschreiben. Den materialen Bestand der Dogmatik macht deshalb das aus, »was in den öffentlichen Verhandlungen der Kirche, wenn auch nur in einzelnen Gegenden derselben, als Darstellung der gemeinsamen Frömmigkeit gehört wird, ohne Zwiespalt und Trennung zu veranlassen«.[379]

Obgleich Schleiermacher in seinen Bestimmungen zur Methode der Dogmatik den Begriff der Häresie ins Recht setzt, kann dies mit dem ›Sic et non‹ der Alten Kirche oder der Reformationszeit nicht verwechselt werden. Eberhard Jüngels bekannte Einfügung von Schleiermacher in einen klassisch evangelischen reformatorischen Zusammenhang kann deshalb nicht überzeugen.[380] Die Häresien müssen letztlich selbst an der Bewusstseinsstruktur abgelesen und nach ihrer Vollkommenheit und Reife bemessen werden. Da das Schriftprinzip wegfällt und auch eine situationsinvariante Vernunftwahrheit unterbelichtet ist,

---

wissenschaft. Kritische Anfragen an Schleiermachers Theologieprogramm, in: DERS., Kritischer Religionsdiskurs, Tübingen, 2014, 293 ff.

[377] KGA I., 137.

[378] Ebd.

[379] SCHLEIERMACHER, Der christliche Glaube, a.a.O., 139 f.

[380] E. JÜNGEL, ›Häresis – ein Wort das wieder zu Ehren gebracht werden sollte. Schleiermacher als Ökumeniker, in: 200 Jahre ›Reden über die Religion‹, 11 ff.

erweist sich dieser Ansatz als kriteriologisch schwach. Eine gleichsam aristote-
lische Mitte kann Schleiermacher nur finden, indem er die Häresien als Grenz-
marken erkennt, die zu vermeiden und dabei mitzubedenken sind.

Besonders gravierend wirkt sich dies dadurch aus, dass der Umfang der
Dogmatik auch wieder an »die Tatsachen des frommen Selbstbewusstseins«
gebunden wird. Eine Objektivation scheint in der Aussage von § 30 erreicht zu
werden, wenn vermerkt wird, dass »alle Sätze, welche die christliche Glaubenslehre aufzustellen hat, [...] entweder als Beschreibungen menschlicher Le-
benszustände, oder als Begriffe von göttlichen Eigenschaften und Handlungsweisen oder als Aussagen von Beschaffenheiten der Welt« in Geltung sind.[381] »Die
unmittelbare Beschreibung der Gemütszustände« ist dabei ausdrücklich die
Perspektive, aus der diese Differenzierung aufgesucht werden soll.[382] Mithin wird
auch in der Überschreitung der transzendentalen Subjektivität letztlich ein
transzendental subjektiver Ansatz gewählt. Schleiermacher bleibt damit einem
egologischen Paradigma und einer konsequenten Grundlegung aus dem Ich
verpflichtet, die andere Vertreter der nachkantischen Philosophie, wie wir sehen
werden, dezidiert verlassen, um der Wirklichkeit Gottes und seiner Manifestation
im religiösen Zeugnis, insbesondere aber im Zeugnis der Offenbarung, näher zu
kommen.

Das Verfahren der Glaubenslehre wird von Schleiermacher gleichermaßen
von einer »biblischen Dogmatik«[383] und einer »scholastischen« Methode abgegrenzt. Letztere neige zu der Gefahr, Philosophie und christliche Glaubenslehre
miteinander zu vermischen.[384] Ausdrücklich wird daneben die »scholastische«
Möglichkeit zurückgewiesen, von einem Grundsatz her das Ganze der theologischen Systematik abzuleiten. Anstelle des Grundsatzes sei vielmehr die
Grundtatsache der Frömmigkeit, die im Sinn des Gefühls schlechthinniger Abhängigkeit über sich selbst aufgeklärt ist, zur Geltung zu bringen. Die Spannung
zwischen der unmittelbaren Frömmigkeit und ihrer theoretischen Selbstauf-
klärung gibt Schleiermacher durchaus zu;[385] ihre philosophische Auflösung
verweist er freilich an die philosophische Grundlagenreflexion, mit dem Hinweis,

---

[381] Schleiermacher, Der christliche Glaube, 195 f.

[382] A. a. O., 195.

[383] A. a. O., 180. Schleiermacher spricht im Zusammenhang dieser Abgrenzung von einer
»schriftmäßigen Dogmatik« im Verhältnis zu einer »wissenschaftlichen Dogmatik«.
Ersterer weist er eine unterbestimmte Systematizität zu. Die Abkehr von reformatorischen Grundsätzen könnte kaum weitergehend entwickelt sein. Vgl. zum Programm der
Erneuerung einer ›Biblischen Dogmatik‹ den wenig rezipierten und leider auch anti-
metaphysisch orientierten Ansatz F. Mildenberger, Biblische Dogmatik. Eine biblische
Theologie in dogmatischer Perspektive. Band 1. Prolegomena, Stuttgart, 1991.

[384] Schleiermacher, Der christliche Glaube, 188 f.

[385] A. a. O., 189.

dass sie für jede Philosophie anders zu führen sei und nicht in den Bereich der Glaubenslehre gehöre. Letztlich soll also die Glaubenslehre zwar von anderen Systemen des Wissens unterschieden und daher auch nicht einer spekulativen Metaphysik eingegliedert werden. Sie rückt in den Bereich individueller philosophischer Entscheidung. Dass sie aber an der Ungeklärtheit des Schleiermacherschen Dialektik-Begriffs Anteil hat, ist offensichtlich.

V.4. Seitenzweige: Die theologische Enzyklopädie: ›Kurze Darstellung des theologischen Studiums‹

Schleiermachers Einführung in das theologische Studium, seine Enzyklopädie, gibt dem Denkansatz seiner ›Glaubenslehre‹ seinen Ort. Die Systematizität der Enzyklopädie zeigt, dass die philosophische Theologie der historischen Theologie vorangestellt wird. Erstere umfasst, wie bereits zu sehen war, zwei Hauptstücke: Die Apologetik, die primär nach außen, und die Polemik, die primär nach innen orientiert ist.[386] Bemerkenswert ist, dass Schleiermacher in der wichtigen ›Schlussbetrachtung‹ seiner ›Kurze[n] Darstellung‹ die hohe Individualität der ›philosophischen Theologie‹ betont[387] und zugleich hervorhebt, dass »beide Disziplinen der philosophischen Theologie [...] ihrer Ausbildung noch entgegen[sehen]«.[388] Daraus folgte in der tatsächlichen Formation des protestantischen Theologiestudiums die Degradierung philosophischer Rationalität zur reinen Geschmacks- und Temperamentfrage des individuellen Theologen. Eine philosophische grundlegende Orientierung mit einem systematischen oder problemgeschichtlichen Kanon fällt aus. Doch die jeweiligen Individualneigungen führten und führen dazu, dass verschiedene Philosophien in den theologischen Aufriss eingetragen werden und ihn leiten können. Schleiermachers Behauptung, dass »die philosophische Theologie eines jeden wesentlich die Prinzipien seiner gesamten theologischen Denkungsart in sich schließt«, bewahrheitet sich bis heute – freilich keineswegs zum Guten. Der rationalen Objektivierung und ihrer Begründung sieht man sich dadurch enthoben; an die Stelle von Philosophien treten nicht selten Idiosynkrasien und Ideologeme, wie es einst der Marxismus war und heute der Konstruktivismus ist. Auch wenn von akademischen Theologen wie Friedrich Wilhelm Graf diese Tendenzen wortreich[389] – und nicht zuletzt aufgrund der beklagenswerten intellektuellen Öden, die sie hervorbringen, beklagt werden, muss man sich doch eingestehen, dass sie innerhalb des

---

[386] Kurze Darstellung, § 67, 29.

[387] Ebd.

[388] A. a. O., 29 f.

[389] Vgl. z. B. F. W. Graf, Kirchendämmerung. Wie die Kirchen unser Vertrauen verspielen, München 2011.

auch von ihnen favorisierten Schleiermacherschen Paradigmas schwerlich korrigierbar sein dürften.

Der »historischen Theologie«, also der Kenntnis des Wesens des Christentums in seinem geschichtlichen Status, subordiniert Schleiermacher sowohl die exegetische Theologie als auch die Kirchengeschichte, »historische Theologie im engeren Sinn«, und eben Dogmatik und die Institutionenlehre, die sogenannte »kirchliche Statistik«. Diese Systematik lässt schon erkennen, dass weder Exegese noch Dogmatik einen eigenständigen normativen Rang haben. Welche Rolle Schleiermachers Hermeneutik für seine Exegese spielt, war weiter oben zu skizzieren [III].

Der Dogmatik wird material gerade in der ›Kurzen Darstellung‹ explizit abverlangt, dass sie »alles in ihrer Kirchengemeinschaft gleichzeitig Vorhandene verhältnismäßig berücksichtigen« müsse.[390] Die divinatorische Seite wird dabei ausdrücklich neben der assertorischen hervorgehoben. Damit wird indirekt doch dem »Gefühl schlechthinniger Abhängigkeit« Rechnung getragen, auch wenn es in der theologischen Systematik nicht explizit aufscheint. In § 213 notiert Schleiermacher: »Der streng didaktische Ausdruck, welcher die Zusammengehörigkeit der einzelnen Formeln dem dogmatischen Verfahren seine wissenschaftliche Haltung gibt, ist abhängig von dem jedesmaligen Zustand der philosophischen Disziplinen«.[391] Es geht freilich um deutlich mehr als bloße Didaktik, es geht, wie Schleiermacher im Folgeparagraphen selbst einräumt, um ›Dialektik‹ der Begriffsentwicklung. Schleiermacher meint auch hier in dem angezeigten philosophischen Pluralismus mit einer minimalen Spezifizierung auszukommen. Ausgeschlossen werden lediglich solche Philosophien, die entweder entschieden materialistisch oder sensualistisch seien und damit im Widerspruch zum Christentum stünden. Sie erfüllten aber auch nicht den Anspruch an den Vollsinn der Philosophie, fügt er hinzu.[392] Man wird kritisch kommentierend hinzufügen können, dass diese Begrenzung in einem mehr oder minder unreflektierten Anschluss an Schleiermacher später preisgegeben wurde. Nicht selten sind gerade naturalistisch reduktionistische Philosopheme oder Ideologeme, wie eben Konstruktivismus oder der Marxismus, bestimmend geworden.

Eine Unentschiedenheit hinsichtlich historischer und philosophischer Theologie zeigt sich schließlich in Schleiermachers »Schlussbetrachtungen«: Einerseits konstatiert er, dass sich »die ganze Organisation der historischen Theologie aber [...] auf die Resultate der philosophischen« gründe.[393] Auch die Auffassungsdifferenzen innerhalb der historischen Theologie führt er im Wesentlichen auf Differenzen innerhalb der philosophischen Theologie zurück. Er

---

[390] SCHLEIERMACHER, Kurze Darstellung, § 201, 77.
[391] A. a. O., 81 f.
[392] A. a. O., 82, auch FN 1.
[393] A. a. O., 97.

muss dann aber andererseits eingestehen, dass die philosophische Theologie, die von außen und über dem historischen Christentum dieses zu erfassen und zu würdigen suche, noch nicht im Einzelnen entwickelt sei. Deshalb könne der Vorwurf der Willkür an dogmatische Entwürfe zu Recht oder auch zu Unrecht gerichtet werden.

Die Schwäche der Begründungen fällt umso mehr auf, als Schleiermacher in seiner ›Kurzen Darstellung‹ explizit an einen wissenschaftssystematischen Anspruch der Zeit anknüpft, den Schelling besonders nachdrücklich in seinen ›Vorlesungen über die Methode des akademischen Studiums‹ (1803) formuliert hatte: Dass die Systematik der Wissenschaften aus der Konzeption des Absoluten abzuleiten ist und dass dadurch die verschiedenen Wissenschaften ein organisches Ganzes bilden würden.[394] Schleiermacher rekurriert dabei, wie sich in einer bekannten Rezension zu Schelling besonders zeigt, auf Schellings identitätsphilosophischen Ansatz und die Konstruktion der Differenz zwischen Idealem und Realem. Er distanziert sich allerdings an entscheidendem Punkt von der Schellingschen Systematik: Die Theologie ist für Schelling die Objektivierung des Indifferenzpunkts, also die Wissenschaft »des absoluten göttlichen Wesens«.[395] Schleiermacher hält demgegenüber daran fest, dass die Theologie eine positive Wissenschaft sei.

Die Systematik der Wissenschaften aus dem Indifferenzpunkt kennt mithin nur zwei Disziplinen: Die Physik (bzw. die spätere Naturwissenschaft), die das Reale des Indifferenzpunktes und die Ethik (Kulturtheorie, Theorie des objektiven Geistes), die das Ideale ausführe. Diese Differenzierung bleibt auch auf einer metatheoretischen Verständigungsebene beibehalten, wenn man von dem idealen, bzw. realen Verschränkungs- und Verflechtungszusammenhang ausgeht.

Schleiermacher liegt offenbar daran, auch in der Wissenschaftssystematik die eigene Provinz der Theologie, die dabei eng mit der gelebten Religion verbunden werden soll, freizulegen. Der systematische Systemanspruch wird deshalb eingeschränkt: So soll Theologie gerade nicht als eine reale Darstellung des Urwissens aufgefasst werden.[396] Dies zöge dann die Implikation nach sich, dass Theologie die Realisierung der Philosophie (Dialektik) in der Sphäre des Absoluten wäre, die den Indifferenzpunkt rational einlösen würde. Schleiermacher scheut davor offensichtlich zurück: Ausreichend sei es, »den absoluten Zentralpunkt gleicherweise in den beiden relativen, und wiederum diese in jenem darzustellen«.[397] Dadurch aber ergibt sich aus der klassischen Dreiteilung von

---

[394] SCHOLZ, XXV.

[395] Rezension Schelling, in: F. SCHLEIERMACHER, Texte zur Pädagogik. Kommentierte Studienausgabe, hrsg. von M. Winkler und J. Brachmann. Band 1, Frankfurt a. M. 2000, 64 ff., hier 68.

[396] A. a. O., 70.

[397] Ebd.

Dialektik, Ethik, Physik, die Schleiermacher bekanntlich auch in die Tektonik der platonischen Dialoge hineingelesen hatte, dass die Theologie zwar einen umfassenden Rang haben, nicht aber in der wissenschaftlichen Systematik verankert sein soll. Die Sonderstellung der Theologie bringt sie in eine Nähe zur philosophischen Begründungswissenschaft, der ›Dialektik‹, allerdings nicht so sehr in begründungstheoretischer als vielmehr in kontemplativer Sicht und damit auf jenen Punkt bezogen, den Schleiermacher als höchsten Punkt des Wissens ausmachte: das ›Gefühl schlechthinniger Abhängigkeit‹.

V.5. Das Zweite Sendschreiben an Lücke – Normativität moderner Religion

In seinem zweiten Sendschreiben an Lücke hat Schleiermacher im Rückblick auf die Debatte und die zum Teil harten Kritiken, die ihm die Glaubenslehre eintrug, noch einmal ein umfassendes Resümee seines Ansatzes gezogen, der in diesem Begleittext expliziter ausgesprochen wird als in der Glaubenslehre selbst. Schleiermacher griff dabei den Horizont der ›Glaubenslehre‹ noch einmal grundsätzlich auf, in Präfiguration der historistischen und symbolischen Deutungen und Entschärfungen eines modernen Christentums.

Zunächst trennte er das Wesen des Christentums von Sechstagewerk, Schöpfung und mosaischer Chronologie. Auch die Wunderberichte des Neuen Testamentes erklärte er, im Sinn der aufklärerischen Neologie, für sekundär. Jede treuliche orthodoxe Tradierung der alten Lehre wurde damit als rückständig aufgefasst: »Soll der Knoten der Geschichte so auseinander gehen? Das Christentum« mit der Barbarei, und die Wissenschaft mit dem Unglauben«.[398] Bei Schleiermacher ist gar von Larven die Rede, die aus »enggeschlossenen religiösen Kreisen, welche alle Forschung außerhalb jener Umschanzungen eines alten Buchstabens für satanisch erklären«.[399]

Mit einer weiteren These schrieb Schleiermacher einen der Grundtexte der historisch-kritischen Methode: Geschichte mache vor den Offenbarungsurkunden nicht halt, der heilsgeschichtliche Kanon lasse sich im Licht historischer Kritik nicht aufrechterhalten. Deshalb seien »Nebenwerk« und Zentrum voneinander zu trennen: »Wesentliches können wir nichts dabei verlieren: Christus bleibt derselbe, und der Glaube an ihn bleibt derselbe«.[400] Bultmann sollte in seiner von Heideggers Existenzkategorien illegitim zehrenden existentialen In-

---

[398] Schleiermacher, KGA I/10, S.347.
[399] Ebd.
[400] A.a.O., 417.

terpretation dieselbe Behauptung aufrechterhalten.[401] Schon in der eigenen Zeit war fraglich, ob dies denn irgend zutreffe, ob eine von materialem Gehalt und Faktizität der Offenbarung abgelöste Christusbezogenheit Bestand haben könne. Mit diesen Aussagen war indessen das Betriebsgeheimnis der Glaubenslehre klarer gelüftet als in deren Text selbst.

Zum dritten grenzte sich Schleiermacher aber, ganz im Sinn seiner Schellingkritik, auch von der spekulativen Philosophie ab. Er wollte nicht den Weg einer christlichen Metaphysik gehen, der bei allen Modifikationen im Einzelnen auf der großen Linie von Augustinus über Thomas und Meister Eckhart bis zu Hegel und Schelling reicht. Philosophie war ihm das »Gespenst«, und er fürchtete, dass das eigenständige Gebiet der Religion, das er seit seinen Reden behauptet hatte, zu ihrem Appendix werden könne. Beides könne man sein, so hatte er schon im Jahr 1818 Jacobi geschrieben: Philosoph einerseits und andererseits einfaches Kind Gottes und »von Herzen fromm«.[402] Die aufgeklärten und modernen Theologen suchten immer wieder ihre Herzensfrömmigkeit und ihr einfaches Christsein unter Beweis zu stellen. Auch hier begründete Schleiermacher eine lebensweltliche Überlieferung, die über Harnack zu Bultmann reicht und viele kleinere Geister in der theologischen Ahnenreihe mit umschließt. Wie aufrichtig diese Haltung war und wie viel Hypokrisie sich schon in der Sache darin verbergen musste, sei offengelassen. Schleiermacher hatte seinerzeit, auch durch die vielfachen Kritiken an seinem Ansatz sensibilisiert, nicht frei von Resignation und Bitterkeit konstatiert, er sei »fast gänzlich [sich] selbst überlassen.«[403] Vermutlich wäre er eher überrascht gewesen, wenn er eine Ahnung vom Ausmaß der Kanonisierung gehabt hätte, die ihm in der Nachwirkung zuteilwerden sollte.

V.6. Antispekulatives Votum für die Gefühlsreligion

In seiner nachhaltigen Abkehr von einer spekulativen Philosophie und Theologie bleibt Schleiermacher wohl auch im Bann von Jacobi, der jeden Versuch einer philosophischen Religionsbegründung als Spinozismus und als Vernichtung der Freiheit kritisierte. Einzig der »Salto mortale auf festen Grund«, der vollzogene

---

[401] Vgl. dazu HEIDEGGER, Phänomenologie und Theologie (1927), in: DERS., Wegmarken, GA 9, Frankfurt a.M. 1976, 45 ff., wo Heidegger einer philosophisch-theologischen Mixtur, so wie sie Bultmann vertreten sollte, eine subtile, aber klare Absage erteilt.

[402] Vgl. dazu NOWAK, Schleiermacher, 418 f.

[403] KGA I. 10, S.387.

Glaubensakt befreie davon.[404] Bei Schleiermacher führt dieser Glaubensakt aber in eine inhaltsleere Gesamtkonstellation.

Schleiermacher wendet sich, zumindest explizit, mit seiner Absage an die spekulative Theologie auch gegen die Zerreißung des Bandes im Gottesvolk zwischen dem ›einfachen‹ Gläubigen, dem sprichwörtlichen »alten Weiblein« und den hochmögenden religiösen Virtuosen aus der Avantgarde der Romantik. Hatte aber nicht gerade er zu dieser Spaltung beigetragen und sie für unumgänglich erklärt? Ist nicht schon die Kategorie der ›religiösen Virtuosen‹ in den ›Reden‹ Indiz für einen Bruch im Gottesvolk?

Die antispekulative Orientierung Schleiermachers trägt bis heute einen antiphilosophischen Affekt in der neuprotestantischen evangelischen Theologie. Auch seiner konsequenten Realisierung ist es letztlich geschuldet, dass ohne nennenswerte intellektuelle Folgen, auch inhumanste Konzeptionen wie die befreiungstheologischen und terror-affinen politischen Nachtgebete als säkulare »Pseudoreligionen« (P. Tillich) im Geist von Dorothee Sölle und ihrer Epigonen die Preisgabe des Offenbarungsglaubens kompensieren durften.

VI. Religionsphilosophie des deutschen Idealismus als Gegenpol zu Schleiermacher

Ein nur kursorischer Blick auf die Genealogie der klassischen deutschen Philosophie, bzw. des deutschen Idealismus kann zeigen, dass der Schleiermachersche Weg in seiner eigenen Zeit keineswegs ohne Alternativen war. Er konnte durch theoretisch anspruchsvollere Positionen konterkariert werden, die den Ambivalenzen der Moderne besser Rechnung zu tragen und zugleich die materiale Seite der Religion, insbesondere des christlichen Glaubens, viel profilierter zutage zu fördern vermochten. Dies ist auch dann der Fall, wenn man den starken begründungstheoretischen Ansprüchen des deutschen Idealismus misstraut.

Bekannt ist zunächst die Polemik, wie sie in Hegels ›Kynologie‹ formuliert ist, seiner Aussage: »Gründet sich die Religion im Menschen nur auf ein Gefühl, so hat solches richtig keine weitere Bestimmung, als das Gefühl seiner Abhängigkeit zu seyn, und so wäre der Hund der beste Christ, denn er trägt dieses am stärksten in sich und lebt vornehmlich in diesem Gefühle«.[405]

---

[404] Dazu im einzelnen B. SANDKAULEN, Grund und Ursache. Die Vernunftkritik Jacobis, München 2000.

[405] Hier zit. nach NOWAK, Schleiermacher, 414. Diese Invektive Hegels trifft, bei aller notwendigen Kritik die Struktur von Schleiermachers ›Gefühl schlechthinniger Abhängigkeit‹ nicht, da Schleiermacher durchaus Passivität und Aktivität miteinander zu verbinden suchte.

Hegel wandte sich auch gegen die »Unverschämtheit und Plattheit«,[406] die darin liege, dass Schleiermachers Dogmatik als kirchliche Normaldogmatik der unierten Kirche Preußens gelten solle. Schleiermacher selbst zieh er dabei einer »thierischen Unwissenheit«. Weit über bloße Polemik hinausgehend, ist indes die Einleitung in Hegels Religionsphilosophie, in deren kritischer Positionierung Schleiermacher nicht namentlich genannt wird, wohl aber durchgängig als Konterpart anwesend ist. Aufgrund der Zeitprinzipien, die Gott von der Zugänglichkeit der Vernunft trenne, sieht sich Hegel als Philosoph dazu »verdammt«, die konkrete Wahrheit der christlichen Offenbarung zu verteidigen. Manche seiner stärksten Bilder verdanken sich der Auseinandersetzung mit Schleiermacher: dass in der Gegenstands-und Inhaltslosigkeit von Schleiermachers Glaubenslehre nichts anderes bleibe als eine Sehnsucht, das trockene Land, das nach Wasser lechzt.[407]

Nicht zuletzt ist es diese Trennung Gottes von Begriff und Vernunft, der sich Hegels Diktum von der »Nacht, die [man] Aufklärung nennt«, verdankt.[408] Der Bezug auf Schleiermacher wird in den folgenden Formulierungen unmittelbar sichtbar: »Wenn Gott aus dem Gebiet der vernünftigen Einsicht, der notwendigen, substantiellen Subjektivität ausgeschlossen ist, so bleibt allerdings nichts übrig, als ihm das Gebiet der zufälligen Subjektivität, das des Gefühls anzuweisen«.[409] Und ganz im Sinn einer Verteidigung der reformatorischen Theologie und ihres materialen Gehaltes betont Hegel, dass es zunächst darauf ankomme, dass Gott nicht nur »mein« Gott ist. Ihn zu beweisen, bleibe also die Aufgabe der Religionsphilosophie.[410] Auch die Schizophrenie und innere Spaltung, die die Gefühlsreligion mit sich bringt, hat Hegel benannt: »Das religiöse Gefühl wird *Sehnsucht, Heuchelei* und behält *das Moment der Nichtbefriedigung.* Die andere Einseitigkeit ist *Gleichgültigkeit gegen die Religion,* die man entweder dahingestellt sein und auf sich beruhen lässt oder endlich bekämpft. Das ist die Konsequenz seichter Seelen«.[411]

Hegel unternahm von hier her den Versuch, mit den Mitteln des philosophischen Begriffs zu zeigen, dass die Verbindung zwischen Gott und der Welt,

---

[406]   Nach Nowak, 414.

[407]   Vgl. Hegel, Theorie-Werkausgabe, 55 ff. Siehe dazu die grundlegende Auseinandersetzung bei G. Rohrmoser, Glaube und Vernunft am Ausgang der Moderne. Hegel und die Philosophie des Christentums, hrsg. von H. Seubert, St. Ottilien, 2009.

[408]   Hegel, Sämtliche Werke, hrsg. von H. Glockner. 1928, Band 15, Stuttgart, 1928, ND 1959, 49 f., Theorie-Werkausgabe Band 16, 40.

[409]   A. a. O., 57.

[410]   Dazu ausführlicher Rohrmoser, siehe auch H. Seubert, Zwischen Religion und Vernunft. Vermessung eines Terrains, Baden-Baden 2013, insbesondere 255 ff.

[411]   Hegel, Theorie-Werkausgabe Band 16, 56.

Thema aller Religion,[412] in der Menschwerdung Gottes in Jesus Christus zur umfassendsten eigentlichen Wahrheit und Wirklichkeit gekommen sei. Begriff und damit Wissen und absolute, wahre Religion bleiben einander nicht fremd. Die trinitarische Struktur von Identität, Differenz und der übergreifenden Identität von Identität und Differenz, in der sich das Wesen Gottes in der Heilsgeschichte offenbart, ist zugleich die universale Struktur des Begriffs.[413] Es ist unmöglich – und auch nicht erforderlich, weil dies an anderer Stelle hinreichend geschehen ist,[414] die Gesamtkonzeption von Hegels Religionsphilosophie hier zu rekonstruieren. Nur ein dreifaches Moment, mit dem er sich entschieden von Schleiermacher unterscheidet, ist festzuhalten:

(1) Hegel folgt keinem evolutionistischen, auf Fortschritt und höhere Bildung bezogenen Konzept der Aufeinanderfolge der Religionen. Er gibt deren Aufeinanderfolge, angefangen mit den Naturreligionen über die fernöstlichen Religionen bis zur jüdischen Religion der Erhabenheit und der griechischen der Schönheit. Er befragt sie aber auf die Wahrheit ihrer Vermittlung und Versöhnung des Endlichen und Absoluten. Darin deutet sich durchaus schon der Unterschied zwischen der religiösen Bemühung als Menschenwerk und der göttlichen Deszendenzbewegung an, die Hegel zufolge in der absoluten Religion zentral ist. Hegel legt der Darstellung der verschiedenen Religionen einen Schematismus zugrunde, bzw. liest ihn den Religionen ab, der die Schleiermachersche Bewusstseinsimmanenz entschieden aufsprengt: Zunächst wird jeweils der Begriff der Religion genannt, dann ihr objektiver Inhalt einschließlich der geschichtlichen Modifizierungen und Wandlungen, die er durchläuft. Das ›Wesen‹ ist demnach bei jeder Religion festzustellen, es ist aber nicht im gleichsam unentwickelten prinzipienhaften Anfang, sondern es zeigt sich erst in der Entwicklung des Ganzen. Der Kultus ist schließlich die Verbindung von Begriff (Theorie) und sichtbarer Manifestation (Praxis). In der »absoluten« Religion, eben der christlichen, verhält es sich nach Hegel anders. Einzig und allein im Bereich des christlichen Glaubens gibt die Entwicklung der Heilsgeschichte und ihrer aposteriorischen begrifflichen Entwicklung[415] selbst die Gliederung

---

[412] Dazu die genannten Arbeiten von Rohrmoser und Seubert, siehe grundlegend HEGEL, Theorie-Werkausgabe Band 16, 27 ff. u. ö.

[413] Dazu M. THEUNISSEN, Hegels Lehre vom absoluten Geist als theologisch-politischer Traktat, Berlin 1970.

[414] SEUBERT, Zwischen Religion und Vernunft, 253 ff.

[415] Bei aller spekulativen Begrifflichkeit, derer sich Hegel hier bedient, ist es offensichtlich, dass die konkrete Manifestation von Religion und Religionen in seinen spekulativen Annäherungen vorausgesetzt werden muss.

vor. Hegel unterscheidet das Reich des Vaters, des Sohnes und des Heiligen Geistes und bezieht sie aufeinander.[416]

(2) Es ist bis heute strittig, ob Hegels spekulativer Begriff die Manifestation von Schrift und Bekenntnis philosophisch überformt und ihr damit letztlich geschadet oder sie gerettet habe. Jedenfalls immunisiert die philosophische Exegese Hegels die Wirklichkeit und den Gehalt der Heiligen Schrift gegenüber der relativistischen historischen Kritik. Dadurch unterscheidet sie sich grundsätzlich von Schleiermacher. Am eindrücklichsten kann man dies in Hegels Auslegung des Todes, der *negatio negationis*, im Kreuzestod Jesu Christi erkennen, mit dem zugleich dem Tod selbst sein Stachel genommen werde.[417] Dies ist eine Glaubens- und zugleich eine spekulative Wahrheit und Wirklichkeit, die nicht aufgrund von Zeitprinzipien in Frage gestellt werden darf. Insofern sollte man, auch wenn man Hegels dialektischem Grundverfahren misstraut, ihn in der Linie jener Denker sehen, die dem biblischen Zeugnis und dem *magnus consensus* ihre Würde zurückgaben. Gerade der Kontrast mit Schleiermacher macht dies deutlich.[418]

(3) Am Ende seiner ›Religionsphilosophie‹ evoziert Hegel die »Aufhebung in den Begriff«, was nicht mit der Hybris des Philosophen über den schlichten Glauben begründet wird, sondern mit der tiefen Glaubenskrise im Zeitalter der Aufklärung und nicht zuletzt durch die Schleiermachersche Theologie. »In der Philosophie erhält die Religion ihre Rechtfertigung vom denkenden Bewußtsein aus. Die unbefangene Frömmigkeit bedarf dessen nicht [...].«[419] Hegel hat sich deshalb sogar selbst mit dem Vorwurf auseinandergesetzt, die Philosophie stelle sich über die Religion. Er bemerkt dazu: »dies ist aber schon dem Faktum nach falsch, denn sie hat *nur diesen* und keinen anderen Inhalt, aber sie gibt ihn in der Form des Denkens; sie stellt sich so nur *über die Form des Glaubens*, der Inhalt ist derselbe«.[420] Hegels Behauptung besagt also, dass die Inhalte des Glaubens in der Form der Philosophie adäquat und eingehend wiedergegeben und gerettet werden können. Dies richtet sich dezidiert nicht gegen den Glauben des einfachen

---

[416] So das Gliederungsprinzip: HEGEL, Vorlesungen über die Philosophie der Religion Band II, Theorie-Werkausgabe Band 17, 218 ff., 241 ff. und 299 ff.

[417] HEGEL, Theorie-Werkausgabe, 288 ff.

[418] Dabei sollte man natürlich sorgfältig zwischen Hegels Denkansatz und seinen ›rechtshegelianischen‹ Schülern unterscheiden, die das theologische Spektrum primär weiterbrachten. In der Problemgeschichte evangelischer Theologie wird oftmals beides miteinander konfundiert. Vgl. dagegen die gründliche Rekonstruktion W. PANNENBERG, Problemgeschichte der neueren evangelischen Theologie in Deutschland. Von Schleiermacher bis zu Barth und Tillich, Göttingen 1997, 216 ff. und 257 ff.

[419] HEGEL, Theorie-Werkausgabe, Band 17, 341.

[420] A. a. O., 341 f.

Gottesvolkes, es ist dezidiert nicht Mutwille. Es richtet sich aber gegen die Anmaßungen einer gebildeten Öffentlichkeit im Aufklärungszeitalter.

Eine andere Antwort, die aber gleichwohl – und vielleicht noch überzeugender – zur materialen Wahrheit und Wirklichkeit der Offenbarung führt, hat Schelling in seiner Spätphilosophie gegeben. Er unterscheidet dort den metaphysischen Begriff Gottes, den entwickelt zu haben er Hegel zugutehält, von dem faktischen heilsgeschichtlichen Wirken Gottes. Deshalb unterscheidet der späte Schelling weiterhin die ›rein-rationale Philosophie‹ oder ›negative Philosophie‹ von der ›positiven Philosophie‹, die der geschichtlichen Realisierung Gottes über Mythologie und Offenbarung hinweg folgt. Zwischen beiden müsse ein Umbruch der Erkenntnisart einsetzen. Bezogen auf die Schleiermachersche Problematik wäre die Legitimierung der Religion innerhalb der ›negativen Philosophie‹ zu leisten. Mithin kann die ›positive Philosophie‹ auch den unmittelbaren Glaubenszeugnissen wieder ihre Berechtigung zuerkennen. Schellings Weg in diese Tektonik wurde, das ist nicht zu übersehen, wesentlich durch die Einsicht in die Realität und metaphysische Macht des Bösen eröffnet. Das Böse als Ungrund entzieht einem evolutionären Rationalismus, wie ihn der Mainstream der Aufklärung mit Schleiermacher als seinem protestantischen Leittheologen vertrat, die Basis.

Versuche, die Denkbewegung der nachkantischen Philosophie auf die transzendental-egologische ›Grundlegung aus dem Ich‹ zu reduzieren, haben Analogisierungen von Hegelschen und Schellingschen Denkmodellen mit dem Konzept Schleiermachers nach sich gezogen.[421] Diese sind aber überhaupt nur möglich, weil die Sprengung einer egologischen Transzendentalphilosophie durch Hegels Jenaer Systemprogramm und bei Schelling seit seiner Tiefeneinsicht in die Problematik des Bösen[422] ausgeblendet oder übersehen wird.

Man kann grundsätzlich, auch im Licht logisch-semantischer und phänomenologischer Klärungen einer realistischen Philosophie, den methodologischen und explikativen Prämissen der klassischen deutschen Philosophie in jener Zeit misstrauen. Dies ändert nichts daran, dass zeitparallel offensichtliche überzeu-

---

[421] Auffällig bei U. BARTH, Christologie und spekulative Theologie. Schleiermacher und Schelling in: DERS., Kritischer Religionsdiskurs, 279 ff. In dem Aufsatz: Evangelienhermeneutik als Prolegomena zur Christologie. Schleiermacher, Luther und die neuere Historik, in: ebd., 321 ff. unternimmt U. Barth einen noch weitergehenden Bogenschlag, der aber an der rein formal bleibenden, die Eigenschaften Gottes ausblendenden Konzeption Schleiermachers fehlschlagen muss. Dazu sehr klarsichtig E. HEINTEL, Gott ohne Eigenschaften, in: DERS., Gesammelte Abhandlungen Band 4: Zur Theologie und Religionsphilosophie II, Stuttgart/Bad Cannstatt 1995, 154 ff.

[422] Ich muss es hier bei einigen wenigen groben Hinweisen belassen. Siehe dazu SEUBERT, Zwischen Religion und Vernunft, 267 ff. Den markanten Umbruch markiert Schellings Freiheitsschrift aus dem Jahr 1809.

gende Gegenkonzepte zur Schleiermacherschen Konzeption formuliert worden sind. Auch die späteren Ansätze der Brüder Schlegel gehören in diesen Zusammenhang. Am unmittelbarsten wurden Schellings Ansätze durch Franz von Baaders philosophische Theologie weitergeführt, die nicht weniger behauptete als dass alle Vernunfterkenntnis durch Gottes Erleuchtung erst ermöglicht werde. Gehe doch das ›Cogitor‹ dem ›Cogito‹ voraus, erfordere also Vernunft strukturell die Offenbarung.[423] Einzig ein Denken, das von dem personal offenbarten Absoluten erleuchtet würde, sei auch als Denken autonom.

Diese Ansätze des 19. Jahrhunderts fanden in der katholischen Glaubenswelt nur vereinzelt Resonanz, im Protestantismus langfristig so gut wie nicht. In der ersten Sphäre galten sie als ›revolutionär‹, weil zu wenig am Lehramt orientiert, im zweiten als katholisierend. Die leitende Konzeption eines »Projektes der Aufklärung« überging sie als heteronom, was an einer geistigen Physiognomie wie jener Franz von Baaders nur eklatant vorbeigehen konnte, was aber für den publizistisch journalistischen Erfolg des sich selbst erklärenden »Projektes« der Aufklärung spricht.

Schließlich ist nicht zu verkennen, dass auch der späte Fichte das Urbild des göttlichen Logos, im Sinn des Johanneischen Evangeliums, als Schlüssel zu allem Vernunftverständnis und als Urbild anerkannte. Nicht mehr das ›ich bin‹, sondern die Gottessohnschaft des Wortes als Urbild, der als nächstes Abbild das Selbstbewusstsein entsprechen müsse, markierte also den Ausgangspunkt.[424]

Auch solcher Abweichungen vom Schleiermacherschen Paradigma, die in große Nähe zum christlichen Platonismus führten,[425] konnte man sich letztlich nur durch Denunziation einer spekulativen Philosophie und einen antimetaphysischen Affekt erwehren. Es ist aber wichtig zu sehen, dass die weitgehend konsensuale Präferenz für Schleiermachers Weg gegenüber den Wegen von Hegel, Schelling und dem späten Fichte das Ausweichen vor höherstufigen und komplexeren Denkleistungen ist, die freilich die Moderne im Allgemeinen und die Aufklärungstheologie im Besonderen selbst in Frage stellen. Deshalb wird gegenüber dem spekulativen Idealismus eine Abweichung von den vermeintlich unhintergehbaren Kantischen Rationalitätsstandards behauptet, denen man »nicht mehr« folgen könne. Schleiermacher dagegen scheint noch so nahe an dem Kantischen Verdikt über eine Erkennbarkeit Gottes, dass einzig sein Ansatz dieser Rationalität zu genügen scheint. Über die Formalität seines transzendentalen Ansatzes soll nicht hinausgegangen werden.

---

[423] Dazu A. SCHLATTER, Das Verhältnis von Theologie und Philosophie Band I, 100 ff. und 110 ff., zu Schelling bzw. Hegel und 153 ff. zu Baaders eigener Konzeption.

[424] Dazu W. JANKE, Fichte. Sein und Reflexion. Grundlagen der historischen Vernunft, Berlin 1970.

[425] Dazu PANNENBERG, Theologie und Philosophie, a. a. O., 37 ff. Siehe auch W. BEIERWALTES, Platonismus im Christentum, Frankfurt a. M. 1998.

Philosophisch begründet ist dieses Urteil aber nicht. In allen spekulativen Systemanstrengungen nach 1800 kann nämlich als gemeinsames Proprium, bei allen sonstigen Abweichungen der Versuch konstatiert werden, die Wirklichkeit des Absoluten und damit Gottes, der Subjektivität vorzuordnen, Gott gleichsam an den Anfang und nicht an das Ende der Philosophie zu stellen. Dafür hatten jene Denker einen höchst vernünftigen Grund: Kant sei, wird unter berechtigter Bezugnahme auf die Abhängigkeit seiner Kategorien von den logischen Urteilsformen bemerkt, nicht in den Bereich der Prinzipien vorgedrungen. Er habe »nur die Resultate gegeben,« die Prinzipien aber würden noch fehlen. Doch wie könne man die Resultate ohne die angemessenen Prämissen verstehen?[426] Die Genese der Vernunft selbst zu erfassen, erfordert mithin einen umfassenden Begriff des Wirklichen, der Gott nicht ausweicht. Dass damit, in sehr unterschiedlicher Weise, auch das Wort der Offenbarung zu einer Instanz philosophischen Denkens wird, ist unvermeidlich.

In einer Zeit, in der allmählich auch in der Philosophie wieder ein Vorrang des phänomenologischen Realismus vor den diversen Konstruktivismen greift[427] und in der auch die Gottesfrage wieder als legitime Kernfrage der Philosophie erkannt zu werden beginnt,[428] könnte es geboten und möglich sein, den unbefragten Vorrang Schleiermachers in Frage zu stellen.

VII. Widersprüche und Resonanzen: Schleiermachers problematische Aktualität

Dieter Henrich hat aus den Problemlagen an der Theologie des Tübinger Stifts zur Studienzeit von Hegel, Hölderlin und Schelling nachgewiesen, dass die Theologieprofessoren früh zum Publikum der Kantischen Philosophie gehörten.[429] Sie versuchten, einen trivialisierten, skeptizistisch verstandenen Kant dann voreilig mit Resten einer Lutherischen Orthodoxie zu versöhnen. Bei den für diese Brüche sensiblen jungen Philosophen erregte diese Strategie allerdings nur Missbilligung und Verachtung für eine Apologetik, die nicht überzeugend, aber Zeugnis von Opportunismus war. Manche legten ihre Begründungsstrategien einer inhaltlichen Rettung der Gehalte der Religion eben deshalb so an, dass Gott nicht länger an das Ende, sondern an den Anfang der Philosophie zu setzen sei.

---

[426] Siehe dazu den Dreikönigsbrief von Schelling an Hegel 1795, in: Briefe von und an Hegel. Band I: 1785–1812, hrsg. v. J. Hoffmeister. Band I, Hamburg, 1952, 14.

[427] Dafür ist, auch wenn einzelne Einwände erforderlich bleiben, jetzt programmatisch zu vergleichen M. GABRIEL, Sinn und Existenz. Eine realistische Ontologie, Berlin, 2016.

[428] Zu verweisen ist noch einmal auf den ›New Foundationalism‹ mit Swinburne und Plantinga einerseits und die neue französische Religionsphänomenologie andererseits.

[429] HENRICH, Grundlegung aus dem Ich, passim.

Über die Berechtigung und den Erfolg dieses Ansatzes kann man unterschiedlicher Ansicht sein. Klar ist aber: Jener Weg des deutschen Idealismus, den der späte Schelling und Franz von Baader dann in eine wirkliche ›Philosophie der Offenbarung‹ weiterführten, ist nicht der Weg Schleiermachers. Er schreibt vielmehr die aufklärerische Neologie und den Kurs der Tübinger Theologen fort. Liberale Theologie und Kirche sind ihm dabei gefolgt, im Sinn einer Adaption an den Zeitgeist und damit einer Verwässerung und Abschleifung der Offenbarungsgehalte.

Es dürfte gerade diese Unentschiedenheit sein, die Schleiermacher im späteren 19. und im 20. Jahrhundert jene bis heute andauernde nahezu uneingeschränkte Geltung verschaffte, die er bis heute innehat. Sie erlaubte eine Akkommodation an verschiedene Strömungen, insofern diese nur mit einer Selbstbezeichnung von »aufgeklärter Religion« sich verbanden. Bis heute ist, übrigens auf unterschiedlichstem Niveau, dieses Epitheton in einer an Schleiermacher anschließenden protestantischen Religionskonzeption leitend geblieben.

Die Prägung durch Schleiermacher durchzieht mithin die verschiedenen Bereiche und Niveaus von protestantischer Theologie und Kirche. Mit Schleiermacher mögen die einen heute ein höheres, auch philosophisches Niveau fordern, mit ihm die anderen in eine »pragmatische Gefühlsreligion« tendieren, die keine hohen Schwellen setzt. Dies nimmt sich mitunter so aus wie der Versuch, den Teufel mit Beelzebub auszutreiben. Der Ansatz Schleiermacherschen Denkens in seinem Kontext indes lässt nicht erwarten, dass in seinem Horizont notwendige Korrekturen möglich sind. Zugleich ist dieser Horizont so allumfassend, das »Gefühl schlechthinniger Abhängigkeit« in vielfacher Simplifizierung zu einer theologischen Psychologie heruntergebrochen, so allgegenwärtig, dass man sich gar nicht mehr klar macht, dass man in Schleiermachers Schatten steht. Dies zu klären, wäre ein erster Schritt.

Ein zweiter Schritt bestünde darin, dass man sich erinnert, dass die Schleiermachersche Option auch im philosophischen Sinn keinesfalls »alternativlos« sein muss. Ulrich Barth hat erst jüngst wieder bekräftigt, dass das Letzte, was heute erforderlich sei, der Rekurs auf eine »Offenbarungstheologie« wäre. Begründet wird dies freilich, ähnlich schwach wie so vieles bei Schleiermacher, mit dem modernen oder postmodernen Religionspluralismus.[430] Könnte es aber nicht gerade in dieser Situation plausibel sein, das Spezifische christlichen Bekenntnisses zu verdeutlichen, das auch in seiner provozierenden Bedeutung ein profilierter Beitrag zu jenem Pluralismus sein kann? Die Selbstgewissheit heutiger Kulturprotestanten kann nicht darüber hinwegtäuschen, dass die Überzeugungskraft des Kulturprotestantismus nach dem Ersten Weltkrieg tief erschüttert gewesen ist. Ist es in der tief gespaltenen und getrennten Welt der

---

[430] U. BARTH, Vorwort, in: DERS., Kritischer Religionsdiskurs, VIf., und wieder ebd., 320.

Gegenwart anders? Auch wenn man den Weg Karl Barths und den Aufbruch der Dialektischen Theologie hundert Jahre später sicher nicht wird wiederholen können: die Erinnerung daran erhellt den Blick auf die Gegenwart. Unter dem existenzphilosophischen Furor von Kierkegaards Begriff der Verzweiflung, mehr noch unter der Wahrnehmung der Alterität und Mächtigkeit des Wortes Gottes verdampfte die Vagheit der Schleiermacherschen Glaubenslehre. Unter Zeit-prinzipien betrachtet, ist ihre heutige weitgehend unbefragte Geltung nur eine scheinbare Auferstehung, die auf das theologische und kirchliche Ghetto be-grenzt bleibt und kaum darüber hinausgehende Überzeugungskraft entfaltet. Unter Wahrheitsprinzipien befragt, ist Schleiermachers versuchte Rettung theologischer Loci durch Umzeichnung faktisch deren Auflösung und Preisgabe.

Insofern bedarf es einer Theologie, die sich unter Anspruch und Primat der Heiligen Schrift und des *magnus consensus* der Tradition stellt. Sie bedarf dabei der genauen Kenntnis der Strömungen und Verwerfungen der Moderne. Deshalb bedarf sie auch eines Nexus zur argumentativen Rationalität. Entwürfe dazu gibt es heute wie zu Schleiermachers Zeit, die nicht seiner Akkommodation folgen. Sven Grosse hat auf die *Radical Orthodoxy*-Theologie verwiesen.[431] Ihr komple-mentär wären die argumentativ beeindruckenden Versuche des *New Founda-tionalism* von Swinburne und Plantinga und der daran anschließenden *Analytical Theology* zu benennen.[432] Bestimmend ist dabei der Versuch, die Rationalität wesentlicher Stücke christlicher Lehre und der Schriftoffenbarung umfassend und in einzelnen Denkschritten darzustellen. Auch die neuere französische Re-ligionsphänomenologie von Jean-Luc Marion oder Michel Henry hat in ihrer Weise, eher am Paradox und dem »übererfüllten Phänomen« der Liebe Gottes orientiert, vor dem Horizont der Moderne die inkommensurable und eben des-halb notwendige Dimension der Menschwerdung Jesu Christi herauszuarbeiten begonnen.

All dies bedeutet nicht, dass die Theologie nun solche Philosophien als *lingua franca* aufnehmen sollte oder könnte. Es bedeutet aber, dass die von Ulrich Barth nahegelegte Differenz zwischen Offenbarungstheologie und Vernunft falsch angelegt ist. Ebenso irreführend wie die Auffassung desselben Autors, Schlei-ermacher habe sich durch die Differenziertheit seiner Dogmatik und die dezi-dierte Absage an eine »Simplifikationsmethode« und eine nur »praktische Dog-matik« im zweiten Sendschreiben an Lücke der lutherischen Orthodoxie wieder angenähert.[433] Nicht anschließen und geradewegs widersprechen wird man auch Emanuel Hirschs Eloge auf Schleiermacher, die sich dezidiert in seine Schule

---

[431] Vgl. seinen Beitrag in dem Sammelband Sven Grosse u. H. Seubert (Hrsg.), Radical Orthodoxy. Eine Herausforderung für Christentum und Theologie nach der Säkulari-sierung, Leipzig 2017.

[432] Dazu A. Plantinga, Warranted Christian Belief, Oxford 2000.

[433] Barth, Kritischer Religionsdiskurs, 284, dazu Schleiermacher, KGA I/10, 343 und 365.

stellt: Hirsch konzediert Schleiermacher »härteste[...] Unerbittlichkeit kritischen Geistes, feinste[s] Gespür so auf religiösem wie wissenschaftlichem Gebiet und eine[n] nie versagenden Sinn[.] für die eine Wahrheit, in der und aus der wir eine ganze echte, in sich geschlossene Menschlichkeit verwirklichen sollen, auch als Christen«.[434] So richtig dieses Ziel formuliert ist, erreichbar dürfte es nur aus Schrift und Bekenntnis und unter der Maßgabe der Pneumatologie sein – und eben nicht mit Schleiermacherschem Instrumentarium.

Dies könnte auch ein Fanal zum Reformationsjahr 2017 sein. Dem reformatorischen Anliegen wird man indes nur gerecht werden, wenn man es aus dem Schleiermacherschen Bann herauslöst.

---

[434]   E. HIRSCH, Geschichte der neuern evangelischen Theologie. Band V, Gütersloh, ⁴1968, 363 f.

Friedrich Schleiermachers Theologie ist nicht rational

Daniel von Wachter

I. Schleiermachers Wende

(I.1) »Für mich ist [der Glaube] jetzt verloren«[435] schrieb Friedrich Schleiermacher am 21. Januar 1787 seinem Vater. Er könne nicht glauben, dass Jesus »ewiger, wahrer Gott war«, dass »sein Tod eine stellvertretende Versöhnung war« und dass diese nötig sei. Zu dieser Zeit befand er sich in der Ausbildung am Predigerseminar der Herrnhuter Gemeinschaft in Barby. Sein Vater antwortete ihm am 8. Februar:

> O Du unverständiger Sohn! wer hat dich bezaubert, daß Du der Wahrheit nicht gehorchest? [...] So gehe denn in die Welt, deren Ehre Du suchest. Siehe, ob Deine Seele von ihren Träbern kann satt werden, da sie die göttliche Erquickung verschmähet, welche Jesus allen nach ihm dürstenden Herzen schenket. [...] Ach! in welche Verblendung hat das Verderben Deines Herzens Dich gestürzt! [...] Stark und mächtig ist der Eigendünkel und Stolz Deines Herzens, aber nicht Deine Einwürfe [gemeint sind des Sohnes Einwände gegen die christliche Lehre], welche sogar ein Kind umzustoßen vermag.[436]

Nachdem die Herrnhuter Friedrich Schleiermacher zum Verlassen des Seminars aufgefordert hatten, schrieben sie in ihren Akten:

> Deßelben Tages ging auch der arme Schleyermacher von uns ab und nach der Universität Halle. Er konnte, weil er aller an ihm bewiesenen Geduld und Ermahnungen ungeachtet sich gantz in den Unglauben hingegeben hatte, nicht länger bei uns geduldet werden.[437]

---

[435] SCHLEIERMACHER, Aus Schleiermacher's Leben, Erster Band, 42 (KGA V/1, S.50).

[436] A.a.O., 46f.

[437] Zitiert in NOWAK, Schleiermacher, 32.

Schleiermacher wandte sich nicht einfach vom Christentum ab, sondern wollte in Halle ein Theologiestudium aufnehmen. In der Befürchtung, sein Vater werde diesem Wunsche nicht nachkommen, schrieb er diesem:

> Ich glaube kaum, daß Sie Ihre Einwilligung dazu geben werden, daß ich da Theologie fortstudiere, denn Sie werden unserm Vaterland nicht noch einen heterodoxen Lehrer mehr geben wollen.[438]

Der Vater stimmte jedoch schließlich zu, vielleicht auch, weil der Sohn hinzufügte, dass er vielleicht zum Glauben zurückkehren werde, wenn er in Halle die Gelegenheit habe, »alles zu prüfen«, und dabei vielleicht sehen würde, »daß auf der einen Seite manche Gründe nicht so stark und auf der anderen manche stärker sind, als ich dachte.«

(I.2) Schleiermacher entwickelte dann eine Umdeutung des Christentums, indem er vieles oder alles, was man bisher für wesentlich für das Christentum gehalten hatte, ablehnte und für unwesentlich erklärte. Er passte das Christentum seinen Vorstellungen an, indem er den christlichen Lehrsätzen neue Bedeutungen oder Funktionen zuschrieb. Als ein Rezensent dem entsprechend schrieb, Schleiermacher lege in der *Glaubenslehre* »den kirchlichen Ausdrücken oft neue Ideen unter«[439], entgegnete Schleiermacher, dass er dort, wo er »von der kirchlichen Ansicht wirklich abweich[t]«, die abgelehnten Lehren kritisiere und sage, »in welchem Sinn [er] den Ausdruck allenfalls noch könne gelten lassen«. Deshalb könne seine Absicht nicht sein, »einen Schein von Orthodoxie zu erschleichen«. Er bestreitet also nicht, dass er den christlichen Lehrsätzen neue Bedeutungen zuschreibt.

(I.3) In seinen Reden *Über die Religion* von 1799 grenzt Schleiermacher die Religion in zwei Hinsichten ab. Sie stehe im »schneidenden Gegensatz [...] gegen Moral und Metaphysik«.[440] »Ihr [der Religion] Wesen ist weder Denken noch Handeln, sondern Anschauung und Gefühl. Anschauen will sie das Universum, in seinen eigenen Darstellungen und Handlungen will sie es andächtig belauschen, von seinen unmittelbaren Einflüssen will sie sich in kindlicher Passivität ergreifen und erfüllen lassen.«

(I.4) Dass Schleiermacher Religion in Gegensatz zur Metaphysik stellt, ist eine Folge dessen, dass er am Christentum festhalten möchte, obwohl er die christliche Lehre nicht annimmt. Es gibt Religionen, die keine Lehre als Grundlage enthalten und in denen deshalb wenig Streit um die rechte Lehre besteht, aber das Christentum ist die am deutlichsten auf eine Lehre, die man »metaphysisch« nennen kann, aufgebaute Religion. Wie wir unten (§ 8) genauer

---

[438] SCHLEIERMACHER, Aus Schleiermacher's Leben, Erster Band, 44 (KGA V/1, 51).

[439] SCHLEIERMACHER, »Sendschreiben an Lücke«, 526 (KGA I/10, 386).

[440] SCHLEIERMACHER, Über die Religion (1799), 50.

untersuchen werden, gehören zum Christsein sowohl das Annehmen der christlichen Lehre als auch, darauf gründend, Erlebnisse des Bewusstseins und des Herzens (z. B. Freude, Hoffnung und Trost) sowie Handlungen (z. B. anderen Menschen helfen und das Evangelium weitersagen). Die Lehre enthält die Begründungen der Erlebnisse und der Handlungen.

(I.5) Die Unterschiede zwischen Gruppen wie Lutheranern, Reformierten, Baptisten, Täufern, Orthodoxen, Römisch-Katholischen, Monophysiten, Dyophysiten, Nestorianern und Arianern sind viel kleiner als der Unterschied zwischen Schleiermacher und jeder dieser Gruppen. Denn diese weichen nur in Details der christlichen Lehre voneinander ab, während Schleiermacher die gesamte christliche Lehre ablehnt und eine Religion ganz ohne Lehre konstruiert, die er »Christentum« nennt. Er sagt, die Lehre gehöre nicht zum Wesen der Religion und damit auch nicht zum Wesen des Christentums. Das Neue daran ist nicht die Ablehnung der christlichen Lehre, sondern der Versuch, etwas als »Christentum« und »christlichen Glauben« zu bezeichnen, was nicht nur nicht die traditionelle oder die biblische christliche Lehre, sondern gar keine Lehre enthält.

(I.6) Ganz neu war allerdings auch dies nicht, denn schon Lorenz Schmidt (1702–1749), Johann Salomo Semler (1725–1791) und – in einigen Schriften – Immanuel Kant (1724–1804) hatten die christliche Lehre abgelehnt und eine Umwandlung des Christentums oder eine Ersetzung des Christentums durch etwas anderes, aber auch »Christentum« Genanntes angestrebt. Die Bezeichnungen »Neologie«, »Aufklärungstheologie« und »theologischer Rationalismus« beziehen sich teilweise auf solche Bestrebungen. Einige dieser Autoren, die wir »Revisionisten« nennen können, versuchten, das Christentum in eine Moral umzuwandeln. Davon grenzt sich Schleiermacher ab, indem er einen »schneidenden Gegensatz« zwischen Religion und Moral behauptet. Die Religion »darf das Universum nicht brauchen um Pflichten abzuleiten, darf keinen Kodex von Gesetzen enthalten.«[441] Dass es im 18. Jahrhundert etliche Theologen gab, die das Christentum umdeuten und die Kirche verändern wollten, zeigt auch das Religionsedikt von König Friedrich Wilhelm II. von Preußen vom 9. Juli 1788, in dem es heißt:

> [§ 6] Dieses Unser geistliches Departement hat aber sorgfältig dahin zu sehen, daß [...] in dem Wesentlichen des alten Lehrbegriffs einer jeden Confession keine weitere Abänderung geschehe. Dieser Befehl scheint Uns um so nöthiger zu seyn, weil [§ 7] Wir bereits einige Jahre vor Unserer Thronbesteigung mit Leidwesen bemerkt haben, daß manche Geistliche der protestantischen Kirche sich ganz zügellose Freiheiten, in Absicht des Lehrbegrifs ihrer Confession, erlauben; verschiedene wesentliche Stücke und Grundwahrheiten der protestantischen Kirche und der christlichen Religion überhaupt wegläugnen, und in ihrer Lehrart einen Modeton annehmen, der dem Geist

---

441 Ebd., 43.

des wahren Christenthums völlig zuwider ist, und die Grundsäulen des Glaubens der Christen am Ende wankend machen würden. Man entblödet sich nicht, die elenden, längst widerlegten Irrthümer der Socinianer, Deisten, Naturalisten, und anderer Secten mehr wiederum aufzuwärmen, und solche mit vieler Dreistigkeit und Unverschämtheit durch den äußerst gemißbrauchten Namen: Aufklärung, unter das Volk auszubreiten; das Ansehen der Bibel, als des geoffenbarten Wortes Gottes immer mehr herab zu würdigen, und diese göttliche Urkunde der Wohlfahrt des Menschengeschlechtes zu verfälschen, zu verdrehen, oder gar wegzuwerfen, den Glauben an die Geheimnisse der geoffenbarten Religion überhaupt, und vornehmlich an das Geheimniß des Versöhnungswerks und der Genugthuung des Welterlösers den Leuten verdächtig oder doch überflüßig, mithin sie darinn irre zu machen, und auf diese Weise dem Christenthum auf dem ganzen Erdboden gleichsam Hohn zu bieten.[442]

(I.7) Während die früheren Revisionisten die Ethik zum Wesen des Christentums erklärt hatten, erklärte Schleiermacher bestimmte Gefühle zum Wesen der Religion und des christlichen Glaubens. In *Über die Religion* bestimmt er das Wesen der Religion, wie oben zitiert, als »Anschauung und Gefühl«: »Anschauen will sie das Universum, in seinen eigenen Darstellungen und Handlungen will sie es andächtig belauschen, von seinen unmittelbaren Einflüssen will sie sich in kindlicher Passivität ergreifen und erfüllen lassen.« In *Der christliche Glaube* spricht er vom »Gefühl schlechthinniger Abhängigkeit«. Selbst die Vorstellung, dass diese Gefühle »zu Taten antreiben«, lehnt er ab:

> Haltet Ihr dies dennoch für Religion, so seid Ihr [...] versunken in unheilige Superstition. Alles eigentliche Handeln soll moralisch sein und kann es auch, aber die religiösen Gefühle sollen wie eine heilige Musik alles Tun des Menschen begleiten; er soll alles mit Religion tun, nichts aus Religion.[443]

Schleiermachers Bestimmung des Wesens des Christentums als Gefühl findet sich oft in Aussagen von Theologen wieder, welche christliche Lehren nicht nur für falsch, sondern auch für ein Missverständnis erklären, das dem Wesen des Glaubens nicht gerecht wird. Der Theologe Gottfried Traub (1869–1956) zum Beispiel bezeichnete Wunder abschätzig als »Kinderglaube« und »Mirakel«. Ganz im Sinne Schleiermachers schrieb er: »Echte Frömmigkeit stößt sich an Mirakelberichten.«[444]

---

[442] JOHANN CHRISTOPH VON WÖLLNER, Religionsedikt vom 9. Juli 1788.

[443] SCHLEIERMACHER, Über die Religion. Reden an die Gebildeten unter ihren Verächtern, 68 f.

[444] TRAUB, Die Wunder im Neuen Testament, 22.

II. Schleiermachers Begründung seiner Wende

(II.1) Schleiermachers Wende und seine These, dass metaphysische Lehren nicht zum Wesen der Religion gehörten, war gewiss beeinflusst durch Immanuel Kants »kopernikanische Wende« hin zu einer idealistischen Position und durch Kants Ablehnung der Metaphysik. Harald Seubert untersucht in seinem Beitrag diese Beziehung Schleiermachers zum deutschen Idealismus. In seinem zweiten Sendschreiben an Dr. Lücke (1829) stellt Schleiermacher jedoch als Begründung die Annahme in den Vordergrund, dass Wunder nicht mit der Naturwissenschaft vereinbar seien:

> Wenn Sie den gegenwärtigen Zustand der Naturwissenschaft betrachten, wie sie sich immer mehr zu einer umfassenden Weltkunde gestaltet, was ahndet Ihnen von der Zukunft, ich will nicht einmal sagen für unsere Theologie, sondern für unser evangelisches Christenthum? [...] Mir ahndet, daß wir werden lernen müssen, uns ohne Vieles zu behelfen, was Viele noch gewohnt sind, als mit dem Wesen des Christentums unzertrennlich verbunden zu denken. [...] Und so ist es auch hier wieder der Begriff des Wunders, der in seiner bisherigen Art und Weise nicht wird fortbestehen können. Was soll dann werden, mein lieber Freund? [...] Wollt Ihr Euch dennoch hinter diesen Außenwerken verschanzen und Euch von der Wissenschaft blockieren lassen? Das Bombardement des Spottes [...] will ich für nichts rechnen [...] Aber die Blockade! die gänzliche Aushungerung von aller Wissenschaft, die dann, notgedrungen, eben weil Ihr Euch so verschanzt, die Fahne des Unglaubens aufstecken muß! Soll der Knoten der Geschichte so auseinander gehn; das Christentum mit der Barbarei, und die Wissenschaft mit dem Unglauben?[445]

Schleiermacher meinte also, die Naturwissenschaft zeige oder werde zeigen, dass es Wunder, wie sie im Neuen Testament beschrieben werden, nicht gebe. Er wollte nicht, dass das Christentum der Naturwissenschaft widerspricht, daher wollte er es verändern oder durch etwas anderes ersetzen, das er auch »Christentum« nannte. Jan Rohls schreibt daher zu Recht: »Schleiermachers Ziel war es, die Theologie als Wissenschaft neben und in Verbindung mit den anderen Wissenschaften an der Universität zu belassen.«[446]

(II.2) In *Über die Religion* hatte Schleiermacher schon den Wunderbegriff verändert, um von »Wundern« sprechen zu können, ohne Wunder, wie sie im Neuen Testament beschrieben werden, anzunehmen.

> Wunder ist nur der religiöse Name für Begebenheit, jede, auch die allernatürlichste und gewöhnlichste, sobald sie sich dazu eignet, daß die religiöse Ansicht von ihr die herrschende sein kann, ist ein Wunder. Mir ist alles Wunder, und in Eurem Sinn ist

---

[445] SCHLEIERMACHER, »Sendschreiben an Lücke«, 489 f. (KGA I/10, 345 f.).

[446] ROHLS, Schleiermacher und die wissenschaftliche Kultur des Christentums, 53.

mir nur das ein Wunder, nämlich etwas Unerklärliches und Fremdes, was keines ist in meinem. Je religiöser Ihr wäret, desto mehr Wunder würdet Ihr überall sehen, und jedes Streiten hin und her über einzelne Begebenheiten, ob sie so zu heißen verdienen, gibt mir nur den schmerzhaften Eindruck wie arm und dürftig der religiöse Sinn der Streitenden ist. Die einen beweisen es dadurch daß sie überall protestieren gegen Wunder und die andern dadurch, daß es ihnen auf dieses und jenes besonders ankommt, und daß eine Erscheinung eben wunderlich gestaltet sein muß um ihnen ein Wunder zu sein.[447]

Während im Neuen Testament nur Eingriffe Gottes als »Wunder« bezeichnet werden, will Schleiermacher andere Ereignisse als »Wunder« bezeichnen. Er sagt, Wunder seien Ereignisse, die man mit gewissen Gefühlen ansehen kann. Der Zweck der Herstellung dieses neuen Wunderbegriffes ist, dass mit ihm die Aussage »x ist ein Wunder« nicht mehr impliziert, dass x ein Eingriff Gottes ist. Diese Umdeutung ist offensichtlich nicht linguistisch, durch die Untersuchung des Gebrauches des Wortes »Wunder« bzw. θαῦμα begründet. Keine Begriffsumdeutung kann etwas daran ändern, dass im Neuen Testament Eingriffe Gottes beschrieben werden, die Schleiermacher für unvereinbar mit der Naturwissenschaft hält.

(II.3) Zwei Grundannahmen liegen also Schleiermachers Theologie zugrunde:

1. *Göttliche Eingriffe sind nicht mit den Naturwissenschaften unvereinbar.*
2. *Das Wesen der Religion und des Glaubens sind bestimmte Gefühle.*

Von diesen ausgehend will Schleiermacher in seiner Glaubenslehre jede christliche Lehre in Gefühle umwandeln. Die Gesamtheit dieser Gefühle nennt er »das christliche Bewußtsein«:

> Dies, mein lieber Freund, ist ganz vorzüglich der Standpunkt meiner Glaubenslehre. Wie ich fest davon überzeugt bin: so glaubte ich es auch darstellen zu müssen nach bestem Vermögen, daß jedes Dogma, welches wirklich ein Element unseres christlichen Bewußtseins repräsentiert, auch so gefaßt werden kann, daß es uns unverwickelt läßt [d. h. nicht in Widerspruch geraten läßt] mit der Wissenschaft. Dies war nun auch besonders meine Aufgabe bei der Bearbeitung der Lehren von der Schöpfung und Erhaltung, auf welche letztere sich hernach gerade in dieser Hinsicht meine Darstellung der Wunder bezieht und so auch des Wunders aller Wunder, nämlich der Erscheinung des Erlösers. Selbst diese hoffe ich, und zwar ohne Nachteil des Glaubens, so gestellt zu haben, daß die Wissenschaft uns nicht den Krieg zu erklären braucht.[448]

---

[447] SCHLEIERMACHER, Über die Religion (1831), 118.

[448] SCHLEIERMACHER, »Sendschreiben an Lücke«, 495 (KGA I/10, 351).

(II.4) Diese Umdeutung der christlichen Lehren rechtfertigt es durchaus, Schleiermacher, wie es manchmal geschieht, als »Kirchenvater«[449] zu bezeichnen. Nicht als Kirchenvater des Protestantismus, denn Schleiermachers Theologie ist radikal von der der Reformatoren wie auch der evangelischen Theologen des 17. Jahrhunderts verschieden. Die von Schleiermacher angestrebte Änderung ist viel größer als die von den Reformatoren angestrebte oder bewirkte Änderung, und Schleiermachers Änderungen lassen sich auch nicht als Fortsetzung der Reformation verstehen. Die Reformatoren haben einige Lehren und einige Praktiken geändert, aber sie haben an den Grundlehren des Christentums in unveränderter Form festgehalten. Auch insofern die Reformatoren die Notwendigkeit eines persönlichen Glaubens betont haben, haben sie keineswegs einer Beliebigkeit der Lehre oder einem Glauben ohne Lehre das Wort geredet. Daher gab es auch im Protestantismus stets ein Ringen um die rechte Lehre und das Bestreben, falsche Lehren in der Kirche zu verhindern. Schleiermacher muss man als den Vater einer neuen Religion oder einer neuen Kirche ansehen.

(II.5) Im Folgenden will ich untersuchen, wie Schleiermachers zwei Grundannahmen zu begründen sind, und damit, ob sie und damit Schleiermachers Theologie und Religion rational sind. Mit »rational« meine ich hier, grob gesagt, »richtig gedacht«. Rational denken heißt richtig denken. Genau genommen ist eine Person in ihren Überzeugungen rational, wenn alle ihre Überzeugungen untereinander und mit den Beobachtungen (Eindrücken) der Person im Einklang sind. Eine Überzeugung x, welche die Überzeugung y stützt, ist ein Grund für y oder stellt einen Grund für y dar. Auch einen Sinneseindruck oder eine denkerische Einsicht, welche eine Überzeugung y stützt, kann man einen Grund für y nennen. Eine Überzeugung ist rational, wenn andere Überzeugungen der Person oder ihre Beobachtungen die Überzeugung epistemologisch stützen, sie begründen. Wir wollen wir hier untersuchen, ob jene zwei Grundüberzeugungen durch unsere oder anderer Menschen Beobachtungen gestützt werden oder durch Überzeugungen, welche mehr oder weniger weit verbreitet sind oder durch Beobachtungen gestützt werden. Eine Annahme, für die es keine Gründe gibt, kann man z. B. aus Wunschdenken haben oder weil man sie oft gehört hat.

III. Sind Wunder mit den Naturwissenschaften vereinbar?

(III.1) Wie lässt sich Schleiermachers These, dass Wunder mit den Naturwissenschaften unvereinbar seien, begründen? Wie oder wodurch sollten die Naturwissenschaften Wunder ausschließen? Schleiermacher und viele andere Autoren seiner Zeit, etwa Karl Friedrich Bahrdt (1740–1792) und Heinrich Paulus

---

[449] LÜLMANN, Schleiermacher, der Kirchenvater des 19. Jahrhunderts.

(1761–1851), nahmen an, dass Wunder mit den Naturwissenschaften unvereinbar seien, weil sie Eingriffe Gottes in den natürlichen Gang der Dinge, in die von den Naturgesetzen beschriebenen materiellen Vorgänge seien. Daher hält er nicht nur Wunder, sondern alle Eingriffe Gottes für mit den Naturwissenschaften unvereinbar, etwa die Erschaffung des ersten Tieres, also Eingriffe, die Teil der Erschaffung des Universums sind.

> Ich will gar nicht vom Sechstagewerk reden, aber der Schöpfungsbegriff, wie er gewöhnlich konstruiert wird [...] wie lange wird er sich noch halten können gegen die Gewalt einer aus wissenschaftlichen Kombinationen, denen sich niemand entziehen kann, gebildeten Weltanschauung?[450]

Der Unterschied zwischen den Wundern, die Schleiermacher für unvereinbar mit den Naturwissenschaften hält, und Wundern in Schleiermachers neuem Sinn als ein Ereignis, das man religiös anschauen kann, ist, dass jene göttliche Eingriffe sind, diese aber nicht. Die Frage ist also, ob göttliche Eingriffe mit den Naturwissenschaften vereinbar sind. Um dies zu klären, müssen wir einige philosophische Überlegungen über Kausalität, Naturgesetze und Handlung anstellen.

(III.2) Bestimmen wir zunächst, was ein *göttlicher Eingriff* ist. Durch Verweis auf Beispiele lässt sich das recht treffend erfassen: Jesus ist auferstanden, Petrus ging auf dem Wasser, Jesus verwandelte Wasser in Wein, Jesus heilte den Gelähmten, Gott erschuf das erste Lebewesen. Die Existenz solcher Ereignisse will Schleiermacher bestreiten. Göttliche Eingriffe sind davon zu unterscheiden, dass Gott das Universum *erhält*. Wenn der Planet Venus sich auf seiner Bahn bewegt oder auch wenn ein Apfelbaum Früchte hervorbringt, dann findet vermutlich kein Eingreifen Gottes statt, sondern Gott erhält die betreffenden Dinge nur.

(III.3) Wir können noch genauer bestimmen, was ein göttlicher Eingriff ist. Dazu benötigen wir zunächst den Begriff des kausalen *Vorgangs* (Prozess). Er gründet auf Beobachtung: Beispiele sind das Rollen einer Billardkugel, eine Flutwelle oder auch, wenn man den Begriff so weit fasst, dass er auch das Verharren von Dingen in der Zeit einschließt, ein bestimmtes Ding oder das Leben eines Dinges in einem bestimmten Zeitabschnitt. Vorgänge sind sich über Raum und Zeit erstreckende kontinuierliche Abfolgen von Sachverhalten. Zu einem bestimmten Zeitpunkt besteht ein Vorgang aus einem *Sachverhalt* (in der Philosophie oft auch »Ereignis« genannt). Darunter versteht man einen Komplex aus an bestimmten Stellen oder Dingen vorliegenden Eigenschaften. Das ist eine Stufe des Vorganges.

(III.4) Um zu verstehen, was ein Eingriff ist, müssen wir zur Kenntnis nehmen, dass Vorgänge eine *Richtung* haben. Die Billardkugel rollt in eine bestimmte Richtung, und damit hat auch der Vorgang eine bestimmte Richtung. Zur

---

[450] Schleiermacher, »Sendschreiben an Lücke«, 489 (KGA I/10, S.346).

Zeit t_1 besteht er aus einem Sachverhalt S_1 und ist auf den Sachverhalt S_2 zur Zeit t_2 ausgerichtet. S_1 und S_2 sind Stufen des Vorgangs. Wenn nichts die Kugel aufhält, wird sie zur Zeit t_2 an der Position S_2 sein. Nun können wir bestimmen:

Ein göttlicher Eingriff ist ein Sachverhalt, der nicht das Ergebnis eines materiellen kausalen Vorganges ist, sondern von Gott direkt hervorgebracht wurde und der unvereinbar ist mit einem Sachverhalt, auf den ein Vorgang gerichtet war.

(III.5) Ein auf dem Boden liegender Stein bleibt an seinem Platz liegen, wenn ihn nichts in Bewegung setzt. Wenn Gott ihn wegbewegt, dann ist das ein göttlicher Eingriff, denn der Stein wäre sonst liegengeblieben. Komplizierter gesagt: Ein den an der Position P befindlichen Stein enthaltender Vorgang ist zur Zeit t_1 darauf ausgerichtet, dass der Stein zur Zeit t_2 immer noch an P liegen wird. Wenn Gott den Stein zur Zeit t_2 aber an eine andere Stelle, Q, bewegt, dann ist das ein Eingriff, denn dass der Stein zur Zeit t_2 sich an der Stelle Q befindet, ist damit unvereinbar, dass er sich an der Stelle P befindet. Gott hat in den Vorgang eingegriffen. Ein von Gott direkt hervorgebrachter Sachverhalt ist dem Vorgang in den Weg getreten; Gott hat den Vorgang aufgehalten.

(III.6) Das ist auch der Fall, wenn Jesus vom Tod aufersteht. Tote bleiben normalerweise tot. Es gab einen Vorgang, der darauf ausgerichtet war, dass der Leichnam Jesu fünf Tage nach der Kreuzigung weiterhin tot, mit leicht fortgeschrittener Verwesung im Grab liegt. Wenn Gott Jesus am dritten Tag nach der Kreuzigung auferweckte, dann hat er damit in diesen Vorgang eingegriffen. Bei der Auferstehung handelt es sich zudem nicht nur um ein Wunder *contra naturam*, d. h. um einen Eingriff Gottes, sondern um ein Wunder *supra naturam*, d. h. um ein Ereignis, welches kein erschaffener Gegenstand hervorzubringen imstande ist.

(III.7) Was heißt es, dass ein göttlicher Eingriff ein Ereignis ist, welches von Gott *direkt* hervorgebracht wurde? Es heißt, dass das Ereignis keine vorangehende Ursache hat und also nicht das Ergebnis eines kausalen Vorganges, sondern eine Tat Gottes ist. Ich nenne so ein Ereignis ein »Entscheidungsereignis«. Ähnlich kann man annehmen, dass Handlungen von Menschen oder Tieren Entscheidungsereignisse sind.[451]

(III.8) Das aussichtsreichste Argument für Schleiermachers These, dass die Naturwissenschaft zeigte, dass es keine göttlichen Eingriffe gäbe, lautet:

---

[451] Auf die Frage, ob ein Eingriff Gottes ein Ereignis im Geiste Gottes als vorangehende Ursache hat, gehe ich in meinem Aufsatz »Do the results of divine actions have preceding causes?« ein. Entscheidungsereignisse und freie Handlungen von Menschen oder Tieren untersuche ich in »Die kausale Struktur der Welt«, Kap. 7.

Die Naturgesetze beschreiben, wie sich die materiellen Dinge verhalten. Ein göttlicher Eingriff wäre ein Fall, in welchem sich materielle Dinge anders verhalten. Die Naturwissenschaft entdeckt die Naturgesetze und belegt sie recht sicher durch Beobachtungen. So zeigt die Naturwissenschaft, daß es keine göttlichen Eingriffe gibt. Die Beobachtungen, welche die Naturgesetze begründen, begründen auch die These, daß es keine göttlichen Eingriffe gibt.

Um dieses Argument zu prüfen, müssen wir uns ansehen, was ein Naturgesetz ist.

IV. Naturgesetze

(IV.1) Betrachten wir als Beispiel das Gravitationsgesetz, $F = G\dfrac{m_1 m_2}{d^2}$. Es eignet sich für unsere Untersuchung, denn wenn göttliche Eingriffe mit irgendwelchen Naturgesetzen unvereinbar sind, dann mit Gesetzen wie diesem. Es beschreibt das Verhalten materieller Gegenstände, und es ist ein nicht-probabilistisches Naturgesetz, während man meinen kann, dass probabilistische Naturgesetze, wie man sie aus der Quantenmechanik ableiten kann, leichter mit göttlichen Eingriffen vereinbar sind. Was sagt dieses Naturgesetz? Es sagt, dass zwischen zwei Körpern immer eine anziehende Kraft besteht, deren Stärke auf eine bestimmte Weise von der Masse der beiden Körper und ihrem Abstand abhängt. Eine Kraft kann von einer anderen Kraft überlagert werden (Superposition). Es kann sein, dass auf den einen Körper außerdem eine andere Gravitationskraft oder eine Coulomb-Kraft wirkt, sodass er gar nicht beschleunigt.

(IV.2) Naturgesetze besagen, dass in Situationen bestimmter Art Kräfte[452] bestimmter Art vorliegen. Die Gesamtheit der Naturgesetze angewandt auf die Gesamtheit der materiellen Welt ergibt (unter der nicht notwendig wahren Annahme, dass es keine nicht von Naturgesetzen beschriebenen materiellen Kräfte gibt) die resultierende materielle Gesamtkraft. Die Gesamtheit der Naturgesetze beschreibt damit die Richtung aller kausalen Vorgänge.

(IV.3) Göttliche Eingriffe widersprächen den Naturgesetzen genau dann, wenn in ihnen Gott Kräfte abschaffte. Das ist nicht anzunehmen. Wenn Gott einen Stein bewegt, schafft er keine bestehende Kraft ab, alle von den Naturgesetzen beschriebenen Kräfte bleiben bestehen. Auch das Trägheitsgesetz wird nicht

---

[452] In ebd., Kap. 6 beschreibe ich genauer, dass es nicht nur Kräfte, und damit die Bewegung von Körpern betreffende Naturgesetze gibt, sondern auch welche, die andere Eigenschaften und Veränderungen betreffen. Ich verwende dort die Bezeichnung »Tendenzen«, jetzt verwende ich auch die Bezeichnung »Gerichtetheiten« (directedness). Kräfte sind Tendenzen, aber es gibt auch andere Arten von Tendenzen.

verletzt, denn es besagt, dass ein Körper in gleichförmiger gerader Bewegung bleibt, wenn nichts auf ihn wirkt. Die vom Trägheitsgesetz beschriebene Neigung bleibt bestehen. Gott wirkt ihr entgegen, aber er vernichtet sie nicht. Man könnte sagen, dass bei einem Eingriff Gott eine weitere Kraft erzeugt, welche die bestehenden, von den Naturgesetzen beschriebenen, überlagert. Mit meiner gegen Schleiermacher gerichteten These, dass Eingriffe Gottes mit den Naturgesetzen vereinbar sind, ist das vereinbar, aber richtiger ist es zu sagen: Gott bringt direkt ein Ereignis hervor, welches an die Stelle eines Ereignisses tritt, auf welches der von der Gesamtheit der durch die Naturgesetze beschriebenen Kräfte getriebene kausale Vorgang gerichtet war. In einem weiten Sinne von »Kraft« kann man natürlich Gottes Wirken auch als »Kraft« bezeichnen, aber das ist von der Kraft, die Naturgesetze als »F« bezeichnen, erheblich verschieden.[453]

(IV.4) Jemand könnte einwenden, dass die Wirkung einer von einem einzelnen Naturgesetz beschriebenen Kraft durch andere Kräfte verhindert werden kann, dass aber die von der Gesamtheit der Naturgesetze, angewandt auf die Gesamtheit der materiellen Dinge, beschriebenen Kräfte stets ihre Wirkung hervorbringen. Die resultierende Gesamtkraft wird demnach stets verwirklicht.

Wenn es keine nicht-materiellen Dinge und keine nicht von Naturgesetzen beschriebenen Kräfte gäbe, wäre das tatsächlich so, es ist aber nicht notwendigerweise so. Ob es nicht-materielle Dinge gibt, welche resultierenden Gesamtkräften entgegenwirken könnten, lässt sich nicht aus den Naturgesetzen ableiten und nicht durch die Naturwissenschaften entdecken. Man kann natürlich zu den Naturgesetzen die These hinzufügen: »Die von den Naturgesetzen beschriebene resultierende Gesamtkraft wird stets verwirklicht«, welche die Wirkung nicht-materieller Dinge und die Existenz von nicht durch die Naturgesetze beschriebenen Kräften ausschließt. Doch diese Ausschlussthese ist nicht durch die Beobachtungen begründet, durch welche die Naturgesetze entdeckt und begründet werden. Deshalb wäre es verkehrt, sie zu einem Teil der Naturgesetze zu erklären. Sie ist eine metaphysische These, die sich nur durch die Prüfung der Indizien für und gegen die Existenz Gottes begründen lässt. Die Naturwissenschaft kann die Wahrheit der Ausschlussthese nicht erforschen. Wenn man einen Gesamtbegriff »Wissenschaft« bildet, der alle Gegenstandsbereiche und alle Erkenntniswege oder zumindest auch die Philosophie einschließt, dann kann sie mit der Wissenschaft erforscht werden. Der lateinische Begriff *scientia* in der europäischen Tradition entspricht dem. Aber »science« im englischen Sinne kann sie nicht erforschen.[454]

---

[453] Dass Wunder keine Verletzungen der Naturgesetze sind, wird in meinem Aufsatz »Wunder verletzen die Naturgesetze nicht« ausführlicher begründet.

[454] Einige weitere Versuche, göttliche Eingriffe auszuschließen, untersuche ich in »Why the Argument from Causal Closure against the Existence of Immaterial Things is Bad«.

V. Apriorische Begründungen der Unmöglichkeit von Wundern

(V.1) Schleiermacher begründet seine Ablehnung der Wunder zwar durch Verweis auf die Naturwissenschaften, wir sehen hier aber auch schon, weshalb apriorische Begründungen der Unmöglichkeit von Wundern nicht stichhaltig sind. Dass göttliche Eingriffe mit den Naturgesetzen vereinbar sind, liegt daran, dass die kausalen Vorgänge *aufhaltbar* sind. Einzelne kausale Vorgänge wie das Rollen eines Billardballes oder eine Flutwelle sind aufhaltbar. Das wissen wir daher, dass sie manchmal durch andere materielle Vorgänge aufgehalten oder von ihrem Weg abgebracht werden. Wenn sie aufhaltbar sind, kann auch Gott sie aufhalten. Wenn jeder einzelne kausale Vorgang aufhaltbar ist, dann ist selbst der aus der gesamten Materie bestehende Vorgang aufhaltbar. Ein Vorgang endet nur dann, wenn es etwas gibt, das ihn aufhält (oder wenn Gott aufhört, die Dinge zu erhalten), aber es ist möglich, dass es etwas gibt, das ihn aufhalten kann. Die Existenz des Vorganges schließt das nicht aus.

(V.2) Genauer gesagt, wird ein Vorgang dadurch aufgehalten, dass etwas ein zur Zeit t beginnendes Ereignis S hervorbringt, welches mit einem Ereignis, auf welches der Vorgang gerichtet ist, unvereinbar ist. S kann von anderen materiellen Dingen hervorgebracht werden, dann ist S das Ergebnis eines anderen Vorganges. S kann aber auch eine Handlung sein, sei es eines Menschen, eines Tieres oder Gottes. Nach meiner Auffassung hat dann S oder ein Teil von S keine vorangehende Ursache, sondern wird von dem Handelnden direkt hervorgebracht. Aber selbst wenn es keine solchen Handlungen gäbe, träfe die Vorstellung, dass kausale Vorgänge »deterministisch« in dem Sinne sind, dass nichts sie aufhalten kann, auf nichts zu. Sie kann auf nichts zutreffen, weil nicht ein Ereignis determinieren kann, was nach ihm geschehen wird.

(V.3) Die Vorstellung, dass es unaufhaltbare kausale Vorgänge und Ursachen, die ihre Wirkung erzwingen, gibt, stammt von Thomas Hobbes und wurde dann von Leibniz und Kant weiter verbreitet. Hobbes' Gedankengang war wie folgt: Wenn das Ereignis A die vollständige Ursache des Ereignisses B war, d. h. alles enthielt, was bei der Erzeugung von B mitwirkte, dann war A auch eine »notwendige Ursache« von B, d. h. eine, welche nicht existieren kann, ohne ihre Wirkung hervorzubringen. A erzwang also seine Wirkung. Hobbes leitete so den Determinismus her: »Jegliche zukünftige Wirkung wird eine notwendige Ursache haben; mithin hat so jegliche vergangene oder zukünftige Wirkung ihre Notwendigkeit in vorangegangenen Dingen.«[455] Dieser Gedankengang führt zu dem Ergebnis, dass es bestimmte Arten menschlicher Handlungen, nämlich libertär-

---

[455] »Eadem ratione ostendi potest quicunque unquam effectus futuri sunt, causam necessariam habituros esse, atque hoc modo quaecumque producta vel erunt vel fuerunt, necessitatem suam in rebus antecedentibus habuisse.« (HOBBES, De corpore, 9.5).

freie Handlungen, und göttliche Eingriffe nicht geben kann. Es wäre in der Tat erstaunlich, wenn die Philosophie so weitreichende Behauptungen durch rein philosophische Überlegungen begründen könnte, ganz ohne Prüfung der Indizien für oder gegen die Existenz solcher Handlungen. Schon John Bramhall (1594–1663) kritisierte Hobbes dafür, dass er das Wort »hinreichend« (sufficiens) zuerst im Sinne von »ausreichend« definiere, dann aber zur Bedeutung »erzwingend« übergehe. Die Hobbes'sche Linie weiterführend stellte Leibniz das »Prinzip des zureichenden Grundes« auf, worauf Christian August Crusius (1715–1775) entgegnete, dass diese Bezeichnung irreführend sei und dass Leibniz das Prinzip besser »Prinzip des determinierenden Grundes« nennen sollte.[456]

(V.4) Der Glaube an den Determinismus wurde auch durch Immanuel Kants Kausalprinzip verbreitet: »Alles, was geschieht, [ist] jederzeit durch eine Ursache nach beständigen Gesetzen vorher bestimmt.«[457] Kant hält dies für ein Naturgesetz »a priori«, das heißt, dass es für ihn eine Art Denkgesetz ist. Dies klingt in Rudolf Bultmanns These der Unmöglichkeit von Wundern an:

> Der Gedanke des Wunders als Mirakels ist für uns heute unmöglich geworden, weil wir das Naturgeschehen als gesetzmäßiges Geschehen verstehen, also das Wunder als eine Durchbrechung des gesetzmäßigen Zusammenhangs des Naturgeschehens; und dieser Gedanke ist uns heute nicht mehr vollziehbar. Und zwar nicht deshalb, weil ein solches Geschehen aller Erfahrung widerspräche, sondern weil die Gesetzmäßigkeit, die für uns im Gedanken der Natur eingeschlossen ist, nicht eine konstatierte, sondern eine vorausgesetzte ist, und weil wir uns von dieser Voraussetzung nicht nach subjektivem Belieben freimachen können.[458]

Es kann natürlich Menschen geben, die sich vom deterministischen Denken nicht nach subjektivem Belieben freimachen können. Bultmann meinte wahrscheinlich, dass der Determinismus sich in der gleichen Weise aufdränge wie »Die Summe der Winkel in einem Dreieck beträgt 180°« oder »Wenn A früher ist als B und B früher als C, dann ist A früher als C«, doch das ist nicht der Fall. Man kann sich ohne weiteres vorstellen, dass ein Mensch, ein Tier oder Gott ein Ereignis hervorbringt, das nicht nach beständigen Gesetzen vorher bestimmt war, oder dass es, wie es die Quantenmechanik nahelegt, probabilistische Vorgänge gibt. Bei Bultmanns Aussage ist zudem unklar, wie er sie mit der offensichtlichen

---

[456] Siehe Bramhall, A Defence of True Liberty from Antecedent and Extrinsical Necessity (1655), 172, und Crusius, Ausführliche Abhandlung von dem rechten Gebrauche und der Einschränkung des sogenannten Satzes vom zureichenden oder besser determinirenden Grunde (aus dem Lat.), 9.

[457] Kant, Prolegomena zu einer jeden künftigen Metaphysik, § 15.

[458] Bultmann, Zur Frage des Wunders, 84 f.

Tatsache in Einklang bringen möchte, dass es viele Menschen gibt, welche von Physik mehr verstehen als Bultmann und die an Wunder glauben. Er könnte behaupten, dass diese Menschen eben falsch denken, aber seine Aussage, dass »wir uns von dieser Voraussetzung nicht nach subjektivem Belieben freimachen können«, bekräftigt, dass Bultmann wirklich meinte, dass die Existenz von über die Physik informierten Menschen, die an Wunder glauben, unmöglich ist.

Apriorische Begründungen des Determinismus, wie wir sie bei Hobbes und Kant finden, böten Schleiermacher keine aussichtsreichere Begründung seiner Ablehnung der Wunder.

(V.5) Als die Entdeckung der Quantenmechanik die Existenz probabilistischer Vorgänge wahrscheinlich machte oder zumindest ihre Möglichkeit vor Augen führte, meinten einige Autoren, dass dadurch Raum für Wunder entsteht. Doch wenn ein Vorgang zur Zeit t mit gewissen Wahrscheinlichkeiten zur Zeit t zum Ereignis A oder zum Ereignis B führen kann und Gott A hervorbringt, dann ist das genauso ein Eingriff, wie wenn Gott direkt einen Stein bewegt. In beiden Fällen wird ein Vorgang durch ein direkt von Gott hervorgebrachtes Ereignis beendet. Außerdem sind, wie dargelegt, auch nicht-probabilistische Vorgänge, da auch sie aufhaltbar sind, mit göttlichen Eingriffen vereinbar. Man kann also nicht sagen, dass Schleiermacher sich nur deshalb geirrt hat, weil er die Quantenmechanik noch nicht kannte.

VI. Plausibilitätsprüfung

(VI.1) Es ist sinnvoll, philosophische Fragen nicht nur mit detaillierten Untersuchungen zu beantworten, sondern auch mit Intuition und »gesundem Menschenverstand«, das Ganze betrachtend die plausibelste Antwort zu suchen und ggf. die detaillierten Untersuchungen noch einmal zu überprüfen. Deshalb sollten wir hier nicht nur die Naturgesetze und die apriorischen Begründungen im Detail untersuchen, sondern die Plausibilität von Schleiermachers These der Unvereinbarkeit von Wundern mit der Naturwissenschaft insgesamt erwägen. Zumal Schleiermacher diese Grundannahme nicht detailliert begründete.

(VI.2) Betrachten wir also die Vereinbarkeitsfrage noch einmal. Eine Tätigkeit der Naturwissenschaft ist es, die Ursachen einiger materieller Ereignisse zu erforschen, z. B. was die mittelalterliche Warmzeit verursacht hat und wie der Grand Canyon entstanden ist. Dafür sucht man nach Indizien, mit Hilfe unseres Wissens darüber, was was verursacht und wie sich Dinge unter bestimmten Umständen entwickeln. Manchmal lässt sich dieses Wissen durch Naturgesetze ausdrücken. Was wäre, wenn Gott ein Mal in den natürlichen Gang der materiellen Dinge eingreift? Was macht ein Physiker oder ein Biologe, wenn er aufgrund historischer Untersuchungen oder aufgrund von Offenbarung zum Schluss kommt, dass Gott Jesus vom Tod auferweckt hat oder dass er einen Stein bewegt hat? Gibt er einige seiner bisher angenommenen Naturgesetze oder biologischen Theorien auf? Oder empfindet er einen Widerspruch zwischen seiner Arbeit und seiner Annahme der Auferstehung Jesu? Nein, er wird einfach weiterarbeiten. Er wird nicht finden, dass seine Formeln implizieren, dass es keine Wunder gibt.

(VI.3) Noch einfacher gesagt: Wir wissen, dass Tote nicht von allein wieder lebendig werden. Wir wissen sogar, dass kein Kraut und kein Mensch einen Toten wieder lebendig machen kann. Aber wir sind nicht gerechtfertigt in der Annahme, dass auch Gott einen Toten nicht wieder lebendig machen könnte, und die meisten Menschen glauben das auch nicht. Vielmehr sind wir in der Annahme gerechtfertigt, dass, wenn ein Toter wieder lebendig wird, dann Gott ihn auferweckt habe. Der Stand der Wissenschaft ist dafür ganz belanglos. Auch vor 2000 Jahren wussten die Menschen, dass Tote nicht wieder lebendig werden und dass Wein zu Essig, aber Wasser nicht zu Wein wird, es sei denn, Gott greift ein. Die Betonung des »*Heute* kann man nicht mehr an Wunder glauben«, wie man sie bei Schleiermacher und Bultmann findet, ist unbegründet.

(VI.4) Wenn Gott den Stein vom Grab bewegt und Jesus auferweckt hat, widerspricht das keinen Ergebnissen der Naturwissenschaft, sondern nur der philosophischen Annahme, dass jedes Ereignis eine vorangegangene materielle Ursache haben muss. Aber diese Annahme, die manchmal unter der Bezeichnung »Methodologischer Naturalismus« geführt wird, ist nicht nur für die Naturwissenschaft nicht notwendig, sondern sie ist falsch und unbegründet. Die Naturwissenschaft kann nach materiellen Ursachen suchen, aber sie sollte nicht annehmen, dass jedes Ereignis eine solche Ursache haben *muss*.

(VI.5) Einzelne Wunderberichte könnten durch die Naturwissenschaft entkräftet werden, etwa indem sie eine Substanz findet, welche wahrscheinlich in dem Brei enthalten war, welchen Jesus gemäß Joh 9 dem Blindgeborenen auf die Augen strich und welche unter bestimmten Umständen Blindgeborene heilt. Aber bei einigen Ereignissen, z. B. Auferstehungen, haben wir Grund zu der Annahme, dass sie kein materieller Gegenstand verursachen kann. Sie sind *supra naturam*.

(VI.6) Ich komme zu dem Schluss, dass Schleiermachers Annahme, dass Wunder mit der Naturwissenschaft unvereinbar seien, unbegründet ist. Es gibt für sie keinen Anhaltspunkt, weder *prima facie* noch bei genauerer Untersuchung der Naturgesetze. Sobald man die Ergebnisse und die Tätigkeit der Naturwissenschaft ansieht, sieht man die Vereinbarkeit von Wundern mit der Naturwissenschaft. Dieses Ergebnis ist nicht erstaunlich. Wir können nicht durch die bloße Betrachtung der Naturgesetze oder durch bloßes philosophisches Nachdenken herausfinden, ob es göttliche Eingriffe gibt. Das können wir nur durch Prüfung der Indizien herausfinden, insbesondere der Indizien für bestimmte Eingriffe Gottes und der Indizien für und gegen die Existenz Gottes.

(VI.7) Da die Annahme der Unvereinbarkeit von Naturwissenschaft und Wundern in einigen Kreisen weit verbreitet war, stellt sich die Frage, wie sie sich verbreiten konnte. Auch bei späteren Theologen, etwa Ernst Troeltsch und Rudolf

Bultmann, tritt sie in der gleichen Form auf wie bei Schleiermacher, nämlich mit starker Überzeugung und ohne einen nachvollziehbaren, begründenden Gedankengang. Der Tenor ist: Man kann heute nicht mehr an Wunder glauben, angesichts der Naturwissenschaft und angesichts der Moderne. Anscheinend übernimmt einer vom anderen diese Überzeugung und glaubt dabei, dass sie rational und begründet sei, obwohl er selbst den Grund nicht sieht. Obwohl keiner starke Gründe für diese Annahme hat, glaubt jeder, dass starke Gründe für die Annahme existieren und dass einige diese kennen. Wie bei einer auf Augenzeugenberichten beruhenden Annahme verlässt man sich darauf, dass jemand die Gründe gesehen hat. Doch Rechtfertigung entsteht dadurch nicht. Schon bei Sinneswahrnehmungen ist das epistemische Gewicht von Zeugenaussagen nur unter bestimmten Umständen groß. Insbesondere wenn ich nicht mehr weiß, wer die Wahrnehmung hatte, ist die Rechtfertigung durch Zeugenaussagen schwach. Bei Indizien oder philosophischen Gründen ist die rechtfertigende Kraft von Überzeugungen der Form »Jemand hat starke Gründe für x gesehen« noch geringer. Angewandt auf den vorliegenden Fall heißt das: Wer nicht selbst die Unvereinbarkeit gesehen hat, hat keine Rechtfertigung für die Unvereinbarkeitsannahme. Der Grad der Rechtfertigung hängt dann von der Genauigkeit und der Richtigkeit des zur Unvereinbarkeitsannahme führenden Gedankenganges ab. Schleiermacher scheint aber keinen zur Unvereinbarkeitsannahme führenden Gedankengang und damit keine Rechtfertigung zu haben. Damit ist seine Hauptbegründung für sein Projekt der Umdeutung der christlichen Lehre nicht stichhaltig. Schleiermachers Vater hatte nicht Unrecht, als er dem Sohn schrieb, dessen Einwände könne sogar ein Kind umstoßen.

VII. Schleiermachers Nonkognitivismus

Betrachten wir nun die andere Grundannahme Schleiermachers: dass zum Wesen der Religion und des Glaubens keine Lehre gehört, sondern dass das Wesen der Religion ein bestimmtes Gefühl sei, das Gefühl der schlechthinnigen Abhängigkeit. Aus dieser Annahme ergibt sich, dass die Umdeutung der christlichen Lehren nicht nur notwendig ist, wenn das Christentum mit den Naturwissenschaften vereinbar sein soll, sondern auch deshalb richtig ist, weil sie dem Wesen der Religion und des Christentums entspricht. Sehen wir uns einige Schlüsselstellen dazu an. In *Über die Religion* schreibt Schleiermacher:

[In die Metaphysik] darf sich die Religion nicht versteigen, sie darf nicht die Tendenz haben, Wesen zu setzen und Naturen zu bestimmen, sich in ein Unendliches von Gründen und Deduktionen zu verlieren, letzte Ursachen aufzusuchen und ewige Wahrheiten auszusprechen.[459]

In der gesamten christlichen Tradition taten die führenden Denker genau das, was Schleiermacher hier ablehnt: sie nahmen die Existenz Gottes als die letzte Ursache an und gaben Argumente dafür, und sie untersuchten Gottes Eigenschaften.

[Das Wesen der Religion] ist weder Denken noch Handeln, sondern Anschauung und Gefühl. Anschauen will sie das Universum, in seinen eigenen Darstellungen und Handlungen will sie es andächtig belauschen, von seinen unmittelbaren Einflüssen will sie sich in kindlicher Passivität ergreifen und erfüllen lassen.

Wie wir unten noch genauer untersuchen werden, lehrten christliche Denker bisher genau dies: dass zum Christsein die Annahme der christlichen Lehre gehört und dass diese die Grundlage sowohl für Gefühle als auch für Handlungen ist. Schleiermacher hingegen sagt, Religion sei nur Gefühl. Wir können dies Schleiermachers *nonkognitivistische* These nennen.

[Wohin gehören dann jene Dogmen und Lehrsätze eigentlich,] die vielen für das innere Wesen der Religion gelten [...?] Alle diese Sätze sind nichts anderes als das Resultat jener Betrachtung des Gefühls, jener vergleichenden Reflexion darüber, von welcher wir schon geredet haben.[460]

Bemerkenswerterweise sagt Schleiermacher hier nicht einfach, dass die bisher im Christentum angenommenen Dogmen und Lehrsätze nicht zur Religion gehören, sondern er behauptet, dass sie von Gefühlen handeln. Sie handeln also nicht, wie man bisher meinte, vom Schöpfer des Universums, vom Gericht, von der Vergebung durch das Kreuz und vom Leben nach dem Tod, sondern von Gefühlen!

In der Glaubenslehre formuliert er die nonkognitivistische These mit dem Wort »Wissen« statt »Denken«:

---

[459] Schleiermacher, Über die Religion (1799), 42. In der vierten Auflage findet sich diese Aussage nicht mehr, vielleicht weil sie zu offen atheistisch ist.

[460] Schleiermacher, Über die Religion (1831), 104 f.

> Die Frömmigkeit, welche die Basis aller kirchlichen Gemeinschaften ausmacht, ist [...] weder ein Wissen noch ein Tun, sondern eine Bestimmtheit des Gefühls oder des unmittelbaren Selbstbewußtseins.[461]

Der Sicht, dass Frömmigkeit Wissen sei, hält er entgegen, dass dann ja »der beste Inhaber der christlichen Glaubenslehre immer auch zugleich der frömmste Christ«[462] wäre. Wissen komme zur Frömmigkeit nur hinzu, wenn die Frömmigkeit »der Gegenstand«[463] von Wissen werde. Es sei falsch zu sagen, dass das Fühlen »aus dem Wissen abgeleitet«[464] sei. Wissen und Tun machten deshalb nicht das Wesen der Frömmigkeit aus, sondern gehörten nur insofern zu ihr »als das erregte Gefühl dann in einem es fixierenden Denken zur Ruhe kommt, dann in ein es aussprechendes Handeln sich ergießt.«[465] Zur weiteren Begründung fügt Schleiermacher hinzu,

> daß es Gefühlszustände gibt, welche wir, wie Reue, Zerknirschung, Zuversicht, Freudigkeit zu Gott an und für sich fromm nennen ohne Rücksicht auf ein daraus hervorgehendes Wissen und Tun.

Neu in der Glaubenslehre ist die Beschreibung des religiösen Gefühls als Gefühl »schlechthinniger Abhängigkeit«:

> Das gemeinsame aller noch so verschiedenen Äußerungen der Frömmigkeit, wodurch diese sich zugleich von allen anderen Gefühlen unterscheiden, also das sich selbst gleiche Wesen der Frömmigkeit ist dieses, daß wir uns unserer selbst als schlechthin abhängig, oder, was dasselbe sagen will, als in Beziehung mit Gott bewußt sind.[466]

Dies klingt für sich genommen so, als ob Schleiermacher Frömmigkeit als ein Gefühl auffasst, das die Person glauben machen will, dass es einen Gott gibt, der das Universum und den Menschen erschaffen hat und erhält. Das wäre ein Gefühl, das ein Wissen enthält oder aus einem Wissen »abgeleitet« ist. Dann stünden diese Sätze im Widerspruch zu Schleiermachers nonkognitivistischer These. Da diese das Grundprinzip von Schleiermachers Theologie ist, müssen wir diese Interpretation ausschließen. Er meint also ein Gefühl, das nicht die Überzeugung »Gott hat mich geschaffen« begründet oder durch diese hervorgerufen wird, und nennt es trotzdem »Gefühl schlechthinniger Abhängigkeit« und »Gefühl einer

---

[461] SCHLEIERMACHER, Der christliche Glaube, 7 (KGA I/13-1, 19 f.).

[462] A. a. O., 12.

[463] A. a. O., 13.

[464] A. a. O., 14.

[465] Ebd.

[466] A. a. O., 16.

Beziehung mit Gott«. Das ist nur der Anfang von Schleiermachers großem Projekt, die christlichen Lehrsätze auf reine Gefühle zu beziehen, obwohl sie sowohl nach den normalen Regeln der Sprache als auch ihrer Tradition nach eindeutig Behauptungen ausdrücken.

VIII. Die Rolle der Lehre im Christentum

(VIII.1) Nun werde ich darlegen, wie nach einer nicht-schleiermacherianischen Auffassung im Christentum Gefühl, Handeln und Frömmigkeit mit Wissen verbunden sind. Ich werde behaupten, dass das nicht-schleiermacherianische Christentum rational, Schleiermachers Religion aber nicht rational ist.

(VIII.2) Betrachten wir zunächst die *Freude*. Sie gehört sicher zum Christsein dazu, denn im Neuen Testament wird sie positiv bewertet und empfohlen: »Freuet euch in dem Herrn allewege! Und abermals sage ich: Freuet euch!« (Phil 4,4) Im Gegensatz zum Gefühl der guten Stimmung wird mit dem Wort »Freude« normalerweise »Freude über« etwas gemeint, also eine Freude mit einem Inhalt und einem Grund. Sie ist ein Gefühl, aber kein bloßes Gefühl, sondern ein Gefühl, das auf einer Überzeugung gründet, welche den Inhalt der Freude darstellt. Um seinen Nonkognitivismus aufrecht zu erhalten, bestreitet Schleiermacher, »daß die Frömmigkeit ein Zustand sei«, in dem das Fühlen »aus dem Wissen abgeleitet« ist.[467]

(VIII.3) Was ist nun religiöse Freude, und welche Freude gibt es gemäß Schleiermachers Theologie? Es ist möglich und gut, sich über einen Schmetterling zu freuen. Es ist gut, sich und andere dazu zu ermuntern, sich über Schmetterlinge und die vielen anderen guten und schönen kleinen und großen Dinge zu freuen, denn oft sind wir uns dieser guten Dinge nicht bewusst oder wir geben der Freude keinen Raum in uns. Wir vergessen die guten Dinge oder sind blind für sie oder sind bitter, sodass die Freude keinen Raum in der Seele hat. Nach einem Verlust oder einem Leid ist es besonders schwer und besonders wichtig, sich trotzdem am Guten und Schönen zu erfreuen, das man hat oder hatte. Wir können uns an dem Guten freuen, das wir mit dem geliebten Menschen erleben durften und das dieser Mensch hatte. Wir können uns über die Fürsorge und die Liebe freuen und dafür dankbar sein, die wir von jemandem bekommen haben, selbst wenn dieser Mensch viel zu tun versäumt hat oder uns gar Unrecht getan hat.

(VIII.4) Freude dieser Art ist gut und erstrebenswert. Eine Religion kann und sollte solche Freude fördern, aber man nennt sie normalerweise nicht »religiös«, denn nichtreligiöse Menschen können sie auch haben. Die Psychotherapie kann

---

[467] A. a. O., 14.

und sollte solche Freude fördern, aber man braucht keine psychotherapeutische Ausbildung, um solche Freude in anderen oder in sich hervorzurufen.

(VIII.5) Es ist aber möglich, dass es weitergehenden Grund zur Freude gibt. Wenn die christliche Lehre wahr ist, dann kann jemand, indem er Christ wird, in eine Lage kommen, in der er enormen weitergehenden Grund zur Freude hat. Christen freuen sich über die Menschwerdung Gottes, über die Auferstehung Jesu, über die erfahrene Vergebung oder über das erhaltene ewige Leben. So heißt es in einem Kirchenlied: »Jesus ist kommen, Grund ewiger Freude!« In Predigten, Liedern, Bibelstudium und erbaulichen Texten werden auf vielfache Weise dem Gläubigen Inhalte und Gründe zur Freude gegeben. In einigen Religionen werden durch Meditation und Entleerung des Inneren Ruhezustände oder durch Trommelmusik und Drogen Extase erzeugt. Im Christentum hingegen werden durch die Lehre Freude, Hoffnung und Trost erzeugt. Christen ermuntern sich selbst und andere durch die Betrachtung der Lehre zu Freude. Deshalb enthalten christliche Kirchenlieder viele detaillierte Lehraussagen, verbunden mit emotionalen Äußerungen und Aufforderungen. Im Christentum wird also ein starkes Gefühl der Freude angestrebt, aber durch die Betrachtung der Lehre. Die Lehre gibt Grund zur Freude.

(VIII.6) Ähnliches gilt für Hoffnung und Trost: die christliche Lehre gibt vielfältige und und starke Gründe für Hoffnung und Trost. Diese zu haben ist freilich nur dann erstrebenswert, wenn die christliche Lehre wahr ist. Auf die Wahrheitsfrage werden wir zurückkommen.

(VIII.7) Unter den existierenden Religionen ist das Christentum die Religion, welche die meisten Begründungen und Inhalte für religiöse Bewusstseinszustände wie Freude, Hoffnung und Trost anbietet. Genau die Dogmen und Lehrsätze, die Schleiermacher und Gleichgesinnte ablehnen, ja verachten, sind eine Stärke des Christentums – wenn sie denn wahr sind. Dabei setze ich folgendes einfaches Prinzip voraus:

Eine Freude ist um so erstrebenswerter, je besser begründet sie ist.

Wie gut eine Begründung ist, hängt davon ab, wie wertvoll der Sachverhalt ist, über den die Person sich freut. Ferner gilt: Je stärker eine Begründung für Freude ist, desto wirksamer kann sie Freude erzeugen. Wie starke Freude entsteht, hängt außerdem von der Disposition der Person ab.

(VIII.8) Schleiermacher hingegen lehnt all diese Gründe zur Freude, Hoffnung und Trost ab, mit den zwei Begründungen, dass man diese Dinge nicht mehr glauben könne und dass das wahre Wesen der Religion und der Frömmigkeit bloße Gefühle seien. Die einzigen Überzeugungen, die für ihn für die Frömmigkeit eine Rolle spielen können, sind welche, deren »Gegenstand«[468] die das Wesen der Frömmigkeit bildenden Gefühle sind, oder welche das Resultat einer

---

[468] A. a. O., 13.

»Betrachtung des Gefühls«[469] sind. Diese können keinen Grund zu Freude, Hoffnung oder Trost bieten und sollen es gemäß Schleiermacher auch nicht.

(VIII.9) Auch die von Schleiermacher zum Wesen der Frömmigkeit erklärten Gefühle sind von Begründungen abhängig. Das Gefühl schlechthinniger Abhängigkeit wird sich bei einem Atheisten nicht deutlich einstellen. Er kann über das Universum und seinen Inhalt staunen und sich daran erfreuen. Er kann ergriffen werden, eine gewisse Andacht kann sich beim Betrachten eines Sonnenunterganges oder des Sternenhimmels einstellen. Aber gerade das Moment des Sich-abhängig-Fühlens stellt sich nur ein, wenn die Person wirklich den Eindruck hat, dass sie und das ganze Universum von Gott erschaffen wurden und erhalten werden. Im Buch Hiob kommt dies in der Rede des Elihu zum Ausdruck:

> Wer hat, was auf Erden ist, verordnet, und wer hat den ganzen Erdboden gesetzt? So er [Gott] nun an sich dächte, seinen Geist und Odem an sich zöge, so würde alles Fleisch miteinander vergehen, und der Mensch würde wieder zu Staub werden. (Hiob 34,13–15)

(VIII.10) Nun ergeben sich zwei Einwände gegen Schleiermachers Religion. Erstens wird Schleiermachers Religion nur wenige und nur schwache Gefühle erzeugen. Gottesdienste, Predigten oder Lieder, die mit Schleiermachers Religion, ohne die Überzeugung, dass es einen Gott gibt, der das Universum geschaffen hat und von dem es abhängig ist, ein Gefühl der schlechthinnigen Abhängigkeit, Anschauung des Universums oder ein andächtiges Belauschen des Universums hervorrufen möchten, werden nicht sehr erfolgreich sein. Wenn man die Gefühle durch Gefühlsduselei oder auf andere Weise ohne Lehre zu erzeugen versucht, erzeugt man nicht viel davon. Ebenso werden schleiermachersche Versuche, ohne Lehre Freude, Hoffnung oder Trost hervorzurufen, nicht sehr erfolgreich sein, denn ohne Gründe lässt sich nicht viel Freude und nicht einmal viel positive Stimmung oder Optimismus erzeugen.

(VIII.11) Zweitens ist eine Freude oder eine Hoffnung, die nicht durch Überzeugungen begründet ist, wenig erstrebenswert. Besser gesagt: Die Gefühle, die Freude und Hoffnung am ehesten ähneln, wenn die Begründung wegfällt, sind nicht besonders erstrebenswert. Wenn man den mit den christlichen Lehrsätzen in Verbindung zu bringenden Gefühlen ihre Begründungen entzieht, bleibt bestenfalls eine gute Stimmung. Wenn man versucht, den christlichen Lehrsätzen und Geschichten Gefühle abzugewinnen, die nicht von den ursprünglichen Überzeugungen abhängen, findet man keine besonders erstrebenswerten Gefühle. Man kann zum Beispiel versuchen, der Auferstehung Jesu ein Gefühl über unsere Auferstehung oder unsere Zukunft und der Inkarnation ein Gefühl von

---

[469]   Schleiermacher, Über die Religion (Vierte Auflage), 104.

etwas Göttlichem in uns abzugewinnen, aber die meisten Menschen wird so eine entkernte oder umgedeutete Version des Christentums nicht bewegen.

(VIII.12) Der originale christliche Glaube ist, wenn die christliche Lehre wahr ist, viel erstrebenswerter als die schleiermachersche Frömmigkeit. Zu den genannten, die Begründungen von Bewusstseinszuständen betreffenden Vorzügen kommen weitere Vorteile für Christen hinzu, insbesondere das ewige Leben. Doch auch ein offenes Sich-Abwenden vom Christentum ist der schleiermacherschen Frömmigkeit überlegen. Schleiermacher muss sich fragen lassen, weshalb er, wenn er denn die christliche Lehre nicht annimmt, nicht einfach das Christentum offen ablehnt. Was bleibt vom Christentum für den, der die originale Lehre nicht mehr glaubt? Das Gute, das man dem Christentum unter der Voraussetzung der Falschheit der christlichen Lehre abgewinnen kann, kann man wirkungsvoller auf andere Weisen hervorbringen als durch christliche Texte, aus denen die Überzeugungen entfernt wurden. Das, was sich durch die schleiermachersche Methode aus dem Christentum entwickeln lässt, hat keinen Nutzen, der sich nicht auf andere Weisen wirksamer gewinnen ließe. Man kann gezielt Methoden entwickeln, um die gewünschten Gefühle hervorzubringen. Je nachdem, welche Gefühle man anstrebt, kann man geeignete Meditationstechniken, autogenes Training oder, wenn man will, Trommeln, Musik oder Drogen verwenden.

(VIII.13) Wenn man, über Schleiermacher hinausgehend, dem Christentum Moralisches oder Weisheiten und Lebenshilfe abgewinnen möchte, kann man das zielgerichteter ohne ein umgedeutetes christliches Vokabular tun. Eine positive Einstellung zur Zukunft etwa erzeugt man nicht durch eine Umdeutung der Auferstehung Jesu, sondern durch Methoden wie etwa die von Viktor Frankl entwickelte Logotherapie oder auch durch weniger systematisch entwickelte Lebensweisheiten. Wenn die christliche Lehre nicht wahr ist, erfüllt sie nicht einmal den veranschaulichenden Zweck, den gute Märchen erfüllen. Man kann dann trotzdem anerkennen, dass die christliche Lehre einige Errungenschaften begünstigt hat, z. B. die Naturwissenschaft, Musik, Architektur, Malerei, die Meinungsfreiheit und die freie Marktwirtschaft, aber es war das originale Christentum, das sie mit seiner Lehre hervorgebracht hat. Die durch die schleiermachersche Methode aus dem Christentum gewonnene Religion hätte sie nicht hervorgebracht und trägt auch nichts zu ihrer Erhaltung bei.

(VIII.14) Wenn die christliche Lehre falsch ist, bleibt nichts spezifisch Christliches, was erstrebenswert oder nützlich wäre. Deshalb ist eine die christliche Lehre offen ablehnende Position rationaler als Schleiermachers. Dass Schleiermachers Gründe für die Ablehnung der christlichen Lehre nicht stichhaltig sind, habe ich oben dargelegt, und gerade die (englischsprachige) Philosophie der letzten Jahrzehnte hat die These der Unvereinbarkeit zwischen der Naturwissenschaft und Wundern und anderen Bestandteilen der christlichen

Lehre gründlich untersucht.[470] Aber wenn jemand die christliche Lehre ablehnt, bietet ihm die schleiermachersche Religion keine erstrebenswerte oder rationale Option.

---

[470] Etwa in SWINBURNE, The Existence of God (Second Edition) und PLANTINGA, Where the Conflict Really Lies. Science, Religion, and Naturalism.

Literaturverzeichnis

Werke Schleiermachers

In der Regel wird zitiert nach: Kritische Gesamtausgabe [KGA], hrsg. v. Hans-Joachim Birkner u. a., fortgeführt von Hermann Fischer u. a., Berlin/New York, gelegentlich zusätzlich auch nach anderen Ausgaben:

Ästhetik, im Auftrag der Preußischen Akademie der Wissenschaften und der Literatur-Archiv-Gesellschaft zu Berlin nach den bisher unveröffentlichten Urschriften zum ersten Mal hrsg. v. Rudolf Odebrecht, Berlin/Leipzig 1931.

Aus Schleiermacher's Leben, hrsg. v. Wilhelm Dilthey, Band 1, Berlin, 1860.

Das Leben Jesu. Vorlesungen an der Universität Berlin im Jahr 1832, aus Schleiermacher's handschriftlichem Nachlasse, und Nachschriften seiner Zuhörer, hrsg. v. Karl August Rütenik, Berlin, 1864.

Ethik (1812/13) mit späteren Auffassungen der Einleitung, Güterlehre und Pflichtenlehre, auf der Grundlage der Ausgabe von O. Braun, hrsg. und eingel. v. H.-J. Birkner, 1990 [PhB 335 Ed. 2].

Der christliche Glaube nach den Grundsätzen der evangelischen Kirche im Zusammenhange dargestellt, Bd. I und II, 2.A. (Berlin 1830/31), hrsg. v. Martin Redeker, Berlin 1960.

Pädagogik, (1820/21), 2008.

Psychologie (1818), in: L. George (Hrsg.), Friedrich Schleiermacher's literarischer Nachlaß. Zur Philosophie, 1862, 6. Band (SW III/6).

Über die Religion. Reden an die Gebildeten unter ihren Verächtern, Berlin, 1799.

Über die Religion. Reden an die Gebildeten unter ihren Verächtern, Berlin, 4. Auflage 1831.

Über die Religion. Reden an die Gebildeten unter ihren Verächtern, hrsg. v. H.-J. Rothert, Hamburg 1958/70 [PhB 255].

Über die Religion. Reden an die Gebildeten unter ihren Verächtern, hrsg. v. Niklaus Peter u. a., Zürich 2012.

Sendschreiben an Lücke, in: ThStKr, Band 2, Leipzig, 1829, 254–284; 481–532.

Die christliche Sitte nach den Grundsätzen der evangelischen Kirche im Zusammenhang dargestellt, aus Schleiermachers handschriftlichem Nachlasse und nachgeschriebenen Vorlesungen hrsg. v. Ludwig Jonas, Berlin ²1884.

Die praktische Theologie nach den Grundsätzen der evangelischen Kirche im Zusammenhange dargestellt, aus Schleiermachers handschriftlichem Nachlasse und nachgeschriebenen Vorlesungen hrsg. v. Jacob Frerichs, Berlin 1850 ND 1983.

Für die Werke Schleiermachers werden folgende Kürzel verwendet:
CG: Der christliche Glaube. Nach den Grundsätzen der evangelischen Kirche im Zusammenhange dargestellt. 2. umgearb. Aufl., Berlin, 1830:
- KGA, Bd. 13/1 und 13/2, hrsg. v. Rolf Schäfer, Berlin/New York, 2003.
- Redeker: hrsg. v. Martin Redeker, Band. 1–2, Berlin, 1960.
D: Dialektik:
- Arndt: Friedrich Daniel Ernst Schleiermacher, Dialektik (1814/15), Einleitung zur Dialektik (1833), hrsg. v. Andreas Arndt, Hamburg, 1988.
KD: Kurze Darstellung des theologischen Studiums zum Behuf einleitender Vorlesungen, 2. umgearb. Aufl. 1830:
- Scholz: Kritische Ausgabe, hrsg. von Heinrich Scholz, Darmstadt, 1982, ND 1910.
R: Reden über die Religion an die Gebildeten unter ihren Verächtern
EA Paginierung der Erstausgabe in der Studienausgabe hrsg. von Niklaus Peter, Zürich 2012.

Weitere Literatur

Albrecht, Christian, Bildung in der Praktischen Theologie, Tübingen 2003.

Albrecht, Christian, Schleiermachers Theorie der Frömmigkeit: Ihr wissenschaftlicher Ort und ihr systematischer Gehalt in den Reden, in der Glaubenslehre und in der Dialektik (SchlArch 15), Berlin 1993.

Arndt, Andreas / Jaeschke, Walter, Die Philosophie der Neuzeit 3, Teil 2: Klassische deutsche Philosophie von Fichte bis Hegel, in: Wolfgang Röd (Hrsg.), Geschichte der Philosophie, Band IX, 2, München 2013.

Arndt, Andreas, Friedrich Schleiermacher als Philosoph, Berlin 2013.

Adriaanse, Hendrik Johan, Schleiermachers ›Reden‹ als Paradigma der Religionsphilosophie, in: Barth, Ulrich / Osthoevener, Claus-Dieter (Hrsg.), 200 Jahre ›Reden über die Religion‹. Akten des 1. Internationalen Kongresses der Schleiermacher-Gesellschaft Halle, 14.–17. März 1999, Berlin/New York 2000, 100–117.

Assel, Heinrich, Art. Wort und Sakrament, in: RGG[4] 8 (2005), 1710–1712.

Assel, Heinrich, Geheimnis und Sakrament. Die Theologie des göttlichen Namens bei Kant, Cohen und Rosenzweig, FSÖTh 98, Göttingen 2001.

Assmann, Jan, Das kulturelle Gedächtnis. Schrift, Erinnerung und politische Identität in frühen Hochkulturen, 5. Auflage, München 2005.

Augustinus, De civitate Dei, hrsg. v. Bernhard Dombart und Alfons Kalb, 2 Bde., Leipzig 1928.

Augustinus, Sankt Augustinus, Lehrer der Gnade. Lat.-dt. Gesamtausgabe seiner antipelagianischen Schriften (ALG), hrsg. v. Adalbero Kunzelmann u. Adolar Zumkeller, Bd. III, Würzburg 1977.

Axt-Piscalar, Christine, Ohnmächtige Freiheit, Tübingen 1996.

Bader, Günter, Art. Ritus III. Kirchengeschichtlich und systematisch-theologisch, in: TRE 29 (1998), 270–279.

Bader, Günter, Die Abendmahlsfeier, Liturgik – Ökonomik – Symbolik, Tübingen 1993.

Bader, Günter, Symbolik des Todes Jesu (HUTh 25), Tübingen 1988.

Balthasar, Hans Urs von, Karl Barth. Darstellung und Deutung seiner Theologie, Olten 1951.

Barth, Karl, Brunners Schleiermacherbuch, ZZ 2, 1924, 49–64.

Barth, Karl, Die protestantische Theologie im 19. Jahrhundert. Ihre Vorgeschichte und ihre Geschichte, 3. Auflage, Zürich 1960.

Barth, Karl, Die Theologie Schleiermachers. Vorlesung Göttingen Wintersemester 1923/24, hrsg. v. Dietrich Ritschl, Zürich 1978.

Barth, Karl, Nachwort zu: Heinz Bolli (Hrsg.), Schleiermacher-Auswahl, München / Hamburg 1968, 290–312.

Barth, Ulrich, Art. Säkularisierung I. Systematisch-theologisch, in: TRE 29, 1998, 603–634.

Barth, Ulrich, Begrüßung und Einführung in den Kongress, in: Barth, Ulrich / Osthoevener, Claus-Dieter (Hrsg.), 200 Jahre ›Reden über die Religion‹. Akten des 1. Internationalen Kongresses der Schleiermacher-Gesellschaft Halle, 14.–17. März 1999, Berlin/New York 2000, 3–10.

Barth, Ulrich, Christentum und Selbstbewusstsein. Versuch einer rationalen Rekonstruktion des systematischen Zusammenhangs von Schleiermachers subjektivitätstheoretischer Deutung der christlichen Religion, Göttingen 1997.

Barth, Ulrich, Christologie und spekulative Theologie. Schleiermacher und Schelling, in: ders., Kritischer Religionsdiskurs, Tübingen, 2014.

Barth, Ulrich, Die subjektivitätstheoretischen Prämissen der Glaubenslehre, in: ders., Aufgeklärter Protestantismus, Tübingen 2004, 329–351.

Barth, Ulrich, Kritischer Religionsdiskurs, Tübingen, 2014.

Barth, Ulrich, Die Religionstheorie der ›Reden‹. Schleiermachers theologisches Modernisierungsprogramm, in: ders., Aufgeklärter Protestantismus, Tübingen 2004, 259–289.

Barth, Ulrich, Schleiermacher-Literatur im letzten Drittel des 20. Jahrhunderts, in: ThR 66 (2001) 408–461.

Barth, Ulrich, Subjektphilosophie, Kulturtheorie und Religionswissenschaft. Kritische Anfragen an Schleiermachers Theologieprogramm, in: ders., Kritischer Religionsdiskurs. Tübingen 2014, 293 ff.

Barth, Ulrich, Was heißt ›Anschauung des Universums‹? Beobachtungen zum Verhältnis von Schleiermacher und Spinoza, in: Waibel, Violetta, Spinoza – Affektenlehre und amor Dei intellectualis, Hamburg 2012, 243–266.

Barth, Ulrich, Wissenschaftstheorie der Theologie, in: ders., Kritischer Religionsdiskurs, Tübingen 2014, 263–278.

Barth, Ulrich / Danz, Christian / Gräb, Wilhelm / Graf, Friedrich Wilhelm (Hrsg.), Aufgeklärte Religion und ihre Probleme. Schleiermacher – Troeltsch – Tillich, Berlin 2013.

Barth, Ulrich / Osthoevener, Claus-Dieter (Hrsg.), 200 Jahre ›Reden über die Religion‹. Akten des 1. Internationalen Kongresses der Schleiermacher-Gesellschaft Halle, 14.-17. März 1999, Berlin/New York 2000.

Beetz, Manfred / Cacciatore, Guiseppe (Hrsg.), Die Hermeneutik im Zeitalter der Aufklärung, in: Collegium Hermeneuticum 3, Köln/Weimar/Wien 2000.

Beierwaltes, Werner, Platonismus im Christentum, Frankfurt a.M. 1998.

Birkner, Hans-Joachim, Schleiermachers christliche Sittenlehre im Zusammenhang seines philosophisch-theologischen Systems, Berlin 1964.

Bonaventura, Sanctus, Doctoris seraphici S. Bonaventurae S.R.E. Episcopi Cardinalis opera omnia iussu et auctoritate Rmi.P. Bernardini a Portu Romatino totius ordinis minorum S.P. Francisci ministri generalis edita studio et cura pp. collegii a S. Bonaventura ad plurimos codices mss. emendata anecdotis aucta prolegomenis scholiis notisque illustrata, Florenz 1882-1902.

Bramhall, John, A Defence of True Liberty from Antecedent and Extrinsical Necessity, 1655, in: Works, Band 4, Oxford 1844, 23-196.

Brito, Emilio, La doctrine trinitaire d'apres la ›Glaubenslehre‹ de Schleiermacher, in: RThL 22 (1991), 327-342.

Brunner, Emil, Die Mystik und das Wort. Der Gegensatz zwischen moderner Religionsauffassung und christlichem Glauben dargestellt an der Theologie Schleiermachers, Tübingen 1924 (2. Auflage 1928).

Bultmann, Rudolf, Welchen Sinn hat es, von Gott zu reden?, in: Glauben und Verstehen 1, Tübingen 1933, 26-37.

Bultmann, Rudolf, Zur Frage des Wunders. In: Neues Testament und christliche Existenz, Tübingen 1933, 84-98.

Burchard, Christoph, The Importance of Joseph and Aseneth for the Study of the New Testament: A General Survey and a Fresh Look at the Lord's Supper, NTS 33 (1987).

Cramer, Konrad, Anschauung des Universums. Schleiermacher und Spinoza, in: Ulrich Barth / Claus-Dieter Osthoevener (Hrsg.), 200 Jahre ›Reden über die Religion‹. Akten des 1. Internationalen Kongresses der Schleiermacher-Gesellschaft Halle, 14.-17. März 1999, Berlin/New York 2000, 118 ff.

Cramer, Konrad / Fulda, Hans Friedrich / Horstmann, Rolf Peter / Pothast, Ulrich (Hrsg.), Theorie der Subjektivität, Frankfurt a.M. 1987, 167 ff.

Crusius, Christian August, Ausführliche Abhandlung von dem rechten Gebrauche und der Einschränkung des sogenannten Satzes vom zureichenden oder besser determinierenden Grunde, Aus dem Lateinischen übers. von Ch. F. Krausen, Leipzig 1744.

Dalferth, Ingolf U., Krisen der Subjektivität, Tübingen 2005.

Danneberg, Lutz, Schleiermacher und das Ende des Akkomodationsgedankens in der ›hermeneutica sacra‹ des 17. und 18. Jahrhunderts, in: Ulrich Barth / Claus-Dieter Osthoevener (Hrsg.), 200 Jahre ›Reden über die Religion‹. Akten des 1. Internationalen Kongresses der Schleiermacher-Gesellschaft Halle, 14.-17. März 1999, Berlin/New York 2000, 194-246.

Danz, Christian (Hrsg.), Kanon der Theologie. 45 Schlüsseltexte im Portrait, Darmstadt 2009.

Dawkins, Richard, The God Delusion, London 2007.

Diels, Hermann / Kranz, Walther, Fragmente der Vorsokratiker, Band I, Hildesheim, ND 2004.

Dilthey, Wilhelm, Leben Schleiermachers Band 2, in: ders., Gesammelte Schriften Band XIV, Göttingen 1966, 729 ff.

Dräger, Jörg / Müller-Eiselt, Ralph, Die digitale Bildungsrevolution. Der radikale Wandel des Lernens und wie wir ihn gestalten können, München 2015.

Drunen, David van / Svensson, Manfred (Hrsg.), Aquinas among the Protestants, Hoboken, NJ, 2017.

Ebeling, Gerhard, Schleiermachers Lehre von den göttlichen Eigenschaften, in: ders., Wort und Glaube II, Tübingen 1969, 305–342.

Ebeling, Gerhard, Zum Verständnis von R. Bultmanns Aufsatz: ›Welchen Sinn hat es, von Gott zu reden?‹, in: ders., Wort und Glaube II, Tübingen 1969, 343–371.

Elgendy, Rick, Reconsidering Resurrection, Incarnation and Nature in Schleiermacher's Glaubenslehre, in: International Journal of Systematic Theology 15 (2013), 301–323.

Ellsiepen, Christoph, Anschauung des Universums und scientia intuitiva, Berlin u. a. 2006.

Fischer, Hermann, Friedrich Schleiermacher, München 2001.

Fischer, Hermann, Schleiermachers Theorie der Bildung, in: J. Ochel (Hrsg.), Bildung in evangelischer Verantwortung auf dem Hintergrund des Bildungsverständnisses von F.D.E. Schleiermacher, Göttingen 2001.

Frank, Manfred, ›Unendliche Annäherung‹. Die Anfänge der philosophischen Frühromantik, Frankfurt a. M. 1997.

Frank, Manfred, Das individuelle Allgemeine. Textstrukturierung und Textinterpretation nach Schleiermacher, Frankfurt a. M. 1977.

Frank, Manfred, Einführung in die frühromantische Ästhetik. Vorlesungen, Frankfurt a. M. 1989.

Frank, Manfred, Einführung in die philosophische Frühromantik. Vorlesungen, Frankfurt a. M. 1989.

Frey, Christopher, Georg Wilhelm Friedrich Hegel, Gestalten der Kirchengeschichte 9: Neueste Zeit I, Stuttgart u. a. ²1994.

Frost, Ursula, Einigung des geistigen Lebens. Zur Theorie religiöser und allgemeiner Bildung bei Friedrich Schleiermacher, Paderborn 1991.

Gabriel, Markus, Sinn und Existenz. Eine realistische Ontologie, Berlin 2016.

Gadamer, Hans-Georg, Die Aktualität des Schönen. Kunst als Spiel, Symbol und Fest, Stuttgart 1986.

Gerber, Simon, Hermeneutik als Anleitung zur Auslegung des Neuen Testaments, in: Andreas Arndt / Jörg Dierken (Hrsg.), Friedrich Schleiermachers Hermeneutik. Interpretationen und Perspektiven, Berlin 2016, 145–163.

Gräb, Wilhelm, Sinnfragen. Transformationen des Religiösen in der modernen Kultur, Gütersloh 2006.

Gräb, Wilhelm, Religion als humane Selbstdeutungskultur, in: ders. u. a. (Hrsg.), Universität – Theologie – Kirche, Leipzig 2011, 241–256.

Graf, Friedrich Wilhelm, Kirchendämmerung. Wie die Kirchen unser Vertrauen verspielen, München 2011.

Goodman, Nelson, Sprachen der Kunst. Entwurf einer Symboltheorie, Frankfurt a. M. 1997.

Grosse, Sven, Christentum und Geschichte: Troeltsch – Newman – Luther – Barth, in: ders., Das Christentum an der Schwelle der Neuzeit. Drei Studien zur Bestimmung des gegenwärtiges Ortes des Christentums, Kamen 2010, 97–155.

Grosse, Sven, Der junge Luther und die Mystik. Ein Beitrag zur Frage nach dem Werden der reformatorischen Theologie, in: Berndt Hamm / Volker Leppin (Hrsg.), Gottes Nähe unmittelbar erfahren. Mystik im Mittelalter und bei Luther, Tübingen 2007, 187–235.

Grosse, Sven, Die Neuzeit als Spiegelbild des antiken Christentums, in: ders., Das Christentum an der Schwelle der Neuzeit, Kamen, 2010, 1–50.

Grosse, Sven, Heilsungewißheit und Scrupulositas im späten Mittelalter, Tübingen 1994.

Grosse, Sven / Seubert, Harald (Hrsg.), Radical Orthodoxy. Eine Herausforderung für Christentum und Theologie nach der Säkularisierung, Leipzig 2017.

Grove, Peter, Deutungen des Subjekts. Schleiermachers Philosophie der Religion, Berlin u. a. 2004.

Habermas, Jürgen, Der Philosophische Diskurs der Moderne, Frankfurt a. M. 1985.

Hegel, Georg Friedrich Wilhelm, Phänomenologie des Geistes. Theorie-Werkausgabe 3, Frankfurt a. M. 1970.

Hegel, Georg Friedrich Wilhelm, Sämtliche Werke, hrsg. von H. Glockner. 1928, Band 15, Stuttgart 1928, ND 1959.

Hegel, Georg Friedrich Wilhelm, Vorlesungen über die Philosophie der Religion, in: Theorie-Werkausgabe 17, Frankfurt a. M. 1970.

Hegel, Georg Wilhelm Friedrich, Vorlesungen über die Philosophie der Religion. Teil 3 Die vollendete Religion (1821), Ausgabe W. Jaeschke, PhB 461, Hamburg 1995.

Heidegger, Martin, Phänomenologie und Theologie (1927), in: ders., Wegmarken, GA 9, Frankfurt a. M. 1976.

Heintel, Erich, Gott ohne Eigenschaften, in: ders., Gesammelte Abhandlungen Band 4: Zur Theologie und Religionsphilosophie II, Stuttgart/Bad Cannstatt 1995, 154 ff.

Henrich, Dieter, Denken und Selbstsein. Vorlesungen über Subjektivität, Frankfurt a. M. 2007.

Henrich, Dieter, Grundlegung aus dem Ich. Untersuchungen zur Vorgeschichte des Idealismus, Tübingen/Jena, 1790–1794, Frankfurt a. M. 2004.

Henrich, Dieter, Konstellationen. Probleme und Debatten am Ursprung der idealistischen Philosophie (1789–1795), Stuttgart 1991.

Hermann, Wilhelm, Die Bedeutung der Geschichtlichkeit Jesu für den Glauben. Eine Besprechung des gleichnamigen Vortrags von Ernst Troeltsch, in: ders., Schriften zur Grundlegung der Theologie, hrsg. v. Peter Fischer-Appelt, Band 2, München 1967, 282–89.

Hermanni, Friedrich, u. a. (Hrsg.), Religion und Religionen im Deutschen Idealismus: Schleiermacher, Hegel, Schelling, Tübingen 2015.

Herms, Eilert, Die Bedeutung der ›Psychologie‹ für die Konzeption des Wissenschafts-systems beim späten Schleiermacher, in: ders., Menschsein in Werden, 2003.

Herms, Eilert, Schleiermachers Bildungsbegriff und seine Gegenwartsrelevanz, in: Ders., Menschsein im Werden. Studien zu Schleiermacher, Tübingen 2003, 228–248.

Herms, Eilert, Schleiermachers Erbe, in: Ders., Menschsein im Werden. Studien zu Schleiermacher, 200–226.

Herms, Eilert, Herkunft, Entfaltung und erste Gestalt des Systems der Wissenschaften bei Schleiermacher, Gütersloh 1974.

Herms, Eilert, Systematische Theologie, 3 Bde., Tübingen 2017.

Hieb, Nathan D., The precarious Status of Resurrection in Schleiermacher's Glaubenslehre, in: International Journal of Systematic Theology 15 (2013), 187–199.

Hirsch, Emanuel, Geschichte der neuern evangelischen Theologie. Band V, 4. Auflage, Gütersloh 1968.

Hobbes, Thomas, Vom Menschen. Vom Bürger. Zweiter Teil der Elemente der Philosophie, hrsg. v. Lothar Waas, Hamburg 2017.

Hoffmeister, Johannes (Hrsg.), Briefe von und an Hegel, Band I: 1785–1812, Hamburg 1952.

Hofius, Otfried, Gemeinschaft am Tisch des Herrn. Das Zeugnis des Neuen Testaments, in: Ders., Exegetische Studien, WUNT 223, Tübingen 2008.

Hörisch, Jochen, Brot und Wein, edition suhrkamp, Frankfurt a. M. 1992.

Irenäus von Lyon, Adversus haereses I, in der Ausgabe Fontes Christiani, Band 8, übersetzt v. Norbert Brox, Freiburg i. Br. u. a. 1993.

Jaeschke, Walter, Einleitung von: Georg Wilhelm Friedrich Hegel, Vorlesungen über die Philosophie der Religion. Teil 3 Die vollendete Religion (1821), Ausgabe W. Jaeschke, PhB 461, Hamburg 1995.

Jaeschke, Walter, Paralipomena Hegeliana zur Wirkungsgeschichte Schleiermachers, in: Schleiermacher-Archiv 1, Berlin/New York 1985, 1157–1169.

Janke, Wofgang, Fichte. Sein und Reflexion. Grundlagen der historischen Vernunft, Berlin 1970.

Jørgensen, Theodor Holzdeppe, Das religionsphilosophische Offenbarungsverständnis des späten Schleiermacher, Tübingen 1977.

Jüngel, Eberhard, Der Gottesdienst als Fest der Freiheit. Der theologische Ort des Gottesdienstes nach Friedrich Schleiermacher (1984), in: ders., Indikative der Gnade – Imperative der Freiheit. Theologische Erörterungen IV, Tübingen 2000, 330–350.

Jüngel, Eberhard, »Häresie – ein Wort, das wieder zu Ehren gebracht werden sollte«. Schleiermacher als Ökumeniker, in: Ulrich Barth / Claus-Dieter Osthoevener (Hrsg.), 200 Jahre ›Reden über die Religion‹. Akten des 1. Internationalen Kongresses der Schleiermacher-Gesellschaft Halle, 14.–17. März 1999, Berlin/New York 2000, 11–38.

Junker, Maureen, Das Urbild des Gottesbewußtseins, Berlin u. a. 1990.

Kant, Immanuel, Gesammelte Werke. Akademie-Textausgabe, 9 Bände, Berlin, ND 1968.

Kany, Roland, Augustins Trinitätsdenken, Tübingen 2007.

Kehrer, Günter, Art. Religion, Definitionen der, in: Handbuch religionswissenschaftlicher Grundbegriffe, Band 4, Stuttgart, 1998, 418–425.

Klauck, Hans-Josef, Herrenmahl und hellenistischer Kult. Eine religionsgeschichtliche Untersuchung zum ersten Korintherbrief, 2. Aufl., Münster 1986.

Krüger, Friedhelm, Art. Gewissen III: Mittelalter und Reformationszeit, TRE 13, Berlin/New York 1984, 219–225.

Kunstmann, Joachim, Subjektorientierte Religionspädagogik. Plädoyer für eine zeitgemäße religiöse Bildung, Stuttgart 2018.

Lange, Dietz, Art. Glück IV: Ethisch, in: RGG⁴ 3, 1020–21.

Lange, Dietz, Neugestaltung christlicher Glaubenslehre, in: ders. (Hrsg.), Friedrich Schleiermacher (1768–1834), Göttingen 1985, 85–105.

Lehnerer, Thomas, Die Kunsttheorie Friedrich Schleiermachers, Stuttgart 1987.

Lessing, Gotthold Ephraim, Die Erziehung des Menschengeschlechts, Werke (1778–1781), hrsg. v. Arno Schilson und Axel Schmitt, Frankfurt a. M. 2001.

Lyotard, Jean-François, Das postmoderne Wissen. Ein Bericht, hrsg. v. P. Engelmann, Graz 1986.

Lülmann, Christian, Schleiermacher, der Kirchenvater des 19. Jahrhunderts, Tübingen 1907.

Luther, Martin, D. Martin Luthers Werke: Kritische Gesamtausgabe, Weimar 1883–2009 [WA].

Luther, Martin, Luthers Werke in Auswahl, hrsg. v. Otto Clemen, Berlin 1912–1955 [BoA].

Mädler, Inken, Ausdrucksstil und Symbolkultur als Bedingung religiöser Kommunikation, in: Ulrich Barth / Claus-Dieter Osthoevener (Hrsg.), 200 Jahre ›Reden über die Religion‹. Akten des 1. Internationalen Kongresses der Schleiermacher-Gesellschaft Halle, 14.–17. März 1999, Berlin/New York 2000, 897–908.

Markschies, Christoph, ›Letzter Sinn‹, in: chrismon plus, Juli 2017 (https://chrismon.evangelisch.de/das-wort/christoph-markschies-ueber-den-gott-der-liebe-34741).

Milbank, John, Theology and Social Theory, Oxford 1990.

Mildenberger, Friedrich, Biblische Dogmatik. Eine biblische Theologie in dogmatischer Perspektive Band 1, Stuttgart 1991.

Moxter, Michael, Güterbegriff und Handlungstheorie. Eine Studie zur Ethik Friedrich Schleiermachers, Morality and the Meaning of Life 1, Kampen 1992.

Moxter, Michael, Kultur als Lebenswelt. Studien zum Problem einer Kulturtheologie, Tübingen 2000.

Newman, John Henry, An Essay on the Development of Christian Doctrine, Westminster, Md., 1968.

Newman, John Henry, Über die Entwicklung der Glaubenslehre. Durchges. Neuausgabe d. Übers. v. Theodor Haecker, besorgt, kommentiert u. mit erg. Dokumenten vers. v. Johannes Artz, Mainz 1969.

Nowak, Kurt, Schleiermacher, Göttingen, 2001.

Nowak, Kurt, Schleiermacher. Leben, Werk und Wirkung, Göttingen, 2002.

Ochel, Joachim, u. a. (Hrsg.), Bildung in evangelischer Verantwortung auf dem Hintergrund des Bildungsverständnisses von F.D.E. Schleiermacher, Göttingen 2001.

Odebrecht, Rudolf (Hrsg.), Im Auftrage der Preuß. Akademie der Wissenschaften auf Grund bisher unveröffentlichten Materials, Leipzig 1942, ND Darmstadt, 1976.

Oeing-Hanhoff, Ludger (Hrsg.), Thomas von Aquin 1274–1974, München 1974.

Ohst, Martin (Hrsg.), Schleiermacher Handbuch, Tübingen 2017.

Oliver, Simon, The Radical Orthodoxy Reader, hrsg. v. John Milbank u. Simon Oliver, London/New York 2009.

Osthoevener, Claus, Die Lehre von Gottes Eigenschaften bei Friedrich Schleiermacher und Karl Barth, Berlin u. a. 1996.

The Oxford Handbook of German Philosophy in the 19th Century, Oxford 2015.

Pannenberg Wolfhart, Theologie und Philosophie. Ihr Verhältnis im Lichte ihrer gemeinsamen Geschichte, Göttingen 1996.

Pannenberg, Wolfhart, Problemgeschichte der neueren evangelischen Theologie in Deutschland. Von Schleiermacher bis zu Barth und Tillich Göttingen, 1997.

Patsch, Hermann, Hermeneutica sacra in zweiter Potenz?, in: Andreas Arndt / Jörg Dierken (Hrsg.), Friedrich Schleiermachers Hermeneutik. Interpretationen und Perspektiven, Berlin 2016.

Peirce, Charles Sanders, Semiotische Schriften, Bd. 1, hrsg. v. Christian Kloesel / Helmut Pape, Frankfurt a. M. 2000.

Picht, Georg, Kants Religionsphilosophie. Mit einer Einführung von Enno Rudolph, Stuttgart 1985.

Plantinga, Alvin, Where the Conflict Really Lies: Science, Religion, and Naturalism, Oxford 2011.

Platinga, Alvin, Warranted Christian Belief, Oxford 2000.

Platon, Sämtliche Werke. Griechisch-Deutsch aufgrund der Übersetzung von F. Schleiermacher, hrsg. v. Karlheinz Hülser, Reinbek bei Hamburg 1989.

Pleger, Wolfgang H., Schleiermachers Philosophie, Berlin/New York 1988.

Popper, Karl, Das Elend des Historizismus, 6. Auflage, Tübingen 1987.

Rendtorff, Trutz, Religion – das »vollendetste Resultat der menschlichen Geselligkeit«. Perspektiven einer Individualitätskultur im Verhältnis von Religionstheorie und Gesellschaftstheorie, in: Ulrich Barth / Claus-Dieter Osthoevener (Hrsg.), 200 Jahre ›Reden über die Religion‹. Akten des 1. Internationalen Kongresses der Schleiermacher-Gesellschaft Halle, 14.–17. März 1999, Berlin/New York 2000, 79–100.

Ringleben, Joachim, »Im Munde zerronnen…«? Philosophischer Baustein zum Verständnis des Abendmahl-Sakramentes, in: Assel, Heinrich; Askani, Hans-Christoph (Hrsg.): Sprachgewinn, FS Günter Bader, AHST 11, Berlin u. a. 2008.

Ringleben, Joachim, Interior intimo meo: Die Nähe Gottes nach den Konfessionen Augustins, Zürich 1988.

Rössler, Martin, Schleiermachers Programm der Philosophischen Theologie, Berlin u. a. 1994.

Rohls, Jan, Schleiermacher und die wissenschaftliche Kultur des Christentums, Berlin 2009.

Rohls, Jan, Schleiermachers Hermeneutik, in: Andreas Arndt / Jörg Dierken, (Hrsg.), Friedrich Schleiermachers Hermeneutik. Interpretationen und Perspektiven, Berlin 2016, 27–57.

Roloff, Jürgen, Die Kirche im Neuen Testament, GNT 10, Göttingen 1993.

Rose, Miriam, Schleiermachers Staatslehre, Tübingen 2011.

Sandkaulen, Birgit, Grund und Ursache. Die Vernunftkritik Jacobis, München 2000.

Schlatter, Adolf, Das Verhältnis von Theologie und Philosophie, Band I, Stuttgart 2016.

Schlegel, Friedrich, Werke in zwei Bänden, Bibliothek deutscher Klassiker, Berlin/Weimar 1980.

Scholtz, Gunter, Schleiermacher im Kontext der neuzeitlichen Hermeneutik-Entwicklung, in: Andreas Arndt / Jörg Dierken (Hrsg.), Friedrich Schleiermachers Hermeneutik. Interpretationen und Perspektiven, Berlin 2016, 1–26.

Scholtz, Gunter, Schleiermacher und die Kunstreligion, in: Ulrich Barth / Claus-Dieter Osthoevener (Hrsg.), 200 Jahre ›Reden über die Religion‹. Akten des 1. Internationalen Kongresses der Schleiermacher-Gesellschaft Halle, 14.–17. März 1999, Berlin/New York 2000, 515–533.

Scholz, Heinrich, Wie ist eine evangelische Theologie als Wissenschaft möglich?, in: Theologie als Wissenschaft. Aufsätze und These, hrsg. u. eingel. v. Gerhard Sauter, München 1972, 221–264 / Erstveröffentlichung in: ZZ 9, 1931, 8–35.

Schönherr-Mann, Hans-Martin, Postmoderne Perspektiven des Ethischen. Politische Streitkultur, Gelassenheit, Existentialismus, München 1997.

Schönmann, Jochen, Neues Schulfach »Glück«. Die fröhlichen Schüler von Heidelberg, in: Spiegel Online, 12. Sept. 2007. (Zugriff 5.12.2018)

Schröder, Markus, Die kritische Identität des neuzeitlichen Christentums, Tübingen 1996.

Schweitzer, Friedrich, Bildung V. Praktisch-theologisch und pädagogisch, in: RGG⁴ 1, 1584 f.

Seubert, Harald (Hrsg.), Adolf Schlatter. Das Verhältnis von Theologie und Philosophie Band I. Die Berner Vorlesung (1884): Einführung in die Theologie Franz von Baaders, Stuttgart 2016.

Seubert, Harald (Hrsg.), G. Rohrmoser, Glaube und Vernunft am Ausgang der Moderne. Hegel und die Philosophie des Christentums, St. Ottilien 2009.

Seubert, Harald, Platon – Anfang, Mitte und Ziel der Philosophie, München 2016.

Seubert, Harald, Zwischen Religion und Vernunft. Vermessung eines Terrains, Baden-Baden 2013.

Slenczka, Notger, Fides creatrix divinitatis. Zu einer These Luthers und zugleich zum Verhältnis von Theologie und Glaube, in: Johannes von Lüpke u. a. (Hrsg.), Denkraum Katechismus. Festgabe für Oswald Bayer zum 70. Geburtstag, Tübingen 2009, 171–195.

Slenczka, Notger, Der Glaube und sein Grund, Göttingen 1998.

Slenczka, Notger, Gottesbeweis und Gotteserfahrung. Überlegungen zum Sinn des kosmologischen Arguments und zum Ursprung des Gottesbegriffs, in: Edmund Runggaldier u. a. (Hrsg.), Letztbegründungen und Gott, Berlin 2010, 6–30.

Slenczka, Notger, Realpräsenz und Ontologie, Göttingen 1993.

Slenczka, Notger, Religion and the Religions. The ›Fifth Speech‹ in Dialogue with Contemporary Concepts of a ›Theology of Religions‹, in: Brent Sockness u. a. (Hrsg.), Schleiermacher, the Study of Religion, and the Future of Theology. A Transatlantic Dialogue, Berlin, New York 2010, 51–67.

Slenczka, Notger, ›Sich schämen‹. Zum Sinn und theologischen Ertrag einer Phänomenologie negativer Selbstverhältnisse, in: Cornelia Richter u. a. (Hrsg.), Dogmatik im Diskurs, FS Dietrich Korsch, Leipzig 2014, 241–261.

Slenczka, Notger, Theologie der Gegenwart, in: zeitzeichen 8 (2013), 45–48.

Slenczka, Notger, Multikontextuelle Theologie. Neue Christologie, in: zeitzeichen 14 (2013) Heft 11, 71–73.

Steinmann, Michael, Glück II: Philosophisch, in: RGG⁴ 3, 1016–1018.

Stoellger, Philipp, Das Imaginäre des Todes Jesu. Zur Symbolik *zwischen* Realem und Imaginärem: Eine Variation der »Symbolik des Todes Jesu«, in: Heinrich Assel / Hans-Christoph Askani (Hrsg.): Sprachgewinn, FS Günter Bader, AHST 11, Berlin u. a. 2008.

Stroh, Ralf, Schleiermachers Gottesdiensttheorie. Studien zur Rekonstruktion ihres enzyklopädischen Rahmens im Ausgang von ›Kurzer Darstellung‹ und ›Philosophischer Ethik‹, TBT 87, Berlin/New York 1998.

Süddeutsche Zeitung online: http://www.sueddeutsche.de/news/bildung/schulen-schuele rin-loest-mit-tweet-diskussion-ueber-schulbildung-aus-dpa.urn-newsml-dpa-com-20090101-150113-99-09103 (Zugriff 5.12.2018).

Swinburne, Richard, The Existence of God, 2. Auflage, Oxford, 2004.

Theunissen, Michael, Hegels Lehre vom absoluten Geist als theologisch-politischer Traktat, Berlin 1970.

Traub, Gottfried, Die Wunder im Neuen Testament, Tübingen 1907.

Troeltsch, Ernst, Gesammelte Schriften, Bd. 2: Zur religiösen Lage, Religionsphilosophie und Ethik Tübingen, 1913, ND 2. Auflage 1922, Aalen 1962.

Troeltsch, Ernst, Schriften zur Grundlegung der Theologie, hrsg. v. Peter Fischer-Appelt, Band 2, München 1967.

Wachter, Daniel von, Die kausale Struktur der Welt. Eine philosophische Untersuchung über Verursachung, Naturgesetze, freie Handlungen, Möglichkeit und Gottes Wirken in der Welt, Freiburg i. Br./München 2009.

Wachter, Daniel von, Do the results of divine actions have preceding causes?, in: European Journal for Philosophy of Religion 3.2 (2011), 347–367.

Wachter, Daniel von, Why the Argument from Causal Closure against the Existence of Immaterial Things is Bad, in: Science – A Challenge to Philosophy? Hrsg. v. H.J. Koskinen, R. Vilkko und S. Philström. Frankfurt a. M. 2006, 113–124.

Wachter, Daniel von, Wunder verletzen die Naturgesetze nicht, in: Gottes Handeln in der Welt. Hrsg. v. B. Göcke und R. Schneider, Regensburg 2017.

Wagner, Falk, Der Gedanke der Persönlichkeit Gottes bei Fichte und Hegel, Gütersloh 1971.

Weber, Martin, Schleiermachers Eschatologie, Gütersloh 2000.

Welker, Michael, Gottes Offenbarung. Christologie, Neukirchen-Vluyn [2]2012.

Welker, Michael, Kirche und Abendmahl, in: Wilfried Härle (Hrsg.), Kirche (MJTh 8 = MThSt 44), Marburg 1996, 47–60.

Welker, Michael, Was geht vor beim Abendmahl?, Gütersloh [2]2004.

Winkler, Michael / Brachmann, Jens (Hrsg.), F. Schleiermacher, Texte zur Pädagogik. Kommentierte Studienausgabe, Band 1, Frankfurt a. M. 2000.

Wöllner, Johann Christoph von, Religionsedikt vom 9. Juli 1788, mitunterzeichnet von König Friedrich Wilhelm II. von Preußen: http://germanhistorydocs.ghi-dc.org/sub_document.cfm?document_id=3644 (Zugriff: 13.02.2019).

Zima, P. V., Moderne/Postmoderne, Tübingen 2014.

Die Autoren

Heinrich Assel, geb. 1961, Promotion Universität Erlangen 1993, Habilitation Universität Bonn 1999, Professur Universität Koblenz-Landau 1999, Lehrstuhl für Systematische Theologie der Universität Greifswald seit 2006, Gastwissenschaftler in Jerusalem, Princeton, Hamburg, Aarhus. Forschungsgebiete: Christologie, Jüdische Religionsphilosophie, Rezeptionsgeschichte der Bibel, Lutherische Theologien und Konfessionskulturen, Forschungsethik der Medizin. Jüngste Veröffentlichung: Christologie, 2019.

Sven Grosse, geb. 1962, Promotion und Habilitation in Erlangen in Historischer Theologie, nach Stationen u. a. in Erlangen, Hamburg, Milwaukee. Seit 2009 Professor für Historische und Systematische Theologie an der Staatsunabhängigen Theologischen Hochschule Basel. Veröffentlichungen zu verschiedenen Epochen der Theologiegeschichte und diversen dogmatischen Themen, jüngst: Theologie und Wissenschaftstheorie, 2019. www.svengrosse.blogspot.com.

Vasile Hristea, geb. 1968 in Rumänien, Studium in Bukarest, Berlin und Tübingen, 2005 Promotion in Tübingen, April 2012 bis September 2013 Vertretungsprofessor an der Pädagogischen Hochschule Weingarten. Seit Oktober 2013 Dozent für Systematische Theologie und Religionspädagogik an der Pädagogischen Hochschule Weingarten und Arbeit an der Habilitationsschrift »Philokalia. Eine Theologie des Genusses«. Forschungsgebiete: Religionsphilosophie, Ästhetik, Ethik und Phänomenologie.

Harald Seubert, geb. 1967, Promotion über Heidegger und Nietzsche 1997, Habilitation über Platon 2003, Stationen in Halle/Saale, Erlangen, Bamberg, Posen, München. Seit 2012 Fachbereichsleiter und Professor für Philosophie Religions- und Missionswissenschaft an der Staatsunabhängigen Theologischen Hochschule Basel, seit 2010 nebenamtlicher Professor an der Hochschule für Politik München. Zahlreiche Buch- und Aufsatzveröffentlichungen zu allen Epochen und systematischen Bereichen der Philosophie. Zuletzt: Platon, Anfang, Mitte und Ziel der Philosophie, 2017. www.dr-harald-seubert.com

Notger Slenczka, geb. 1960, Promotion Göttingen 1990, Habilitation 1997. Lehrstuhlvertretungen in Mainz, Giessen und Tübingen. Berufung nach Mainz 1999. Seit 2006 Professor für Systematische Theologie an der Theologischen Fakultät der Humboldt-Universität zu Berlin. Forschungsinteressen: Theologiegeschichte 19. und 20. Jahrhundert; Hermeneutik des Alten Testaments; Hermeneutik und Geltungstheorie der reformatorischen Bekenntnisschriften; phänomenologische Grundlegung der Theologie.

Daniel von Wachter, geb. 1970, Promotion in Philosophie Hamburg 1998, Promotion in Theologie unter Richard Swinburne 2003, Habilitation in München 2008. Nach einer Professur an der Pontificia Universidad Católica in Santiago de Chile seit 2013 Direktor der Internationalen Akademie für Philosophie im Fürstentum Liechtenstein (www.iap.li). Schwerpunkt: Metaphysik, Ontologie, Kausalität, Willensfreiheit und (analytische) Religionsphilosophie, unter den Veröffentlichungen: Die kausale Struktur der Welt. Eine philosophische Untersuchung über Verursachung, Naturgesetze, freie Handlungen, Möglichkeit und Gottes Wirken in der Welt, 2009. www.von-wachter.de

MIX

Papier | Fördert
gute Waldnutzung

FSC® C083411

Druck:
CPI Druckdienstleistungen GmbH
im Auftrag der
Zeitfracht GmbH
Ein Unternehmen der Zeitfracht - Gruppe
Ferdinand-Jühlke-Str. 7
99095 Erfurt